Structuring

格致社会科学

构建国家

意大利、德国的形成与联邦制之谜

［美］丹尼尔·齐布拉特 Daniel Ziblatt 著

陈立夫 译

the State

The Formation of
Italy and Germany
and the Puzzle
of Federalism

格致出版社 上海人民出版社

译者序

　　1919年，梁启超在《解放与改造》发刊词里，提出了"联省自治"的政治主张，强调"同人确信地方自治，当由自动，故主张各省乃至各县各市，皆宜自动地制定根本法而自守之，国家须加以承认"。20世纪20年代初，在各地知识分子与地方军阀的策动下，各地开始积极推动从各省自治，再走向联合的政治路径，以改变中国自古以来深厚的中央集权制传统。这场轰轰烈烈的联邦主义运动，不仅收获了知识界的广泛支持，也在一定意义上得到了现实层面的响应。毫无疑问，彼时的中国并没有适宜联邦制扎根的土壤，但这确实是中国自近代以来主张建立联邦制政体的政治思想的一次集中体现。

　　建成联邦制到底需要哪些条件？实际上，近代中国的思想家与政治家对联邦制的理解与推崇，几乎完全来自当时德国与美国（尤其是美国）政治经济上取得的重大成就。彼时的思想家认为，中国古代的君主专制与中央集权制压抑了社会与地方的经济发展活力，而采用赋予地方政府充分自治权的联邦制，就能够更好地促进商业与民主主义的发展。这种对联邦制的美好"憧憬"其实并不只是近代思想家一厢情愿的"天真"，王丽萍提到："很长时期以来，人们对于联邦制的一般情感有着明确的美国根源，并与杰斐逊的观点密切相关。杰斐逊式的联邦主义赞美小政府、分割的政治权威以及公民参与，强调分散政治权力并使民主趋紧公民的重要意义。"[1]可以说,联邦制自身天然带有的分权属性,使人很难将其与强大的中央政府相联系,即使美国最终从"小政府"走向了"大政府",但难以否认,美国确实是在十三个州的"讨价还价"之中诞生的。美国政治学家威廉·赖克(William H. Riker)就认为,联邦制的出现,需要中央与地方之间势均力敌,这样谈判才有可能发生。

而"联邦制"概念发展的另一个时期,是在进入 20 世纪以后。随着市场经济、族群关系等问题的兴起,对联邦制的解读与修饰也变得越来越多,并且联邦制被逐渐视为协调央地关系、包容少数群体以及协调族群关系等一系列问题的"工具","分权的联邦制"也渐渐从央地之间的制度框架演变为解决一系列问题的"药方"。这种认识趋势,难免使人将联邦制视为一种召之即来挥之即去的功能,仿佛只要有了相应的顶层设计,那么联邦制就是可行的。

本书即是对上述关于联邦制理论反思之后的产物,针对的是此前将联邦制的诞生解读为势均力敌的"央地"之间与"地方"之间讨价还价的产物,又或是某种仅服务于领导者意志的可随时调用的"工具"。经由一组案例的比较历史分析,本书作者认为,联邦制能否建成,不仅仅要看它是否为统治者所"需要",更在于国家以下的次一级政治单位能否满足建成联邦制的要求。马克思说:"人们自己创造自己的历史,但是他们并不是随心所欲地创造,并不是在他们自己选定的条件下创造,而是在直接碰到的、既定的、从过去承继下来的条件下创造。"[2]基于此,作者试图扭转人们对于联邦制建成的"需求侧"视角,从而关注真正决定联邦制得以建成的"供给侧"因素。而我们通过这本书知道,作者认为,为政者主观意愿中的联邦主义意识形态倾向固然重要,但要想真正建成联邦制,还需要承载着联邦制的分权主体——国家以下的次一级政治单位(无论是把它叫做"邦""州""省"还是"藩")——拥有较强且均衡的基础性能力才行。一言以蔽之,联邦制的诞生,需要主政者有建立联邦的意愿与需要,但更关键的,只有当次国家政治单位自身在地方的"国家建构"基础良好,能够代行中央政权的国家能力(如征税、治理与维持秩序等)时,联邦制才可能真正建成,否则,中央政权将不得不取代地方政府的角色,从而直接介入不同地区的国家建构之中。

本书的结论源于作者对发生于 19 世纪中期的一组"国家统一"的案例所开展的比较研究。19 世纪 60 年代至 70 年代,意大利的撒丁王国(书中写作"皮埃蒙特")与德意志的普鲁士先后完成了国家统一,成功终结了各自所在地区延续数百年的分裂史。有趣的是,两国的统一进程展现了诸多有意思的相似性,比如:都由本地区实力最强大的邦国(皮埃蒙特与普鲁士)发起;都有主导统一进程的政治家(加富尔和俾斯麦);都经历了三场统一战争(其中还都与奥地利交过手);主导统一进程的政治家都是杰出的外交家,并且他们十分重视外交斡旋而非单纯的武力征服在统一进程中的作用。

更为关键的是,依照作者的研究,两国在统一的过程中都希望将未来的意大利或是德国建为联邦制国家。从各种直观感觉来看,以"铁血宰相"著称的俾斯麦最终主导的应当是高度中央集权的德国,而在统一进程中需要反复纵横捭阖、精心设计的加富尔推动建立的则应是联邦制的意大利。然而历史却开了一个有趣的玩笑,尽管普鲁士在统一之前已跻身欧洲一流强国的行列,但统一后的德意志帝国不仅保留了原有的邦国、君主,甚至地方在财政与军事上都拥有一定的自主权,在制度设计中,代表联邦制下各邦国利益的"联邦议会"扮演着更为重要的角色。反之,尽管撒丁王国自身实力在欧洲政治舞台中并不起眼,但意大利的统一,最终实质上却几乎是撒丁王国侵吞并将自身统治延伸至其他意大利地区的过程。

意大利与德国相似,却又命运不同,两国在统一结果上的差异无疑对此前有关联邦制的观点提出了挑战。似乎,中央政府的强大与否,与联邦制能否推行并不相关,因为即使普鲁士如此强大,也愿意采用联邦制,与德意志地区各邦国分享权力。而主政者自身对联邦制的推崇又或是信仰,似乎也不足以推动联邦制的建成。正是透过意大利与德国这一组案例的对照,本书认为,联邦制的最终实现,当然需要主政者有建成联邦制的意愿,但更关键的是,联邦制下的地方需要有较好的基础性能力。

"基础性能力"这一概念源自迈克尔·曼的"基础性权力",指的是国家深入其社会,以实现对社会的规制、动员、汲取以及获取信息的一系列能力。在本书之中,作者并没有过多地讨论基础性能力的概念问题,而是几乎将其等同于今天政治学所广泛采用的"国家能力"这一概念,也就是进行诸如维持社会秩序、开展征税、动员以及开展社会教化等一系列活动的能力。本书认为,尽管俾斯麦与加富尔在统一过程中都希望采用联邦制作为统一后国家的政治体制,并且在两国的建国过程中，联邦主义的意识形态都发挥着很强的作用，但俾斯麦与加富尔所面对的具体的统一对象却完全不同。在德意志地区，虽然不同的邦国在现代化水平与对国家统一的支持态度上各不相同，但无论是像汉堡这样的自由化的城邦，还是像巴伐利亚这样保守的王国，在德国统一前几乎都拥有较为完善的政权组织，并且保持了对内较为有效的统治。如作者所言，德意志各邦国相对均衡且较好的基础性能力，一方面确保了它们"能够"与普鲁士进行谈判；另一方面，则使普鲁士能够在不介入其他地区政治的情况下获得统一国家的全部资源。反之，意大利的邦国则构成完全不同的景象，作者认为，撒丁王国最终派军统一意大利南方，与其说是军事上的征服，不如说是这些地区早在加富尔试图开启谈判前就已经因为内乱而崩溃。书中对此的描述是，很多时候，撒丁王国自己派往这些邦国的外交使节，反而成为这些地区内乱以后临时政府的负责人。与德意志各邦国相比，统一前的意大利中部与南部地区，无论是经济还是生产关系的现代化，又或是政治制度、征税能力和社会治理等，都处于落后状态。或许社会科学的学者与学生对意大利的地区差异并不陌生，毕竟在帕特南的经典著作里，南北意大利在社会治理上的差异就有着深厚的历史因素。

本书基于经典的比较历史分析思路，以"求同法"与"求异法"配套使用的方式进行论证。总的来说，本书试图提出一个联邦制的起源理论，即如果国家构建时期有建立联邦制的意识形态倾向，并且组成联邦的地区拥有好的制度供给，那么建成联邦制的协商就可能发生。本书还有一个值得关注的地方，就是作者并没有只关注国家统一进程中的主导力量，也就是撒丁王国和普鲁士，并将国家统一简化为"中心力量"与"地方力量"的博弈，而是引入了一个"次国家"研究的视角进行分析。与传统的国家间比较相比，次国家单位的比较研究在可比性（即变量的控制性）以及样本量方面具有更大优势，在将德国与意大利的统一下降至邦国视角之后，国家统一以及随后的建制历程的分析也就变得更为丰富。

自然，本书在理论以及其论证过程中也有许多值得商榷的地方，比如作者花费了较大的篇幅对德意志地区与意大利地区统一前的基础性能力差异进行比较，从而构建可比的正面案例与负面案例，但对于意大利为何反复试图推行却没有建成联邦制的过程的叙述略显薄弱。事实上，尽管作者认为意大利与德国在国家构建的关键时刻都具有强联邦主义的意识形态意愿，但意识形态在两国的约束恐怕截然不同。对意大利而言,联邦制或许更多是一种知识分子、政治家"有就更好,但没有也能接受"的可有可无的意愿,但对德国而言,联邦制则是维持统一后容克对政治的主导性、捍卫君主统治以抑制过激的政治变革以及平衡德意志地区新教与天主教关系的必然选择。与意大利相比,联邦制在德国或许并不能被简单地视为一种观念上的"需要",或许也是其自身政治局势的折中选择。

但总的来说,任何的社会科学研究都具有有限性,而这也是其得以生生不息、不断突破的关键原因。本书作为作者博士阶段的研究成果,在案例的选择、理论的创新、比较历史分析方法的运用以及对理论推广的尝试上,都为政治学的学子提供了值得学习与参考的对象。有时候,经典的研究议题或许并没有到"前人之述备矣"的程度,在已然发生的历史之中,在研究者对资料的观察与推敲之中,依然蕴含着探索新知的无限可能性。

本书翻译由译者独自完成,由于这是本人的第一部学术译著,加之译者学识与见识上的粗浅,其中恐怕免不了翻译上的疏忽或理解错误的地方。如有建议和意见,也请不吝赐教,以利于修订再版。北京大学国际关系学院的汪卫华副教授鼓励并支持译者翻译本书。格致出版社的顾悦、刘茹编辑为本书的出版花费了许多精力。而在翻译的过程中,上海外国语大学博士生张笑吟(出版时应可改口称呼博士了)在书中一些词语的译法方面提供了很大帮助。在此一并感谢。

2024 年春于西雅图

【注释】

　　[1] 王丽萍:《幻想与现实之间的联邦制:对联邦制研究中若干重要问题的讨论》,《政治学研究》2014 年第 1 期,第 111 页。

　　[2] [德]卡尔·马克思:《路易·波拿巴的雾月十八日》,《马克思恩格斯选集》,人民出版社 2012 年版,第 669 页。

序 言

　　比较政治学研究的主要贡献之一就是洞察政治制度是如何以意想不到的重要方式持续存在并塑造普通民众与群体的生活。我们还意识到，政治制度的当下形态和它们的过去密切相关。因而，探究政治制度从何而来已经成为关键的研究领域。通过本书的研究，我们不幸得知了政治制度并不只是机械地作为特定时刻特定社会"需要"的产物，相反，政治制度有时是在激烈的政治冲突中无意出现的，这些行动者往往有许多目标，而这些目标与我们所认为的制度如今所承担的功能之间也许相去甚远。如果我们想要了解如何去变革制度，那么我们必须接受这样一个事实：政治制度的创设者的初衷与我们赋予这些制度的当代价值之间常常并不匹配。

　　本书通过考察19世纪意大利和德国的国家与联邦制的发展来研究上述主题。19世纪，联邦制在德国的建成，以及其在意大利的失败，以决定性的方式塑造了两国的命运。考虑到这样的对比，本书的最初构想是探究这一假设：当代意大利与德国的关键差异也许根植于它们独特的民族国家发展之路中。尽管这一想法仍然推动着这项研究，但一个更根本性的疑惑吸引了我的注意：为什么意大利建成了单一制国家，而德国则建成了联邦制国家？我相信这个问题的答案对于理解意大利和德国20世纪激荡的政治史有着至关重要的意义。但是除了这一点,通过探索这一问题,我们还可以得到一些有关政治制度是如何被创造与改变的令人惊讶的结论。本书发现,即便是俾斯麦(Bismack)或是加富尔(Covour)这样最具胆识的政治领袖,他们的建国策略也是由制度延续性决定的,尽管我们通常会以马基雅维利式的远见卓识来称颂他们,但即使在建国时刻,过去的制度也不会一笔勾销。另外,本书发现,开国元勋选取某种制度的目的可能与我们今天认为这些特殊制度所具有的利弊关系不大,例如联邦制,如今联邦制被大肆宣扬的"保护市场"与"捍卫民主"的功能,其实在该制度起源的过程中只起了微不足道的作用。相反,德国之所以在1871年采用联邦制,部分目的是确保君主对由成年男性普选产生的议会的间接压制能够制度化。相比之下,在1861年的意大利,尽管联邦制得到广泛支持,但随后建立的国民议会却最终与单一制结构相结合,而民众的政治参与则由条件苛刻的选举权直接限制。在这两个案例里,国家统一进程都是由政治领袖推动的,目的都是在欧洲舞台上为他们的国家投射更大的地缘政治影响力,但与此同时,这一过程还要确保在新生的政治体里,至少有一部分权力仍掌握在君主手中。在德国,联邦制确保了这一目的;在意大利,建立起能够直接限制大众政治参与的单一制国家也服务于这一目的。而本书的主要任务就是解释为什么联邦制在德国成为国家统一的工具,却未能成功地在意大利扎根。

本书以及我在其中提出的论点都源于我2002年12月在加利福尼亚大学伯克利分校完成的博士论文,也因此,我欠我在伯克利的论文委员会成员一笔巨大的智识上的人情债,他们是:肯·乔伊特(Ken Jowitt)(主席)、安德鲁·雅诺什(Andrew Janos)、克里斯多夫·安塞尔(Chris Ansell)和杰拉尔德·费尔德曼(Gerald Feldman)。他们作为富有想象力的知识分子与严谨的学者,一直是我的榜样。除了他们的支持,本研究还得益于三位学者的细致审读与建议,他们在不同阶段为我提供了慷慨、全面且有益的反馈意见,他们是:玛格丽特·拉维妮娅·安德森(Margaret Lavinia Anderson)、格哈德·伦布鲁赫(Gerhard Lehmbruch)与雷蒙·格鲁(Raymond Grew)。当我还在伯克利的时候,一些同事与朋友也是本书得以完成的关键,他们是:尼克·比齐奥拉斯(Nick Biziouras)、朱文生(Winson Chu)、肯·福斯特(Ken Foster)、范娜·冈萨雷斯(Vanna Gonzales)、劳拉·亨利(Laura Henry)、乔恩·霍夫曼(Jon Hoffman)、马克·莫尔杰·霍华德（Marc Morje Howard）、韦德·雅各比（Wade Jacoby）、萨宾·克里贝尔（Sabine Kriebel）、丹·克罗嫩菲尔德（Dan Kronenfeld）、约拿·列维（Jonah Levy）、康纳·奥德维尔（Conor O'Dwyer）、约翰·塞兹（John Sides）、丽萨·斯瓦图特（Lisa Swartout）以及哈罗德·韦伦斯基（Harold Wilensky）。我在意大利时，塞尔吉奥·法布里尼（Sergio Fabbrini）与尼古拉·帕西尼（Nicola Pasini）一直给我提供可靠的帮助。在柏林，我得到了美国社会科学研究委员会（Social Science Research Council）的柏林高级德国与欧洲研究项目（Berlin Program for Advanced German and European Studies）的支持。在研究的最后阶段，我还受益于巴里·温加斯特（Barry Weingast）对我研究提出的慷慨反馈以及我在加利福尼亚州蒙特雷海军研究生院的所有朋友的支持。自我 2003 年秋来到哈佛大学，明达·德贡兹堡欧洲研究中心（Minda De Gunzburg Center for European Studies）已经成了我的知识家园。在这里，书稿的各个版本受益于安娜·格兹玛拉·布塞（Anna Grzymala Busse）、辛迪·什考奇（Cindy Skach）、德克·本克（Dirk Bönker）、保罗·皮尔森（Paul Pierson）、托本·艾弗森（Torben Iversen）、彼得·霍尔（Peter Hall）、格热戈日·埃基尔特（Grzegorz Ekiert）、威廉·费伦（Will Phelan）与埃里克·阮（Eric Nguyen）的帮助、反馈与鼓励。普林斯顿大学出版社的查克·迈尔斯（Chuck Myers）与理查德·伊索马基（Richard Isomaki）在确保本书按时完成方面发挥了关键作用。最后，我知道要是没有苏利亚·桑苏普（Suriya Sangsub），我无法走到现在。

不过，最重要的是这本书（特别是在它的最初阶段）还代表着我与我父亲戴维·齐布拉特（David Ziblatt）长期的交流以及他自始至终对我的鼓励与支持。谨以此书献予我的双亲。

目 录

插图目录

表格目录

第一章　导论:如何缔造民族国家?

> 同一时期发生的德意志革命与意大利革命,有朝一日将被视为历史哲学中最富有成果的比较之一。
>
> ——海因里希·冯·特赖奇克(Heinrich von Treitschke)[1]

很大程度上来说,海因里希·冯·特赖奇克向学者发出的对德意志与意大利民族革命进行比较的邀约,在过去的 130 年里还没有得到回应。尽管德国与意大利在 19 世纪和 20 世纪经历了同样动荡的政治发展,但在关乎国家形成、民族主义与联邦制等研究领域,这一组案例的许多可比之处还没有被充分利用。本书的研究接受了特赖奇克的呼吁,对 19 世纪欧洲民族国家形成过程中的两个关键插曲进行比较,从而回答如下疑问:民族国家是如何被缔造的?哪些因素决定了民族国家最终将建成联邦制或是单一制?

在当代,国家建构与联邦制的议题经由对欧盟的成立以及更广泛的国家建构相关议题的讨论,重新回到政治学的舞台中央,而对 19 世纪的欧洲民族国家形成进行比较分析,将为研究者与政策制定者再次关注的这一问题提供有益的研究方式:新的政治体诞生需要哪些条件?什么决定了政治体的制度形式?在什么条件下可以建立联邦制?在制度创设的时刻,政治领袖在设计政治体制时实际上有多大影响力?寻求建立联邦制的政治领袖能否简单地通过颁布一部宪法来确保联邦制的推行?推行联邦制的宪法可以通过暴力手段强行施加吗,还是它必须在由彼此实力相当的次国家政权组成的集合里,经由次国家政权内部之间的谈判而"自下而上"地涌现？

　　本书的研究聚焦于 19 世纪的欧洲，因为这一时期能够给这些议题的研究带来新的启示。尽管学界一般将民族主义的兴起归功于法国大革命，但事实上，民族主义是在 1830 年至 1880 年这一决定性时期兴起的。许多位于欧洲、北美洲与南美洲的当代民族国家在帝国的解体与国家整合的双重过程中创建，而希腊、比利时、意大利、德国、保加利亚与罗马尼亚等老牌欧洲国家则回炉重造。[2] 这一段被我称为"建国时刻"的时期，改变了欧洲、北美洲与南美洲的政治版图。就是在这一连串几乎同时发生的民族国家形成经历里涌现出来的政治体系，以各式各样的制度形式的出现为标志，为当代研究政治发展的学者提供了一系列多样化的经验研究案例。

　　其中，特别是关于国家结构的一个领域，也就是中央与地方政府之间权力的制度化分配方面，在 19 世纪末新兴的民族国家中呈现出制度上的多样性，这也就引发了民族国家将如何建立以及中央与地方之间的关系如何建立的问题。一些新建立的政权，例如德国与加拿大就建成了非常明确的联邦制政体，而另一些政权，例如比利时与意大利就建成了典型的单一制国家。在联邦制下，如加拿大与德国，地区政权尽管被吸纳，但仍完好无缺地作为宪法规定的主权的组成部分被保留在了更大的"全国性"政治框架内，地方政府能够正式参与全国政府的决策、对公共财政（诸如税收与支出）的自由裁量权，以及行政自主权。相比之下，在意大利与比利时，任何曾经存在并作为主权实体的地区政权都被从政治版图上抹去，地方政府无法正式参与新的全国政府的决策，没有公共财政的自由裁量权，也没有行政自主权。尽管这些国家在建立的过程中经历了相似的时刻，但是在 19 世纪建立的新兴民族国家却在国家统一后的领土治理模式上走向了不同的道路。无论是联邦制还是单一制，都是这一时期制度建设试验的产物，而它们也引发了更深层次的关乎联邦制起源问题的悖论，这也就是本书的核心问题：寻求整合邻邦的政治核心发起统一时，如何能够强大到足以建立起更大的民族国家，但又不至于过于强大，以至于彻底吸纳与抹除其他已有的次国家政权，从而建成单一制国家？如果发起统一的政治核心过于强硬，那么单一制国家是否不可避免？而如果过于退让，岂不是从一开始就不可能建起任何政治联合？[3]

　　简而言之，我认为要想解释为什么会形成单一制或是联邦制的民族国家，就必须回答在分析层面上相互独立的问题:民族国家为什么会形成? 民族国家又为什么采用单一制或联邦制的政权结构? 本书的第一部分将回答第一个问题,第二部分则回答第二个问题。本书认为一旦国家统一的进程开启,对于有志于建成联邦制国家的政治领袖而言,摆脱联邦制起源悖论的方法就是,由发起国家统一的政治核心(核心邦国)吸纳我所称的拥有更强的"基础性能力"(infrastructural capacity,即征税、维持秩序、规制社会以及一般意义上的社会治理能力)的邦国。[4] 如果政治核心吸纳了这一类型的邦国,那么构建联邦制时可能存在的政治核心与其他次国家政权之间潜在的争端就可以被克服。一旦有基础性能力较高的邦国,那么民族国家就能经由邦国之间的协商形成,在这一过程中,国家权力能够让渡给国家之下的次国家政权。为什么? 因为只有那些拥有较高基础性能力的次国家政权才能为政治核心与其他次国家政权带来收益,而这也正是国家统一所追求的最初目的。反之,无论政治核心自身军事力量是强是弱,如果政治核心在吸纳其他地方邦国时发现后者并没有这样的基础性能力,那么政治核心与其他次国家政权之间的关系将更加难办。因为一旦被吸纳的地方邦国被认为对国家统一毫无增益,那么它们就会纯粹地被视为国家统一的绊脚石,这就使得协商建国的可能性变小,导致形成民族国家的路径只能依靠军事征服与创建单一制政体来实现。为了解释开国元勋到底会选用联邦制还是单一制,本书收获了最有讽刺性的教训:如果国家缔造者寻求建立联邦制,但在国家统一过程中吸纳的都是基础性能力欠缺的邦国,他们可能会发现自己不得不受制于这些被纳入国家统一对象的邦国的内部治理结构。

联邦制起源、制度建构与欧洲民族国家形成

至少从两个原因来看,研究联邦制的起源非常重要。第一,联邦制在近些年来已经越来越被视为解决广泛问题的一种制度方案,像巴里·温加斯特(Barry Weingast)这样的学者就强调联邦制在创建与维持自由市场中的积极作用。[5] 其他学者,如乔纳森·罗登(Jonathan Rodden)和埃里克·威贝尔斯(Erik Wibbels),则指出联邦制对财政绩效、政府发展以及经济绩效带来的潜在收益与隐患。[6] 还有

一些学者，例如迈克尔·赫希特（Michael Hechter）与南希·贝尔梅奥（Nancy Bermeo），则认为与单一制相比，联邦制结构在包容少数群体、消弭族群冲突与维持民族国家团结等方面有着广泛的好处。[7]不仅仅是学者，政策制定者、国际组织与政治领袖也日渐将联邦制视为解决各种问题的潜在方案。[8]尽管我们都清楚推行联邦制会产生哪些结果，但是我们对联邦制建成的原因可以说是还一无所知。如果联邦制真的是一种至关重要的潜在的制度配置，那么民族国家的缔造者需要具备什么样的条件或是通过什么样的过程，才能真正采用这种制度形式？尽管目前已经开始有文献探索推行联邦制的可持续性，但对联邦制起源的关注依然太少。[9]难道联邦制宪法能够在任意的制度环境、文化环境与社会经济环境中颁布推行？又或是，联邦制必须通过加盟邦国间的协商才能建立？政治领袖又可以通过哪些途径使他们的政体朝着联邦制的方向迈进？在民族国家形成的过程中，为什么诞生的是联邦制而非单一制？

第二，对国家形成与联邦制起源开展研究将有助于我们理解欧洲政治发展本身。尽管研究欧洲政治发展的学者很早就注意到了欧洲大陆上国家体制的多样性，但是在欧洲的发展过程里，在联邦制与单一制民族国家之间的关键且长久的分殊却很少被比较研究。基于亚历山大·格申克龙（Alexander Gerschenkron）与巴灵顿·摩尔（Barrington Moore）的传统，在解释宏观制度差异的起源与持续性方面，已经产生了许多学术研究，以辨明形成民族国家的不同路径如何催生了绝对主义统治模式的性质、政权类型、资本主义的国家组织以及选举制度的选择等。[10]然而令人费解的是，"联邦制与单一制的分野"作为一个研究领域，尚未为学者所关注，尤其是考虑到当代欧洲的 17 个国家之中有 4 个联邦制国家与 13 个单一制国家。因此，本书的研究将探索欧洲民族国家结构的多样性来源，先研究 19 世纪的德国与意大利这一对关键案例，进而在最后一章里将这一对案例置于西欧 17 个最大的国家更广泛的社会情境之下进行观察，最终形成推广至欧洲之外的理论洞见。

概念、研究问题与现有理论的预期

在解释民族国家形成与联邦制起源的问题前，我需要对基本概念进行界定。

我所说的"民族国家",指的是在法国大革命后,以英法两国的经验为蓝本,在欧洲、北美洲与南美洲出现的一组特定的领土主权单位,它们既不是绝对主义国家,也不是跨民族地域的帝国政权,相反,它们是包含国民、民族以及国家组织和国家认同在内的一种新的"民族国家"综合体。[11]关于"联邦制"的定义显然更有争议,部分学者会从文化或是意识形态的范畴来定义"联邦制"[12],而另一部分学者则延伸了联邦制的定义,将诸如"民主",甚至是"政治稳定"等概念也视为其必要组成。[13]而我发现将"联邦制"的国家定义为那些存在地方主权政府(且这些地方政府拥有三个宪法赋予的制度性特征)的国家,会更有益于开展实证性的社会科学分析。这三项通常集中出现的特征是:(1)地方政府能够正式或非正式地参与全国政府的决策;(2)地方公共财政(税收与支出)的自由裁量权;(3)在中央政权之下,地区政府拥有行政自主权。[14]我采用了遵循严格两分法的联邦制定义来界定中央政府与它的地方政府之间的关系,即使存在地方政府,但是只有那些拥有为宪法所保护的次国家政权的民族国家才能被称为"联邦制"国家。如果只存在唯一的全国政权或是次国家政权不受宪法保护,那么这样的政治体是单一制国家。[15]

本书的核心研究问题为:在什么样的条件下,缔造国家的政治核心会吸纳已有的次国家政权,但同时保持其独立完整,从而缔造联邦制国家?而在什么条件下,缔造国家的政治核心会解除地区政府的权力,从而构造具有更多单一制特征的国家?为什么在某些情况下,联邦制可以被成功构建?而为什么在另一些情况下,联邦制则难以扎根?有关这些问题的政治学与历史学既有研究集中于三个主要变量:观念、文化或权力。表1.1展示了每条研究路径的概述示意图。

乍看起来,每一条研究联邦制的路径似乎都对民族国家为什么会在央地关系里采用联邦制提供了使人信服的解释。第一种方法通常来自迈克尔·伯吉斯(Michael Burgess)等学者,他们认为政治领袖与制宪者,乃至整个社会的观念在形塑民族国家的政治体制结构中起决定性作用。[16]第二种观点则严肃对待历史与文化的作用,关注社会中的文化分裂或族群分裂的天性。尽管第二种视角通常强调各民族的"原初"差异,但这一论点可以延伸至国家内不同地区根深蒂固的文化差异或是高度的地域忠诚的情况,也就是,即使并没有"族群"分裂根源,在一个人口在地域内高度分散,且民众普遍有着根深蒂固的地域忠诚感的政权里,联邦制也更可能出现。[17]最后,第三种观点与威廉·赖克(William Riker)的观点最为密切[18],也包含在近期一些对赖克的论证逻辑进行形式建模的研究中,这一观点认为联邦制的出现与维持只可能通过势均力敌的中央与地方之间微妙的"讨价还价"实现,此时的中央既没有强大到可以"压倒"各地区,各地区也没有强大到可以"破坏"国家统一。[19]

表 1.1　相互竞争的理论期望概述

理　　论	因果机制	预期结果
联邦制的"观念"理论(例如伯吉斯)	社会中的观念构造	一个社会中对权力下放的观念共识越强,建立联邦制的可能性就越大
联邦制的"历史文化"理论[例如翁巴赫(Umbach)]	社会中的文化裂隙构造	在国家统一前各地域的文化独立性越强,建立联邦制的可能性就越大
联邦制的"社会契约"理论(例如赖克)	社会中的政治权力构造	在国家统一的协商过程中,政治核心相对于其他地方政权的军事力量越弱,建立联邦制的可能性就越大

案例概述:为什么联邦制在意大利失败却在德国取得成功?

本书将利用 19 世纪欧洲政制发展里一个近乎自然实验的机会,来检验关于民族国家形成的上述三个理论假设并解释建成联邦制的原因。19 世纪 50 年代至 60 年代,意大利的皮埃蒙特①与德意志的普鲁士在发起意大利与德国的国家统一进程时有着相似的意识形态、文化与权力结构条件,这些条件本应使两国走向类似的政治体制。1848 年爆发于意大利与德意志的民族民主革命失败后,两大军事强邦(皮埃蒙特与普鲁士)务实的政治领导层开启了民族主义的统一议程,以扩大各自的邦国在欧洲的政治控制区域。而这两个案例的相似性令人震

① 皮埃蒙特(Piedmont),即撒丁王国(意大利语为 *Regno di Sardegna*),是发起意大利统一的邦国。1743 年,意大利西北部的皮埃蒙特地区并入撒丁王国,因而撒丁王国也被称为"皮埃蒙特-撒丁尼亚王国"(Piedmont-Sardinia)或"皮埃蒙特"。——译者注

惊:第一,正如本书将要阐明的,19世纪60年代意大利与德国国家统一的首席工程师——加富尔与俾斯麦——在开启他们宏大的政治工程时,对于过度中央集权的危害有着相同的意识形态上的认识,而两国的主要知识阶层与政治领袖的观念里同样有着相似的意识形态抱负,那就是将联邦制作为解决两国历史上地域上长期分裂的方案,因为国际社会对于在中欧建立两个强大的中央集权国家的前景存有顾虑。第二,在意大利与德国,支持或反对国家统一的固有的地区文化历史力量是相似的,这些力量根植于两国领土中地区之间的经济不平衡。第三,在这两个案例中,两个发起统一进程的强大邦国(皮埃蒙特与普鲁士)都试图确保本邦国在国家统一后的新兴民族国家之中处于支配地位。可以说,在这两个案例里,发起国家统一的目的是一致的:在确保邦国的地缘政治影响的同时保持君主统治。

然而,尽管有这三个相似性,这两个西欧的后发国家在各自的新兴统一民族国家里却采取了截然不同的领土治理模式。1866年以后的德国,尽管普鲁士领导层中的核心军事部门支持用武力征服德意志南部地区,但普鲁士领导层还是以谈判协商统一的方式实现了对德意志中部与北部各邦国的直接兼并,最终建成了联邦制的领土治理模式,并将其他邦国作为新建成的政治体中制度化的"地区"。新国家的政治建构有三个独特的维度:(1)存在由前独立邦国的君主指派的代表组成的以地域为基础的议院;(2)这些成员邦国依然保有相对较高的公共财政(税收与支出)自主性,这当然也意味着较高的政策自主性;(3)每一个成员邦国都维持了对于各自独立的行政机构的控制。

反之,在1859年的意大利,尽管社会上广泛拥护联邦制,但皮埃蒙特领导层仍然以武力征服实现了意大利统一,加富尔所领导的皮埃蒙特篡夺了一切财政权、行政权与司法权,并将权力由原先的七个意大利邦国转移到了以皮埃蒙特的议会、宪法和国王为核心的单一制意大利国家。与德国不同,新生的意大利将这些地区正式从政治版图上抹去,而上述提到的三个维度,在意大利则是:(1)前独立邦国在全国层面的以地域为基础的议院里没有正式席位;(2)这些邦国不再拥有公共财政的自由裁量权;(3)前独立邦国只保有有限的行政自主权。尽管德意两国通常被认为拥有能够促成联邦制建立的相同的初始条件,但是意大利与德国的国家统一进程却最终以截然不同的结果收场,那就是单一制的意大利与联邦制的德国。[20]

回溯既有的研究,意大利的中央集权制与德国的联邦制一般被错误地归因于各自民族政治文化特征导致的必然结果。[21]但是,如果认为在这两个案例里,19世纪60年代实际"获胜"的制度形式就是当时唯一可能的结果,那么我们可能会忽视推动制度诞生的关键动因。在某些回溯性的"拟合案例"中,观察者有时会粗略地援引"拿破仑模式"对意大利的影响以及德国悠久的地域分裂史,以此解释19世纪中期出现的领土治理模式为什么在这两个国家里是必然的。[22]然而,这种"必然"的说法经不起推敲,因为德国和意大利主要的地方邦国在国家统一以前都是独立的,且几乎都以法国的行政系统为蓝本,对内实行中央集权的省长制。[23]再者,这一解释未能阐明制度创生的机制。如果把德国的联邦制与意大利的中央集权制视作一组对比案例来看,那么它们最终形成的结果其实是出人意料且高度偶然的,因此,这一组案例向许多关于联邦制起源的传统洞见发起了尖锐的挑战。[24]在表1.2里,我们可以看到有关意大利与德国的民族国家形成的案例在当前三个受到最广泛认可的联邦制决定因素里的表现,以及国家统一后的意大利与德国实际的制度结果。

首先,如表1.2所示,如果我们考虑以观念为中心的解释(Burgess, 1993a, 1993b),即认为联邦制是意识形态上倾向于建立地方分权政治组织的社会中的制度结果,那么我们所研究的案例就产生了经验上的异常。正如近期关于19世纪德国与意大利的学术成果所显示的,联邦主义的意识形态在这两个案例里都可谓蓬勃发展。[25]在德国的语境下,这当然不令人感到意外,例如斯特凡·奥特(Stefan Oeter)谈到19世纪的德国时就写道:"对俾斯麦和他同时代的人而言,统一的德国只能是联邦制的,这是不证自明的。"[26]尽管大多数学者都承认地方分权主义思想是19世纪德意志政治文化里非常活跃的一环,但人们常常忘记,如宾克利(Binkley)谈到19世纪60年代的意大利时就指出:"邦联的思想在意大利的国家体制中已经存在了超过一代人的时间,它并不只是政治舶来品,而是对1815年所形成的意大利局面的必然选择。"[27]对于1815年后的意大利,一位研究19世纪欧洲史的历史大家也有类似的描述:"对国家统一的政治讨论和解决方案的提案一次又一次地回到是单一制还是联邦制的问题上,这甚至在德国也是不曾有过的。"[28]

表 1.2 现有理论及其结果:对意大利与德国的小结

	德 国	意大利
潜在解释 1 统一前精英间的意识 形态辩论	对普鲁士的军事征服支持不 一;支持建立联邦制	为容纳不同地区,对联邦制支 持不一
潜在解释 2 历史文化传统	强地域忠诚	强地域忠诚
潜在解释 3 政治权力的分配	普鲁士作为"权力中心",拥有 征服其他邦国并建立单一制秩 序的军事实力	皮埃蒙特作为"权力中心",并 不拥有足以征服其他邦国并建 立单一制秩序的军事实力
制度结果 新政权中以地域为基 础的议院	联邦制:存在代表地方邦国的 以地域为基础的议院	单一制:前独立邦国在全国层 面没有正式议会席位
新政权中的公共财政	联邦制:成员邦国拥有公共财 政自主权	单一制:前独立邦国没有公共 财政自主权
新政权中的行政体系	联邦制:成员邦国仍然拥有独 立的行政体系	单一制:前独立邦国对行政系 统缺乏正式的控制

其实,在 19 世纪的意大利,至少存在三个自觉的偏好联邦制的知识分子流派:(1)新教皇派,如维琴佐·焦贝蒂(Vicenzo Gioberti)神父就主张建立教皇治下的意大利君主间的邦联[29];(2)自由主义者,如卡塔内奥(Cattaneo)与费拉拉(Ferrara)主张要建立实行民主制与联邦制的意大利[30];(3)地方自治主义者,主要为西西里岛和意大利南部的一些重要的政治领袖,他们主张建立松散的统治结构来保护地方自治[31]。可以说,在意大利的思想领域,联邦主义一直是意大利知识分子、思想家与有识之士的政治文化里极富活力的一环。

不仅是宪法学者与知识分子支持在意大利实行联邦制,一些重要的政治领袖,首先是加富尔伯爵本人,在整个 19 世纪 50 年代也经常公开主张一种模棱两可的权力下放。1850 年,首相加富尔伯爵在议会发表重要讲话,批评了法国的中央集权制,这也体现了当时在皮埃蒙特占据主导地位的自由派与保守派的共识。甚至在 19 世纪 60 年代初,当加富尔希望意大利南部的地方主义者能做出更多让步时,他也批判了过度的中央集权体制。[32]麦克·史密斯(Mack Smith)在他的《加富尔传》(*Cavour*)里写道:"加富尔在理论层面一直都是权力下放与地方自治的倡导者。"[33]不仅如此，从加富尔去世到1876年，主导意大利"右派"和意大利政治的"精力充沛的政治家们"——包括里卡索利(Ricasoli)、拉·马尔莫拉(La Marmora)、明盖蒂(Minghetti)、拉纳扎(Lanaza)、斯帕文塔(Spaventa)、塞拉(Sella)和佩鲁齐(Peruzzi)——在相当长的时间里都是焦贝蒂与巴尔博(Balbo)的邦联主义思想的拥护者。[34]然而由于1865年事态的不可预见性，意大利最终还是放弃了联邦制。一言以蔽之，尽管地方分权的意识形态信念可能是建立联邦制必要的背景条件，但联邦制于19世纪60年代在意大利的失败表明，仅靠意识形态显然不足以确保联邦政体的建成。

而在考虑历史文化观点的时候，我们也面临着同样的问题。这一观点主张，在民族国家建立以前，各自为政的地区与领土分裂的景象在社会中嵌得越深，那么这个社会就越可能出现联邦制。然而如我们在表1.2中看到的，德国与意大利社会在历史上都是四分五裂的，但是它们最终走向了不同的制度。近来朗格维舍(Langewiesche)、翁巴赫与孔菲诺(Confino)等人重要的学术研究相当有力地表明，当代德国的联邦制一定意义上源于神圣罗马帝国的历史遗产、长期地方自治的传统与德意志第二帝国确立下来的联邦制。[35]或许这在德国的社会环境里是成立的，但是无法解释以下问题：为什么同样有着漫长的独立城邦、自治区与自治省历史的意大利无法在19世纪60年代后或是1945年后建成联邦制？为什么自中世纪以来就有着强烈的地方效忠文化的意大利城邦与地区却没有建立德国那样的联邦制？此外，那些强调1815年后成立的德意志邦联对德国统一后建成联邦制起着关键作用的学者，却忽视了1815年后，意大利曾多次尝试建立一个组织形式类似的意大利邦联的事实。显然，德意志邦联的存在对1866年统一后联邦制的成功建立做出了贡献，但是为什么尽管意大利多次尝试，类似的邦联却难以在意大利建立起来？如果要参照德意志邦联来解释德国的联邦制，那就必须在比较的框架内回答：为什么由高效的议会君主制邦国组成的德意志邦联在德国行之有效，但是在其他社会里就是不行？[36]我们再次看到，对意大利与德国的明确比较消解了传统解释的分析效力。

最后，在权力中心论中(Riker, 1964)，我们同样发现，想在经验层面解释联邦制在德国的成功与它在意大利的失败仍然是一件困难的事。赖克的著作为大多数关于联邦制的政治科学研究提供了基本的假设，他将联邦制概念化为地区之间的"讨价还价"。从这个角度来看,讨价还价的成功与否则取决于社会之中"军事实力"基于地域的分布。[37]这个论点的核心源于赖克自己阐发的假设:发起统一的政治核心的首选永远是单一制,而唯一能阻挠这一目标的是政治核心在"军事上的无能"。[38]上述理论的预期推演清晰且合乎逻辑:政治核心相对于其他地区的军事实力越强,建立联邦制的可能性就越小,反之,政治核心相对于其他地区的军事实力越弱,建成联邦或邦联制的可能性越大。

但是在德国与意大利,我们有了一组直接与这些理论的预期结论背道而驰的案例。从所有传统的对军事实力的测量结果来看,普鲁士的军事实力显然可以轻而易举地征服德意志南部,反观皮埃蒙特,基于同样的评判标准,其军事实力与意大利南部地区相比则远为逊色。在完成国家统一前的几年,普鲁士就已经掌握并占据了未来德意志帝国总人口的 57%、国防开支的 54% 与领土的54%。与之相比,19 世纪 50 年代,皮埃蒙特仅拥有未来统一的意大利的 6% 的人口、29% 的士兵以及 22% 的领土。[39]为什么军事实力强大如普鲁士,在 1866 年击败了奥地利及其南德盟友后,在领土治理模式上选择联邦制,而军事上远不如普鲁士,也不像普鲁士那样在诸邦国中处于支配地位的皮埃蒙特,在击败了外敌奥地利后却选择对内建立单一制? 为什么一个强政治核心建立了联邦制,而一个弱政治核心却建立了单一制? 简而言之,考虑到德国与意大利军事实力的地域分布,以权力为中心的解释应该会预测出同我们实际上发现的情形完全相反的结果。

总的来说,现有关于联邦制起源的最重要的三个理论,都无法解释 19 世纪欧洲两个最为突出的国家统一的案例。这一谜团让我们注意到,这些理论方法中的每一条路径都有更普遍的解释弱点。如果德国与意大利在 19 世纪 60 年代出现的制度分野的根源,并不是在其国家统一进程中根植于各自社会环境里的观念、文化或权力的构造,那么研究者又应当从哪里寻求解释?

论点:克服联邦制的起源悖论

德国与意大利这组令人困惑的案例,以及现有理论的局限性,共同为我们提供了一个重新思考联邦制起源问题的理论悖论的机会——发起统一的政治核心如何能足够坚决地建立全国性政权，但又足够包容，从而对它吸纳的次国家政权做出建立联邦制的让步？普鲁士能够建立联邦，而皮埃蒙特却不能，这能够说明国家形成中的哪些因素可以帮助民族国家的缔造者克服联邦制起源的悖论，哪些则不能。

我所提出的论点明确了一条不同的解释路径，以克服联邦制在民族国家形成过程中的起源悖论。尽管我认同现有理论里认为经由协商谈判建立的民族国家更可能建立联邦制的观点，但我对其提出两点修正。第一，我认为产生联邦制的讨价还价行为与政治核心的军事实力强弱无关。与现有理论中强调限制政治核心的军事力量以建立势均力敌的地区，最终使政治核心与其他次国家政权协商出一个联邦制"契约"的理论预期不同，我认为这并不是通往联邦制的道路。事实上，在普鲁士的个案里，兵强马壮的政治核心有时反而会做出势单力薄的政治核心无法做出的让步。第二，我认为建立联邦制的关键并不在于中央相对于次国家政权的武力，而在于次国家政权之于自己内部社会的相对基础性能力。为了建立联邦制，可信的谈判伙伴是必需的，一如民族国家形成后，有效的治理结构也是必要的。如果事先存在基础性能力较强的地方行为体，那么联邦制的起源悖论将会在民族国家的形成时刻被克服，因为次国家政权准确地提供了政治核心所追求的国家统一背后的治理效益，而这也使通过协商建立民族国家，从而通向联邦制的路径是可能的。诚然，联邦制一旦建立，就会产生平衡次国家政权间军事竞争以及改善族群或宗教招致的领土分裂的效益，但本书获得的一个明确的教训就是，联邦制的效益不能用来解释它的起源。[40]反而，联邦制的起源需要在潜在的联邦将建未建之时，从其中的次国家政权的内部结构里找到答案。[41]

在下文中，我将更详细地介绍我的核心论点，尤其是强调国家能力的不同层面，我认为这是民族国家政治结构形成的关键因素，下文也将具体说明形成联邦制或是单一制结果的不同作用机制是什么。本章的最后，我将介绍我的研究设计，强调如何通过一系列有针对性的控制比较，阐明联邦制得以存在的前置条件。

"基础性权力"与通往联邦制的道路

本书的核心主张是,要了解联邦制什么时候是可行的,我们不应该像大多数理论那样去关注联邦制下的邦国的相对军事实力。相反,我们应当关注迈克尔·曼(Michael Mann)及其最重要著作里关于国家形成部分所提出的概念,即"基础性权力"(infrastructural power)。如果说军事实力指的是社会组织出于防御以及侵略他者所需的物质力量,那么基础性权力则描绘了国家与社会的关系,也就是决定了中央政府在多大程度上能够渗透其领土并贯彻政策的能力。[42]对这两个维度的国家能力进行区分非常关键。现有理论认为,当发起统一进程的邦国试图与其邻邦实现统一时,只有当这个政治核心(发起统一进程的邦国)缺乏"征服"新国家的组成邦国(其他邦国)的军事实力,进而与后者进行联邦制的磋商时,联邦制才会成为新建立的更大的民族国家的政治结构。而我提供的解释明确了通过协商创建联邦制所需的不同的前提条件:次国家政权拥有高度发展的基础性权力。政治核心与次国家政权之间能够通过协商与讨价还价的进程形成联邦制的前提,是次国家政权拥有较强的基础性能力,也就是:(1)政权理性化水平;(2)政权制度化水平;(3)政权嵌入社会的程度。[43]构成我论点核心的,并不是高"基础性权力"意味着这些"邦国"无法被征服,而是如果一个潜在的成员邦国是立宪的、议会制的且行政现代化的政权的话,那么它既可以作为民族国家形成过程中可信的谈判伙伴,也可以在随后建立的联邦制国家里对地方进行有效治理,只有这样,政治核心与次国家政权之间的谈判才会导向联邦制的建立。这不仅仅是因为议会制邦国是更有效的谈判对象,更重要的是,拥有高度发达的基础性能力的邦国可以为民族国家的缔造者提供他们所寻求的利益:更多的税收、更多的军力以及更加稳定的社会。因而,次国家政权与政治核心的关系才会被后者的领导层认为是互利的,且能够为多层政府提供收益,这也就消除了联邦制的起源悖论。[44]

相比之下,如果一个潜在成员邦国是典型的韦伯意义上的家产制"国家",即缺乏宪制、没有议会也没有理性化的行政系统,那么与它进行的谈判不仅通常会破裂,而且在民族国家建立后允许其继续地方自治的前景也极为有限,那么国家统一就会是通往单一制政体的道路。[45]因为在这后一种情境里,由于缺乏可信的谈判伙伴,发起统一的政治领袖会转向强制、征服并直接吸纳现有邦国。此外，当被兼并的邦国缺乏基本的社会治理能力来履行任何基本的治理职能时，位于政治舞台中央的政治领袖就会为扫除现存次国家政权的前景所吸引，从而建立更加中央集权的体制。如本书的证据将呈现的，那些被吸纳的基础性能力较低的邦国将促使政治中心开展进一步的政治集权。

简而言之，我们看到，在新的民族国家形成之际，政治领袖寻求建立联邦制时，并不是由发起统一进程的政治核心的军事力量来决定是以谈判还是征服作为政治整合的方式。相反，只有当潜在的成员邦国是可信的、制度化的且拥有高基础性能力的政权时，实现联邦制的谈判才是可能的。此外，只有当次国家政权在国家统一后有能力进行有效治理时，才可能克服联邦制起源的悖论。

比较历史分析的方法与发现：三个问题、四次比较

本书的研究明确借鉴了比较历史分析的方法论传统，其特点有三：关注因果分析，强调历时性过程，并采用系统化与处境化的比较方法。[46]这项研究围绕着三个在经验层面彼此重叠但在分析维度上相互独立的问题展开，如爱德华·吉布森（Edward Gibson）与图里亚·法莱蒂（Tulia Falleti）所指出的[47]，赖克的研究将以下问题混为一谈：第一，是什么因素促使彼此分离的政治体通向国家统一或政治统一的道路？第二，是什么决定了这些新的、更大的政治体广义的制度形式（联邦制或单一制）？第三，是哪些因素决定了这些被构建的新政治体的具体制度形式（例如，地方分权还是中央集权的联邦制）？[48]

由于被认为是国家统一原因的因素，如"外部威胁"或是"经济一体化的收益"，已经与国家采用的制度类型联系在了一起（例如联邦制），当前研究联邦制起源的文献普遍为概念混淆所害。[49]要想厘清这些问题，我们必须分别回答这三个问题，进而从中分离出国家统一的原因、建立联邦制的原因以及选用某种联邦制类型的原因。[50]通过系统地验证每一个问题的假设，我们就能得到与现有分析截然不同的答案。

回答这三个问题也构成了本书研究的核心内容，我借鉴了 19 世纪德国与意大利的经验案例，并将二者置于当时西欧 17 个最大的民族国家的情境之下，进行了四种不同的系统比较与控制比较。[51]在回答第一个问题，即国家为何统一之时，我同时采用了约翰·斯图亚特·密尔（John Stuart Mill）所称的"求异法"

(method of difference)与"求同法"(method of agreement)两种比较方法[52],目的是检验两个重要假设:一为经济原因,二为政治原因。追随斯考切波(Skocpol)与萨默斯(Somers)的研究建议,我首先采用求同法,即在两个有着相似结果的不同案例中寻找共同的原因。尽管意大利与德国的国情不同,但它们分别在19世纪60年代与70年代完成了国家统一。[53]我认为,尽管某些研究国家统一的学者可能会在决定国家统一是否发生方面存有分歧,但是基于同样的分析原因,19世纪的德国与意大利确实经历了国家统一。[54]尽管还有其他潜在的决定性差异,但我的解释仍然强调了两个案例所拥有的相似的因果关系。不过,许多方法层面的批评都指出,如果仅单独使用密尔的求同法,那么因为这一方法存有人为截断因变量的嫌疑,其分析效力将大为削弱。因而,我对国家为何统一的探索依照了斯考切波和萨默斯的建议,也就是进一步运用了求异法。在我的两个案例之中,我都引入了地方层面的分析单位进行重点对比。[55]我在分析中对德国与意大利国家统一前的25个邦国进行地方层面的控制比较,来使那些支持国家统一与反对国家统一的邦国形成对比。通过同时进行两个国家的案例内比较与案例间比较来检验同一套解释国家统一的假设,我的结论达到了只有这样做才能达到的信度水平。这样的研究设计,能够使我强调经济形势的变化与政治领袖的动机之间复杂的互动,当二者结合起来的时候,就产生了这两个案例中国家统一的"建国决定时刻"。

在第三组比较中,我重复了密尔的求异法,但我将使用一组不同的假设来探究本书的第二个中心问题,即新政体选用联邦制或单一制的原因。[56]这里,我将对自变量进行抽样,从而说明表面相似的社会情境,也就是统一前的德国与意大利为什么在国家统一后走向不同的制度结果。通过探索联邦制起源三种主流理论的局限性,我使用定量与定性的证据表明,当德国与意大利构建民族国家的精英开始打造各自新的民族国家时,另一基于制度性的或是"以邦国为中心的"解释视角在其中如何起决定性作用。接下来的章节将展示,经由联邦制"走到一起"的道路并不像讨论联邦制起源的经典理论认为的那样,是各次国家政权之间军事力量博弈的结果,相反,我认为,国家缔造者的目标首先受制于与军事力量关系并不相干的制度继承与制度逻辑:在民族国家形成的那一刻,新的民族国家下的次国家政权相对于它们自己的社会的内部结构。如果发起统一进程的政治核心面临的次国家政权拥有较高的基础性能力，也就是拥有规制社会、征税与维持秩序的能力，那么国家缔造者将建立这些次国家政权想要的联邦制。反之，则无论政治核心的军事实力是强是弱，都会由单一制的统治结构来从这些制度性无能的次国家政权手中攫取权力。从这个意义来看，将联邦制视为民族国家形成中一条十分特殊的路径，或许对我们理解这个问题会更有帮助。在建成联邦制的路径里，国家建构与地方政权的政治发展要先于国家统一而出现，这也为日后的统一进程留下了既能通过谈判实现国家统一，又能在国家统一之后开展有效治理的地方邦国。

最后，在最后一章里，我对西欧 17 个国家的案例进行本书的第四次比较，以对我关于民族国家建设结果是"单一"还是"联邦"的治理模式这一问题的论点进行细微修正。在这里，我允许意识形态这个变量发生变化：在某些情况下，政治领袖会推动建立联邦制，但是在另一些情况下，他们不会这么做。而在这一情形下，我的论点将受到什么样的影响？通过将论点延伸到西欧 17 个最大的国家之中进行观察，我们发现本书的核心论点依然得到了支持。不过，最终本书的发现会表明，以下两个因素共同作为国家采用联邦制或单一制政体结构的原因：国家缔造者的意识形态与新政体出现时次国家政权的政治体制。

展望

本书余下六章是对 1815 年至 1871 年间，意大利与德国的国家统一的比较历史研究。在第二章至第四章中，我主要回溯了新建立的意大利与德国在建国决定时刻的大致轮廓。在第二章中，我展现了一个定量分析，使用了意大利与德国建国前有数据可查的各邦国的数据。我新建了一个意大利和德意志地方邦国的政治经济数据集，并对其进行了一些统计检验，以锚定一些地方邦国推动国家统一进程，而另一些邦国抵制这一进程的主要原因。在第三章与第四章中，我主要结合了原始证据与二手证据对意大利和德国国家统一的地区基础进行深入分析，来检验第二章的判断。这里，我们再次看到地域间的动态在解释 19 世纪 60 年代和 70 年代意大利和德国新生民族国家出现时的重要性。

在第五章和第六章中,我将注意力从探求国家统一的前提条件转移到探讨意大利的制度设计问题,讨论为什么联邦制会在 1871 年的德意志取得成功,却于 19 世纪 60 年代初在意大利遭遇失败。在这两章中,我首先就 19 世纪 60 年代意大利与德国国家统一前各邦国的"政治发展"和"基础性能力"的水平差异提供了初始的定量数据,并使用指标对各个案例的基础性能力进行评估。其次,我追溯了政治领袖在执行不同的国家统一策略时如何应对统一前不同的制度环境,他们在 19 世纪 70 年代建立了两种截然不同却又相对稳固的政治秩序。在结论章(第七章),我通过对 17 个国家案例进行分析来延伸、检验和完善论点,表明本书形成的理论如何在更广泛的案例中发挥作用。最后,在第七章里,我讨论了本书对政治制度研究所做出的更广泛的理论贡献。

【注释】

[1] Heinrich Treitschke, *Cavour: Der Wegbereiter des neuen Italiens*(Leipzig: Wilhelm Langeweische-Brandt, 1942), 207.

[2] 有关 1830 年后这一类"领土型政体"的新特征有益的概念化与论述,查尔斯·梅尔(Charles Maier)的论述极有价值,参见 Charles Maier, "Consigning the Twentieth Century to History: Alternative Narratives for the Modern Era," *American Historical Review* 105(2000):807—831; Charles Maier, "Transformations of Territoriality, 1600—2000," manuscript, September 12, 2002。关于这一时期的其他论述,参见 *Robert Binkley, Realism and Nationalism, 1852—1871*(New York: Harper and Row, 1935)。除了本书提及的两个案例,以下国家也于这一时间段被创建:巴西(1822 年)、玻利维亚(1825 年)、哥伦比亚(1830 年)、厄瓜多尔(1830 年)、委内瑞拉(1830 年)与加拿大(1867 年)。此外,某些此前松散的邦联或联邦政权也在这一时期转型为更具中央集权性质的联邦制国家,如瑞士(1848 年)与美国。

[3] 有关本书提到的联邦制的起源悖论借鉴了其他一些研究,这些研究强调了一系列类似的困境,这些困境使得联邦制一旦建立,就面临着内在的不稳定性。更详细的论述参见 Rui de Figueiredo and Barry Weingast, "Self Enforcing Federalism," Hoover Institution, manuscript, March 2002。此外,对更广泛的相关文献的一般总结,参见 Jenna Bednar, "Formal Theory and Federalism," *Newsletter of the Comparative Politics Section*, *American Political Science Association* 11, no.1(2000):19—23。

[4] 关于"基础性能力"的概念参考自 Michael Mann, *The Sources of Social Power*, vol.2(Cambridge: Cambridge University Press, 1993)。

[5] 参见 Barry Weingast, "The Economic Role of Political Institutions: Market-Preserving Federalism and Economic Development," *Journal of Law, Economics, and Organization* 11, no.1(1995):1—31。

[6] Jonathan Rodden, "The Dilemma of Fiscal Federalism: Grants and Fiscal Performance around the World," *American Journal of Political Science* 46(2002):670—687; Jonathan Rodden, "Reviving Leviathan: Fiscal Federalism and the Growth of Government," *International Organization* 57(2003):695—729; Jonathan Rodden and Erik Wibbels, "Beyond the Fiction of Federalism: Macroeconomic Management in Multitiered Systems," *World Politics* 54(2002):494—531.

[7] Michael Hechter, Containing Nationalism(Oxford: Oxford University Press, 2000); Nancy Bermeo, "The Merits of Federalism," in Nancy Bermeo and Ugo Amoretti, eds., *Federalism and Territorial Cleavages*(Baltimore: Johns Hopkins University Press, 2004), 457—482.

[8] 相关事例,参见 Christopher Garman, Stephen Haggard and ElizaWillis, "Fiscal Decentralization: A Political Theory with Latin American Cases," *World Politics* 53, no.2 (2001):205—234; Peter Ordeshook, "Federal Institutional Design: A Theory of Self-Sustainable Federal Government," California Institute of Technology, manuscript, 2001; Jose Afonso and Luiz de Mello, "Brazil: An Evolving Federation," paper presented to the Conference on Fiscal Decentralization, International Monetary Fund, Fiscal Affairs Department, November 20—21, 2000。

[9] 有关联邦制的可持续性,参见 Rui de Figueiredo and Barry Weingast, "Self Enforcing Federalism," Hoover Institution, manuscript, March 2002。

[10] 参见 Thomas Ertman, *Birth of the Leviathan: Building States and Regimes in Medieval and Early Modern Europe*(Cambridge: Cambridge University Press, 1997); Barrington Moore, *Social Origins of Dictatorship and Democracy: Lord and Peasant in the Making of the Modern World*(Boston: Beacon Press, 1966); Gregory Luebbert, *Liberalism, Fascism, or Social Democracy*(Oxford: Oxford University Press, 1991); Alexander Gerschenkron, *Economic Backwardness in Historical Perspective* (Cambridge: Harvard University Press, 1962); Carles Boix, "Setting the Rules of the Game: The Choice of Electoral Systems in Advanced Democracies," *American Political Science Review* 93(2000):609—624。

[11] 有关民族主义、民族国家或是"民族的国家"的定义比比皆是,在本书的研究中所引用和参考的关于民族主义和民族国家的最具影响力的作品包括:Charles Tilly, "Reflections on the History of European State-Making," in Charles Tilly, ed., *The Formation of National States in Western Europe*(Princeton: Princeton University Press, 1975), 3—83; Ernest Gellner, *Nations and Nationalism*(Oxford: Oxford University Press, 1983); Michael Mann, *The Sources of Social Power*, vol.2(Cambridge: Cambridge University Press, 1993); Ernst Haas, *Nationalism, Liberalism, and Progress* (Ithaca: Cornell University Press, 1997)。我个人所采信的定义借鉴自 Ken Jowitt, "Nation-Building as Amalgam of State, Civic, and Ethnicity," manuscript, 2001。

[12] 参见罗纳德·L.沃茨对概念的讨论,Ronald L. Watts, "Federalism, Federal Political Systems, and Federations," *Annual Review of Political Science* 1(1998):117—137。

[13] 参见 Alfred Stepan，"Toward a New Comparative Politics of Federalism，Multi-nationalism，and Democracy：Beyond Rikerian Federalism"，in *Arguing Comparing Politics*(Oxford：Oxford University Press，2001)，318。

[14] 应当注意的是，为了开展更广泛的跨国比较研究，"联邦制"与"单一制"是二分类变量，它们既互斥又能穷尽所有案例(即所有现代国家要么是联邦制要么是单一制)。不过在这一宽泛的范畴下，集权与分权的程度也有关键的差异，因而我研究的侧重点是广义上联邦制与单一制国家结构的二分类区分。关于联邦制下集权与分权模式的讨论，参见 Arend Lijphart，*Patterns of Democracy*(New Haven：Yale University Press，1999)。

[15] 其他一些彼此兼容又有影响力的联邦制的概念化研究可以参见 Carl Friedrich，*Trends of Federalism in Theory and Practice*(New York：Praeger Press，1968)；K. C. Wheare，*Federal Government*(New York：Oxford University Press，1964)；Ivo Duchacek，*Comparative Federalism：The Territorial Dimension of Politics*(New York：Holt，Rinehart，and Winston，1970)；David McKay，*Federalism and the European Union*(Oxford：Oxford University Press，1999)。关于设计可供联邦制进行跨国比较的测量手段的努力，参见 Arend Lijphart，*Patterns of Democracy*。

[16] Michael Burgess，"The European Tradition of Federalism：Christian Democracy and Federalism,"in Michael Burgess and A. G. Gagnon，eds.，*Comparative Federalism and Federation*(Toronto：University of Toronto Press，1993)。

[17] Maiken Umbach，*Federalism and Enlightenment in Germany，1740—1806*(London：Hambledon Press，2000)。翁巴赫(Umbach)的说法虽然比这种赤裸裸的因果关系陈述更为复杂，但还是反映了其背后广泛的思想流派的共识，即把联邦制视为长期文化分裂的产物。

[18] William Riker，*Federalism：Origins，Operation，Significance*，New York：Little，Brown，1964.

[19] 例如，参见 Rui de Figueiredo and Barry Weingast，"Self Enforcing Federalism,"Hoover Institution，manuscript，March 2002。

[20] 也有观点认为，意大利这种中央集权体制部分解释了意大利南部地区出现的恩庇政治与"非正式"政府的存在。参见 Sidney Tarrow，*Between Center and Periphery：Grassroots Politicians in Italy and France*(New Haven：Yale University Press，1977)，61—63。

[21] 在路易吉·巴尔齐尼的著作中我们可以看到对意大利在复兴运动时期的政治发展道路进行的相当复杂的文化分析，参见 Luigi Barzini，*The Europeans*(New York：Penguin，1983)，174—181。

[22] 诚然，尽管这并非其分析的核心，但罗伯特·帕特南在他经典且重要的研究里曾提到意大利史学家对于这一问题的讨论，他们将意大利 1860 年单一制国家的建立视为拿破仑模式的突出与南意大利的"落后"所带来的结果，参见 Robert Putnam，*Making Democracy Work：Civic Traditions in Modern Italy*(Princeton：Princeton University Press，1993)，18。本书研究的核心关切之一，就是应当对这类主张进行系统的比较研究。

[23] 参见 Herbert Jacob，*German Administration since Bismarck*(New Haven：Yale

University Press, 1963)。

[24] 菲利波·萨贝蒂(Filippo Sabetti)在其近期关于意大利统治史的重要著作《找寻善治:理解意大利民主的悖论》(*The Search for Good Government: Understanding the Paradox of Italian Democracy*)一书里总结道,在 1860 年的时候,一个联邦制的意大利是不可能建立起来的。我的研究将基于萨贝蒂的洞见,系统地检验一系列的假设来解释为什么在 1860 年的时候,联邦制对于意大利而言是不可能的。参见 Filippo Sabetti, *The Search for Good Government: Understanding the Paradox of Italian Democracy*(Montreal: McGill-Queen's University Press, 2000)。

[25] 对意大利社会的意识形态发展最全面也最系统的英文研究,参见 Filippo Sabetti, *The Search for Good Government: Understanding the Paradox of Italian Democracy*; Filippo Sabetti, "The Liberal Idea in Nineteenth Century Italy," paper presented to the Annual Meeting of the American Political Science Association, August 2001. 此外,有关意大利复兴运动时期"自由主义发展"的讨论,参见 Raffaele Romanelli, *Il comando impossible*(Bologna: Il Mulino, 1988)。有关 19 世纪德意志联邦主义观念的讨论,参见 Rudolf Ullner, "Die Idee des Föderalismus in Jahrzehnt derdeutschen Einigungskriege," *Historischen Studien* 393 (1965): 5—164; Hermann Wellenreuther, ed., *German and American Constitutional Thought*(New York: Berg, 2000); Stefan Oeter, *Integration und Subsidiarität im deutschen Bundesstaatsrecht: Untersuchungen zu Bundesstaatstheorie unter dem Grundgesetz*(Tübingen: Mohr Siebeck, 1998)。

[26] Stefan Oeter, *Integration und Subsidiarität im deutschen Bundesstaatsrecht: Untersuchungen zu Bundesstaatstheorie unter dem Grundgesetz*, 29. 不过,务必要注意,在民族主义与自由主义的圈子里,人们的观点也有很大差异,这里反映的是具有相当影响力的历史学家海因里希·冯·特赖奇克的立场,他就主张德国要建立中央集权制的单一制政权模式。

[27] Robert Binkley, *Realism and Nationalism*, *1852—1871*, 197.

[28] Stuart Woolf, *The Italian Risorgimento*(New York: Barnes and Noble, 1969), 7.

[29] Spencer Di Scala, *Italy: From Revolution to Republic*(Boulder, Colo.: Westview Press, 1995), 71.

[30] Clara Lovett, *Carlo Cattaneo and the Politics of the Risorgimento*, *1820—1860*(The Hague: Martinus Nijhoff, 1972); Filippo Sabetti, *The Search for Good Government: Understanding the Paradox of Italian Democracy*.

[31] Lucy Riall, *Sicily and the Unification of Italy: Liberal Policy and Local Power*, *1850—1866*(Oxford: Clarendon Press, 1998); Rosario Romeo, *Il Risorgimento in Sicilia*, 2nd ed.(Bari: Editori Laterza, 1970).

[32] Denis Mack Smith, *Cavour*(London: Weidenfeld and Nicolson, 1985).

[33] Ibid., 249.

[34] A. William Salomone, *Italy in the Giolittian Era: Italian Democracy in the Making*, *1900—1914*(Philadelphia: University of Pennsylvania Press, 1960), 13. 这里需要注意的是,所罗门注意到这些政治领袖逐渐放弃了他们的邦联思想,理解这一现象为何

发生是解释联邦制为何在意大利失败的关键。

[35] Dieter Langewiesche, "Föderativer Nationalismus als Erbe der deutschen Reichsnation: Über Föderalismus und Zentralismus in der deutschen Nationalgeschichte," in Dieter Langewiesche and G. Schmidt, eds., *Föderative Nation: Deutschlandkonzepte von der Reformation bis zum Ersten Weltkrieg* (Munich: Oldenbourg Verlag, 2000); Maiken Umbach, *Federalism and Enlightenment in Germany, 1740—1806* (London: Hambledon Press, 2000); Alon Confino, *The Nation as a Local Metaphor: Württemberg, Imperial Germany, and National Memory, 1871—1917* (Chapel Hill: University of North Carolina Press, 1997).

[36] 正如本书第五章将要展现的,由于绝对主义国家的内部政权结构,意大利各邦国为建立联邦的持续不断的努力最终在19世纪50年代破灭。参见本书第113—115页的讨论。

[37] 赖克的《联邦主义:起源、运作与意义》(*Federalism: Origins, Operation, Significance*)和近期由德·菲格雷多(de Figueiredo)与温加斯特基于同一研究开展的形式分析《自我执行的联邦制》(Self Enforcing Federalism)提出,只有当中央权力的实力既不强大到"威慑"地方(那会导致单一制政体)又不弱小到为各地区所击垮(导致政治解体)时,联邦制才能持续存在。

[38] 参见 William Riker, *Federalism: Origins, Operation, Significance* (New York: Little, Brown, 1964), 12。而在同一分析里,赖克又提到,第二个可能阻碍"政治核心"建立单一政体的因素是"意识形态上的厌弃"。然而,赖克自己对这一潜在制约性因素的认定,则导致人们对赖克最初的假设,即政治核心首要偏好总是建立单一制的理论效力产生了质疑。

[39] 这些数据基于我自己的计算。皮埃蒙特与普鲁士的相对实力是基于其对人口、领土与军费开支的控制(统一前)在1871年后新成立的统一民族国家(即在两种情形下都不包括奥地利)中所占的比例来计算的。其中,意大利的人口数据为1861年的,数据来自 Vera Zamagni, *The Economic History of Italy, 1860—1990* (Oxford: Clarendon Press, 1993), 14;意大利的国土数据为1857年的,数据取自 Robert Fried, *The Italian Prefects: A Study in Administrative Politics* (New Haven: Yale University Press, 1963), 54;德国人口数据则是1865年的,数据源自 Thomas Nipperdey, *Germany from Napoleon to Bismarck, 1800—1866* (Princeton: Princeton University Press, 1996), 86;德国的国土数据取自 Rolf Dumke, *German Economic Unification in the Nineteenth Century: The Political Economy of the Zollverein* (Munich: University of the Bundeswehr, 1994), 55;军费开支源自 Karl Borchard, "Staatsverbrauch und Öffentliche Investitionen in Deutschland, 1780—1850," dissertation, Wirtschafts und Sozialwissenschaftlichen Fakultät, Göttingen, 1968, 183—185。有关兵员数量的数据,取自 J. David Singer and Melvin Small, *National Material Capabilities Data, 1816—1985* (Ann Arbor: Inter-university Consortium for Political and Social Research, 1993), computer file。

[40] 保罗·皮尔森就指出,制度绩效常被误用来解释制度起源,参见 Paul Pierson, *Politics in Time: History, Institutions, and Social Analysis* (Princeton: Princeton Uni-

versity Press，2004）。

［41］由于我们的研究目的是建构尽可能通则化的理论，所以关键是要明确"适用范围"来限定我们的解释框架。本书里，我们拟定的解释框架参考了阿尔弗雷德·斯泰潘通向联邦制"走到一起"与"拢在一起"的有益区分，借用自 Alfred Stepan, "Toward a New Comparative Politics of Federalism, Multinationalism, and Democracy: Beyond Rikerian Federalism," in *Arguing Comparing Politics*。我们在拟定的研究框架里意识到，新生民族国家要么是较小的成员邦国聚合在一起形成的（"走到一起"），要么就是单一制国家将权力下放给组成邦国的过程（"拢在一起"），甚至是从殖民环境里诞生的新生后殖民国家，其背后的因果逻辑也不同。尽管已有理论里提到通往联邦制的三条路径都很关键，但与威廉·赖克的经典著作一样，我们的解释框架仅适用于第一类"走到一起"的案例，这也尤其符合欧洲国家形成的社会环境。

［42］"基础性能力"的定义借鉴于迈克尔·曼的研究，参见 Michael Mann, *The Sources of Social Power*, vol.2(Cambridge: Cambridge University Press, 1993)。

［43］这一发现表明，议会制国家往往更倾向于谈判，而专制国家则往往不愿意谈判，这也与近期国际关系的研究结论相一致，例如，参见 James Fearon, "Domestic Political Audiences and the Escalation of International Disputes," *American Political Science Review* 88(1994):577—592。

［44］例如，参见 Jonah Levy, *Tocqueville's Revenge: State, Society, and Economy in Post-Dirigste France*(Cambridge: Harvard University Press, 1999); Theda Skocpol, "How Americans Became Civic," in Theda Skocpol and Morris P. Fiorina, eds., *Civic Engagement in American Democracy*(Washington, D.C.: Brookings Institution Press and Russell Sage Foundation, 1999); Marc Morje Howard, "The Weakness of Postcommunist Civil Society," *Journal of Democracy* 13, no.1(2002):157—169。

［45］用韦伯意义上的术语来说，家产制是将宗法秩序应用于大规模政治共同体的需要，以确保政府仍然是"统治者的私人领域"。更有获益的讨论，参见 Reinhard Bendix, *Max Weber: An Intellectual Portrait*(Berkeley and Los Angeles: University of California Press, 1977), 334。

［46］这里提及的有关比较历史分析的三个定义性属性由詹姆斯·马奥尼和特里希·鲁施迈耶所界定，参见 James Mahoney and Dietrich Rueschemeyer, "Comparative Historical Analysis: Achievements and Agenda," in James Mahoney and Dietrich Rueschemeyer, eds., *Comparative Historical Analysis in the Social Sciences*(Cambridge: Cambridge University Press, 2003), 6。参见由西达·斯考切波(Theda Skocpol)与玛格丽特·萨默斯(Margaret Somers)所写的关键片段，Theda Skocpol and Margaret Somers, "The Uses of History in Macrosocial Inquiry," *Comparative Studies in Society and History* 22, no.2(1980):174—197。要了解更前沿的研究，参见 Evan Lieberman, "Causal Inference in Historical Institutional Analysis: A Specification of Periodization Strategies," *Comparative Political Studies* 34(2001):1011—1035。

［47］Edward L. Gibson and Tulia Falleti, "Unity by the Stick: Regional Conflict and the Origins of Argentine Federalism," in Edward L. Gibson, ed., *Federalism and Demo-*

cracy in Latin America(Baltimore: Johns Hopkins University Press, 2003).

[48] Ibid., 226—254.

[49] 参见 William Riker, *Federalism: Origins, Operation, Significance*, New York: Little, Brown, 1964; Chad Rector, "Federations in International Politics," Ph. D. diss., Department of Political Science, University of California, San Diego, May 2003。

[50] 有许多优秀论述将概念化目标作为创建好的研究设计过程中的核心部分,可以参见 David Collier and James E. Mahon, "Conceptual Stretching Revisited: Adapting Categories in Comparative Analysis," *American Political Science Review* 87(1993):845—855; David Collier and Robert Adcock, "Measurement Validity: A Shared Standard for Qualitative and Quantitative Research," *American Political Science Review* 95(2001): 529—546; Giovanni Sartori, "Concept Misformation in Comparative Research," *American Political Science Review* 64 (1970): 1033—1053; Andrew C. Gould, "Conflicting Imperatives and Concept Formation," *Review of Politics* 61 (1999): 439—463。

[51] 一些关于比较研究方法的经典陈述,可以参见 Arend Lijphart, "Comparative Politics and the Comparative Method," *American Political Science Review* 65(1971): 682—693; Adam Przeworski and Henry Teune, *The Logic of Comparative Social Inquiry*(New York: Wiley Interscience, 1970); David Collier, "Letter from the President: Comparative Methodology in the 1990s," *APSA-Comparative Politics Newsletter* 9, no.1 (1998):1—5。

[52] John Stuart Mill, "Two Methods of Comparison"(1888) reprinted in Amatai Etzioni and Frederic L. DuBow, eds., *Comparative Perspectives: Theories and Methods* (Boston: Little Brown 1970), 205—213.

[53] Theda Skocpol and Margaret Somers, "The Uses of History in Macrosocial Inquiry," *Comparative Studies in Society and History* 22, no.2(1980):183.

[54] 本研究的核心主张之一,即意大利和德国的民族国家的出现都是作为 19 世纪欧洲更广泛变化中的一部分而出现的,查尔斯·梅尔在《领土的变化(1600—2000 年)》(*Transformations of Territoriality, 1600—2000*)中将这种变化描绘为一种新的"领土政体",取代了旧有的帝国与王朝形式的领土政权组织。

[55] Theda Skocpol and Margaret Somers, "The Uses of History in Macrosocial Inquiry," *Comparative Studies in Society and History* 22, no.2(1980):174—197; Richard Snyder, "Scaling Down: The Subnational Comparative Method," *Studies in Comparative International Development* 36, no.1(2001):93—110.

[56] 第三个问题,即联邦制的类型,则在德国的案例里得到了系统探讨,本书通过一个历时性比较,将 1848 年所提出的中央集权制的联邦制及其结果与 1871 年宪法实际的分权性联邦体制及其结果进行对比。第六章将对这种历时性比较进行较为全面的阐释。

第二章　建国决定时刻：地区政治与国家统一的动因概述

从政治上看，中央集权制国家是商业革命呼唤来的新事物。

——卡尔·波兰尼（Karl Polanyi）[1]

它（国家）的实际引擎是支配与掌控一切看似能够被集权化的复杂人类社会关系的政治动力。这是通过统一的意志来实现的，这个意志是命令与教导，是超越习惯的生活模式的愿景，它抓住了即将到来的一切，并在其中发现了构筑未来权力大厦的蓝图。

——奥托·欣策（Otto Hintze）[2]

在 1859 年到 1871 年间，保守的普鲁士君主与皮埃蒙特君主开启了一项大胆的政治工程，从一片各自为政且处于外族统治下四分五裂的邦国丛中建立起现代德国与意大利的民族国家。将过去各自为政的地方邦国整合为规模更大的现代民族国家的一部分，这是由精英协商推动的政治变革过程，而精英之间的协商，自然也引发了不同地区对国家统一或支持或反对的政治反应。正是这些存续已久的、有时又彼此对立的地区政治力量的交汇，使得德国与意大利的建国决定时刻出现在 19 世纪 60 年代。[3] 为了遏制这些地区力量，皮埃蒙特和普鲁士的领导者像任何新生政体的政治领袖一样，试图在新的民族国家政制中设计出一些符合大一统国家的基本政治体制，并使其制度化。[4] 此外，在国家创建时刻所采取的宪制的或是制度的"解决方案"，尽管在 20 世纪中期曾经历重大挫折，但还是在整个 20 世纪里展现出令人刮目相看的韧性。

本章与接下来的两章将探究这一问题:是什么因素促成了意大利与德国的国家统一? 为了回答这个问题,我提出了三个涵盖广泛的论点。第一,意大利与德国的国家统一本质上是由非常相似的经济与政治动力驱动的,它们产生了在欧洲腹地统一与巩固新的庞大"民族国家"领土的推力。第二,除了给出有关国家统一的推动力的解释外,我还将解释为什么有些意大利与德意志邦国,例如普鲁士与皮埃蒙特,致力于推动国家统一,而另一些邦国,如巴伐利亚与两西西里王国①,则始终保持抵抗姿态。最后,通过将我的分析聚焦于社会情境下的德国与意大利国家统一前的邦国,本章与接下来两章将简要介绍在意大利与德国各自的社会情境下,共同塑造国家创建时刻的"推动"与"阻碍"国家统一的地区力量。

建国决定时刻中的意大利与德意志诸邦国

在这两个案例里,构成建国决定时刻的地区反应是多层次的,也是多样化的。针对普鲁士君主与皮埃蒙特君主几乎同时发起的意大利与德意志统一进程,各地的反应大致遵循三条轨迹:一些地方邦国的君主与政治领袖(例如德意志萨克森-科堡信奉民族主义的公爵或奥地利治下的伦巴第-威尼托的意大利民族主义政治领袖)迅速与国家统一的议程结盟;另一些领袖(例如政治上保守且军事上赢弱的汉诺威国王格奥尔格五世与托斯卡纳大公)则保持消极抵抗的姿态,希望能够借助奥地利的庇护来抵御普鲁士与皮埃蒙特的领土扩张;当然还有一部分统治者,其中最知名的是德意志南部经济落后却在政治上雄心勃勃的巴伐利亚王室与意大利南部的那不勒斯王室,在军事上强烈抵制普鲁士与皮埃蒙特的民族统一方案。

上述四种立场——发起、支持、消极抵制与军事敌对——总的来说在多大程

---

① "两西西里王国"(the Kingdom of the Two Sicilies,意大利语为 *Regno delle Due Sicilie*)是意大利统一前占据整个意大利南部的国家,由西西里王国和那不勒斯王国构成,首都为那不勒斯,本书中有时也以"那不勒斯"指代"两西西里王国"。——译者注

度上反映了 19 世纪 50 年代至 60 年代意大利与德意志政治领袖的实际反应？借用我在附录 A 里所提到的研究方法,我们可以根据国家统一之前几年各地区政治领袖对国家统一的倾向偏好来对各邦国进行编码。[5] 如表 2.1 所示,意大利与德意志各地方邦国的政治领导层在其保持独立的最后几十年内,以各种方式对国家统一做出应对。最重要的是,这一方法突出了各地区对国家统一的多样性反应,尤其是传统研究常将民族国家的形成过程看作中央与地方之间的单维对抗,而我们提出的这一方法,则可以更有效地将这一过程概念化为德意志与意大利内部各地方政治势力群雄逐鹿的过程。[6]

表 2.1 意大利与德意志邦国概况(1850—1870 年)

德意志邦国 (1860—1870 年)	政治领导层对 国家统一的倾向	意大利邦国 (1850—1860 年)	政治领导层对 国家统一的倾向
巴伐利亚	敌对	皮埃蒙特	发起
奥尔登堡	抵制	两西西里王国	敌对
汉诺威	抵制	托斯卡纳	抵制
不来梅	支持	摩德纳	抵制
巴登	支持	帕尔马	抵制
萨克森-魏玛	支持	伦巴第	支持
萨克森-科堡	支持	教皇国	敌对
符腾堡	抵制		
库尔黑森	抵制		
荷尔斯泰因	抵制		
黑森-达姆施塔特	抵制		
拿骚	支持		
汉堡	支持		
普鲁士	发起		
萨克森	抵制		
梅克伦堡-什未林	抵制		
梅克伦堡-施特雷利茨	抵制		

此外,通过识别民族国家建立前意大利与德意志各地方邦国对待国家统一的不同态度,我们得以研究此前关于民族主义、地区主义与国家建构之间从未被正视的问题:为什么在四分五裂的意大利与德意志创建民族国家的过程中,有的地方邦国扮演了引领国家统一的角色,而另一些地方邦国则扮演了抵抗的角色?

这一问题并不只是提出了一个有趣的理论难题,它也使我们关注"建国时刻"的主要轮廓,也就是政治领袖设计了主要的国家政治体制并使其制度化,从而将新生的民族国家维系在一起。然而,在不同地区面对国家统一时的不同甚至是相互冲突的反应背后,产生建国决定时刻的条件是什么?

我的核心论点围绕着两个固有的结构性因素展开,并认为它们决定了 19 世纪 50 年代至 60 年代地方邦国的政治领袖对国家统一的政治立场。第一,欧洲经济史学家很早以前就已指出,1815 年前后欧洲经济生活的商业化在各地区的发展不均衡,使得在意大利与德意志先行商业化地区的民众比更晚才开展商业化的地区的民众更倾向于支持建立全国性的市场与政治制度。[7] 在人口密集的普鲁士西部省份、德意志北部城邦以及意大利西北部的伦巴第与皮埃蒙特等地区,由于它们在 1815 年前由拿破仑直接统治,这些地区在 1815 年之后得以形成关键的偏向国家统一的社会联盟,这也是建立全国性政治体制的必要条件。[8] 然而,最靠近法国的德意志与意大利邦国的地区层面的商业化,绝不是促成德国与意大利统一的唯一条件。要实现国家统一,还需要第二个因素:那些更早实现商业化的地方邦国的领导者(也就是普鲁士与皮埃蒙特)必须具备军事、行政与财政的手段以及进行政治扩张的动机,从而配合民族主义的社会动员,并扩大其政治控制区域。简而言之,1815 年前后在德意志与意大利地区发生的并不均衡的地区经济商业化进程,是德意志与意大利许多地区实现国家统一的社会条件,然而,只有在皮埃蒙特与普鲁士这两个地方邦国里,这些期盼实现国家统一的经济集团才能够为一个致力于对外扩张的强大的邦国领导层所吸纳,并就实现统一形成关键的政治联盟,进而真正开启国家统一进程。

再总结一下我的其他发现:为了应对德意志与意大利这两个以自身邦国力量为基础的统一发起者(普鲁士和皮埃蒙特),在 19 世纪 50 年代至 60 年代,意大利和德意志的其他地方邦国出现了另外三种广泛存在但可识别的政治反应类型。第一种反应来自较早进行经济商业化地区的政治领袖,尽管这些地区的社会支持国家统一,但这些地区在地缘政治上处于弱势,缺乏足够的政治能力(军事能力与行政能力)来自己实现国家统一。因而,这些地区的政治领袖是国家统一的"消极支持者"(如萨克森-科堡与伦巴第)。[9] 第二种反应则来自那些同样在政治上处于弱势但是商业化又较晚出现的地区的君主与政治领袖。这些地区既

27

没有政治能力，也不存在支持国家统一的社会力量（如符腾堡和托斯卡纳）[10]，因此我们发现，这些地区的政治领袖虽然抵制国家统一，但基本不会有实际行动，他们更倾向于依靠欧洲强国来反对国家统一。最后一种反应来自我们在分析里提到的国家统一的最大敌对者，即那些政治上与军事上都十分强大但较晚商业化的地方邦国的君主与政治领袖，他们认为自己有政治或军事实力来抵制国家统一，因而主动并自觉地敌视国家统一（如巴伐利亚和两西西里王国）。[11]

识别与解释这四种以地区为基础的对国家统一的反应，并不是说这些地方反应捕捉到了国家统一时刻里意大利或德意志地方邦国所有的细微差别与多样性。在表象之下，各地方邦国之间表现出来的相似性与差异性未必全然包含在上述四类反应之中。事实上，考虑短期的策略计算、领导人之间的个性差异与私人冲突，这一时期的地方政治本就是变幻莫测的。[12]但是，我的目的就是要超越这些琐碎的因素，进而提出系统性的视角，以阐明那些更深层次的政治与社会因素是如何产生在 19 世纪 50 年代与 60 年代出现的或支持或反对国家统一的四种具有广泛代表性的地区政治反应的。通过这样的分类，我的解释做出了两个贡献。首先，为现代化理论和传统史学研究中将民族主义与地区主义视为国家整合进程里两种彼此对立的力量的做法提供了替代思路[13]，也就是与现代化理论和传统史学相反，经验证据表明，地区力量可能非常矛盾地同时作为国家统一的助力与阻力。[14]其次，在意大利和德国的建国时刻，推动或阻碍由地区发起的国家统一工程的地域条件与行动者呈现惊人的相似性，本章通过确定这些条件与行动者，辨明了国家统一进程中"推"与"拉"的主要地区力量，而民族国家的主要制度将在建国之后从这些力量中被构建出来。

建国决定时刻的起源：德意志与意大利的邦国行动者与社会行动者

关于德国与意大利统一的广泛专题研究，目前已经产生了丰富的史学成果。总的来看，当前对德国和意大利统一的解释有两条主要的分析线索。第一条线索是"社会中心"传统，即关注德国与意大利统一前就已然存在的社会形态。本章开头引用的卡尔·波兰尼的观点——"中央集权制国家是商业革命呼唤来的新事物",就可以被视为这一研究路径的典范。然而,这一研究传统强调的在统一进程中起作用的特定社会团体所涵盖的范围极广。有的学者认为,关键的经济集团,也就是普鲁士西部与意大利北部的自由主义中产阶级,作为寻求建立更大的全国性市场与稳定政治环境的代理人,他们的存在为国家统一贡献了决定性的助力。[15]另一些学者则探究了民族主义知识分子、自由主义公共活动家以及他们成立或参与的秘密社团与发行的出版物在国家统一中的重要性。[16]虽然这两种观点所确定的国家统一中的社会主体不同,但都强调了德国与意大利统一前的社会的组织变革与结构变迁是孕育国家统一的关键因素。

与上述视角相反,第二条研究线索采取"国家中心"的分析模式,着重探讨了特定邦国领导人的政治动机,更明确地强调了皮埃蒙特与普鲁士这两个发起统一进程的地方邦国的作用。奥托·欣策在本章题词部分的论断反映了这一传统的主要主张:国家是推动政治集权化的决定性行为者。一些以国家为中心的研究传统认为,意大利与德国的国家统一首先是这一进程的实例,即普鲁士与皮埃蒙特的政治领袖希望扩张他们的政治势力范围,从而在欧洲舞台上宣称自己为强国。[17]在这一以国家为中心的传统里,还有另一个更晚近的分析分支在德国史研究里获得了长足发展。它侧重官僚的动机,也就是官员试图建立更大的财政控制区,来使自己摆脱债务的困扰。[18]所有这些论点,无论是以社会为中心还是以国家为中心,都为民族国家出现的原因、政治集权背后的动因以及 19 世纪意大利与德国统一的推动力提供了关键且合理的解释。我们如何区分哪种说法是正确的? 我们如何确定每种解释所强调的社会或是国家变量的确切因果权重与关系?

地方邦国支持或抵制国家统一的决定因素

为了回答这些问题,本章与后面两章都围绕同一研究设计展开,重点关注地方层面的"地区",而不是作为整体的"民族国家"。通常情况下,研究国家统一都是在全国层面探究原因,所以无论是概念还是方法上都有缺陷。[19]第一,在概念层面上,最新的学术研究已经发现,任何没有将作为实体的邦国纳入对统一前的

"德意志"或"意大利"政治和经济发展的讨论都只是不充分的抽象概括，它们所掩盖的问题远比揭示的事实要多。[20]在德意志境内，从北到南的土地所有权安排结构和制造业部门发展有着很大不同。[21]同样，在政治变革方面，地方差异也很明显，南方对宪政改革的推动是北方难以比拟的，那里的专制统治要到更晚些时候才遭遇挑战。[22]与之相似，在意大利，正如南北之间农业与制造业结构的差异产生了重要的后果一样，意大利各邦国在意大利统一前的政治制度差异也是如此。[23]最重要的是，既有的"国家中心"研究将国家整合与"排他性"的地区主义视为国家统一进程中的两种对立力量，这样的解释忽视了以下因素。首先，意大利与德国的国家统一工程恰恰是由两个特定的地区（普鲁士与皮埃蒙特）推动的，这两个地方邦国试图将其影响力扩大至德意志与意大利的其他地区。其次，如近期历史学研究所强调的，德意志南部与意大利南部的地域认同尽管经常是抵制国家统一的，不过在国家统一最终完成后，还是提供了重要的"整合"功能。[24]

仅在全国层面对两个个案进行分析的第二个缺陷是方法论的问题，因为因变量（对国家统一的支持程度）的变化极为有限，因而无法评估此前提到的两种解释路径的分析作用。[25]为了增加观测样本量并解开彼此纠缠不清又相互竞争的论点（以国家为中心和以社会为中心），我在分析中采用对地方政权进行比较分析的方法。基于这种方式，我可以检验这两个论点在 19 世纪 50 年代至 60 年代的关键年份对德意志与意大利 24 个邦国的具体效应。

接下来，我将进行系统的比较研究，即向德国与意大利统一前的每一个地方邦国抛出两个问题。第一个问题是：在国家统一前的几年，哪些社会团体支持推动改变领土现状，而哪些社会团体则抵制扫除统一障碍的举措？这个问题为我们提供了一个切入点，以了解是什么因素推动了邦国之间在初始阶段建立更为紧密的联系。但利益与态度偏好的社会形态并不会自然而然地转变为政治行动，地方邦国及其政治领袖并不只是被动地对社会变化进行回应，他们也有自己的动机与利益。[26]因此，我们还有必要提出第二个问题：哪些地方邦国的政治领袖是 19 世纪 30 年代至 19 世纪 70 年代德国与意大利统一活动中的发起者、支持者又或是抵抗者？通过探究这两个问题并将地方邦国作为主要分析单位，我们可以厘清现有的两条研究路径各自在解释结果时的相对权重与实质影响。

表 2.2　小结:地方邦国支持或是反对国家统一的决定要素

	邦国规模大(邦国财政 预算高于总体均值)	邦国规模小(邦国财政 预算低于总体均值)
商业化程度高(人均国内 生产总值高于总体均值)	1. 发起者 例如:普鲁士、皮埃蒙特(政 治与社会的支持)	2. 支持者 例如:不来梅(有社会支持, 但缺乏政治支持)
商业化程度低(人均国内 生产总值低于总体均值)	4. 敌对者 例如:巴伐利亚、两西西里王 国(社会与政治的抵制)	3. 抵制者 例如:符腾堡、托斯卡纳(既 没有社会支持,也没有政治 支持)

哪些因素解释了 19 世纪 50 年代和 60 年代不同的地方邦国对国家统一支持程度的差异? 为了回答这个问题,我设计了一个解释模型,围绕每一邦国的政权结构和社会组织在这 20 年内的发展情况展开:(1)每个地方邦国的政治实力大小;(2)各邦国商业化或经济现代化的程度。[27] 表 2.2 参照了从德意志和意大利地区的更大的数据集里抽取的一些最重要的地区案例,提出了启发式的总结。

第一,我们可以预设,国家统一将由政治上最强大(即邦国规模大)与商业化出现较早、政治支持应该是最强的地区的政治领袖与社会团体所发起,我们可以预期统一将从那里开始(表 2.2 的第 1 格)。第二,在那些政治上强大,但商业化却出现得较晚的地区,政治领袖能够支配一个强大的邦国,因此,这些地区对国家统一的敌视是最强的(第 3 格)。第三,在那些较小,但商业化较早出现的邦国,我们可以在这些地区发现支持统一的社会团体,但其对统一的政治支持是模棱两可是消极的(第 2 格)。第四,在那些既小又政治无能的邦国里,我们既找不到对统一的社会支持,也找不到相应的政治支持(第 4 格)。

证明:社会因素或邦国因素对邦国支持国家统一的相对影响

接下来的两章(第三章与第四章)中,本书将具体展现这一分析框架如何应用在德国与意大利的案例里,并详细展示在解释国家统一的动因中关注地区政治与经济发展的优势与局限。但是,为了对我所强调的两个变量的效力提供一些初始的证据支持，我们可以采用 19 世纪 50 年代与 60 年代的具有系统性与可比性的 24 个德意志与意大利邦国的经济和政治数据，进行一些初步的统计检验。[28]

第一，在表 2.3 中，我们可以看到 24 个地方邦国的概况，它们被分成了四类组合，构成了表 2.2 中的四格：(1)规模大而经济差的邦国；(2)规模小而经济差的邦国；(3)规模小而经济好的邦国；(4)规模大而经济好的邦国。我们的因变量，也就是表 2.3 的第一列展示的，则是各地方邦国领导层对国家统一的政治倾向。为了对因变量进行编码，我借鉴了政治史学者近来常用的方法：广泛选用了这一时期的德语、意大利语与英语的二手文献。[29]每一个地方邦国会被一个定序维度进行编码，从而评估每个地区的政治领袖在国家统一前的十年中（1850—1860 年的意大利与 1860—1870 年的德意志）对国家统一的支持程度。我用二手文献对这些地方邦国行动的两个维度的评价来体现"支持国家统一"的概念：(1)对待"民族主义社团"这一类公民组织［意大利民族协会（Associazione Nazionale）①与德意志民族协会（Nationalverein）］的政策，以及(2)各邦国领导人在外交会议中对"国家统一"议题的公开声明、通信与投票。我的定序量表（从 1 到 4）评估了邦国面对国家统一的四种可能结果：敌对、抵制、支持与发起。

表 2.3　德国与意大利国家统一前的邦国概况（1850—1860 年）

	政治决策者 对国家统一 的政治倾向	地区经济现代化水平 （1849—1861 年， 人均国内生产总值）	邦国规模 （1850—1852 年， 财政预算的 1/1 000）
1. 规模大而经济差的邦国（高于总体邦国规模均值，但低于总体财富均值）			
巴伐利亚	敌对	385 帝国马克	64 143 帝国马克
两西西里王国	敌对	174 里拉	151 000 里拉
2. 规模小而经济差的邦国（低于总体邦国规模均值与总体财富均值）			
梅克伦堡-什未林	抵制	474 帝国马克	9 570 帝国马克
梅克伦堡-施特雷利茨	抵制	474 帝国马克	2 233 帝国马克

① 此处原文为"Associazione Nazionale in Italy"，下文中，作者分析意大利民族主义组织时主要考虑的是由意大利革命家马志尼所领导的"意大利民族委员会"以及在加富尔支持下由意大利爱国主义者丹尼尔·马宁与加里波第领导的"意大利民族协会"（Società nazionale italiana），上述组织都主张实现意大利国家统一。此处需要注意与 1910 年成立的"意大利民族主义协会"（Associazione Nazionalista Italiana, ANI）进行区分，后者在 20 世纪曾对意大利的法西斯主义运动产生影响。——译者注

续表

	政治决策者对国家统一的政治倾向	地区经济现代化水平（1849—1861年，人均国内生产总值）	邦国规模（1850—1852年，财政预算的1/1 000）
符腾堡	抵制	489 帝国马克	21 943 帝国马克
库尔黑森	抵制	496 帝国马克	11 353 帝国马克
教皇国	敌对	230 里拉	41 000 里拉
托斯卡纳	抵制	239 里拉	33 000 里拉
摩德纳	抵制	236 里拉	9 000 里拉
帕尔马	抵制	236 里拉	9 000 里拉
黑森	抵制	539 帝国马克	11 266 帝国马克
巴登	支持	486 帝国马克	18 217 帝国马克
荷尔斯泰因	抵制	533 帝国马克	20 387 帝国马克
汉诺威	抵制	464 帝国马克	28 160 帝国马克
奥尔登堡	抵制	455 帝国马克	4 910 帝国马克
3. 规模小而经济好的邦国(低于总体邦国规模均值,但高于总体财富均值)			
不来梅	支持	750 帝国马克	3 197 帝国马克
汉堡	支持	800 帝国马克	9 413 帝国马克
萨克森-科堡	支持	553 帝国马克	653 帝国马克
萨克森-魏玛	支持	553 帝国马克	4 577 帝国马克
萨克森	抵制	671 帝国马克	24 880 帝国马克
拿骚	支持	604 帝国马克	6 773 帝国马克
4. 规模大而经济好的邦国(高于总体邦国规模均值与总体财富均值)			
普鲁士	发起者	565 帝国马克	227 017 帝国马克
伦巴第-威尼托	支持	358 里拉	89 000 里拉
皮埃蒙特	发起者	401 里拉	112 000 里拉
全国平均数据			
意大利邦国	—	268 里拉	64 000 里拉
德意志邦国	—	547 帝国马克	66 956 帝国马克

表 2.4　邦国规模对本邦国支持国家统一的影响

大邦国(高于总体财政预算均值)	小邦国(低于总体财政预算均值)
均值＝2.35（样本数＝4①）	均值＝2.25（样本数＝19）

---

① 原文如此,但根据表2.3,大邦国数量应为5,疑为原文有误。此外,由于文中未给出计算过程,仅按照后文说明中的赋值进行推算,无法得出表2.4中的均值结果。——译者注

两个自变量——"邦国规模"与"地区经济现代化水平"——使用较为有限的国家统一以前地区级数据进行评估。"邦国规模"是根据 1850 年至 1852 年间德意志和意大利各地方邦国的预算（总支出）规模来衡量的。[30] 为了评估"地区经济现代化水平"，我采用了两个最新的区域估计所提供的省级与地区数据的组合来估计区域的人均国内生产总值。[31] 由于仅能获得省级数据，我汇总了这些数据并根据人口进行了调整，来估算意大利和德国统一前的各个地区政治单位的人均国内生产总值。

要评估邦国规模对国家统一的支持程度的影响，以及检验邦国规模与经济现代化之间是否存在交互效应，我们可以比较大邦国与小邦国在因变量表现上的平均值。采用因变量的定序测量（即 1＝敌对，2＝抵抗，3＝支持，4＝发起），如果只看邦国规模，似乎它对是否支持国家统一只有微不足道的影响：如表 2.4 所示，小邦国在国家统一倾向的平均分数为 2.25，而大邦国的这一数值则为 2.35。这两个均值表明，在仅考虑邦国规模的情况下，大邦国与小邦国对国家统一的倾向相似，乍一看，似乎无论是小邦国还是大邦国的领导人，都在支持或反对国家统一的问题之间摇摆。

然而当我们将另一个自变量——"地区经济现代化水平"——纳入分析之后，如表 2.5 所示，我们看到了截然不同的结果，我们理论预测的主要模式也得到

表 2.5　意大利与德意志各邦国对国家统一的均值与支持度比较

	大邦国 （高于总体财政预算均值）	小邦国 （小于总体财政预算均值）
富邦国 （高于人均国内生产总值均值）	均值＝3.7 标准误＝0.6 样本数＝2①	均值＝2.8 标准误＝0.4 样本数＝4
贫邦国 （低于人均国内生产总值均值）	均值＝1.0 标准误＝0 样本数＝2	均值＝2.0 标准误＝0.4 样本数＝13

注："富"与"贫"、"大"与"小"的邦国编码通过各自社会处境下各邦国排位之于总体均值来进行估算。其中，国内生产总值的均值在德意志为 547 帝国马克，在意大利则为 268 里拉。邦国财政预算均值在德意志为 66 956 帝国马克②，在意大利则为 64 000 000 里拉。

① 原文如此，但根据表 2.3，此处样本数应为 3，既为小邦国又为富邦国的样本数应为 6。这两处疑为作者笔误。——译者注
② 原文如此，但根据表 2.3 以及上下文推断，此处德意志邦国财政预算规模均值应为 66 956 000 帝国马克。——译者注

了支持。第一,在规模大而经济好的邦国,政府的平均得分使其位于国家统一的发起者位置(均值=3.7)。第二,在规模小而经济好的邦国,政府的平均得分也显示,这一类国家大体上对国家统一持支持态度(均值=2.8)。第三,在规模小而经济差的邦国,政府则显示了对国家统一持抵抗态度的平均得分(均值=2.0)。最后,在规模大而经济差的邦国,政府展现了它们在国家统一问题上的敌对态度(均值=1.0)。表2.5为我们所提出的关于国家统一的地区视角提供了一些令人信服的初步证据。

接下来,我们可以研究对国家统一的支持度如何因邦国财富的不同而不同。在此后的分析里,我分别分析了意大利与德意志的情形,从而研究类似的动因是否在两个国家的案例里都起了作用。在表2.6中,我总结了德意志地区富邦国与贫邦国的规模对其支持国家统一的影响的研究结果。将因变量重新编码为0—1的区间后,我们的发现证实了本章的核心假设:在经济好的邦国里,邦国规模越大,则越支持国家统一;反之,在经济差的邦国,邦国规模越大,则对国家统一的抵制越强。尽管我们只有17个案例用来进行分析,不过毕竟在0.10的置信水平上,我们的结论是显著的,这也表明邦国规模与经济水平的交互效应导致了不同地区对国家统一进程的不同反应。在国内生产总值较高的邦国里,最小的邦国的支持度为0.6(缩放至0—1),而最大的邦国则为0.97。与之相对,在国内生产总值较低的邦国中,最小的邦国的得分为0.43(比任何一个划归为高国内生产总值的邦国的支持度都要低),而随着邦国规模的扩大,对国家统一的支持度也逐步下降。

表2.6　德意志邦国:邦国规模对支持国家统一的影响(按国内生产总值)

	系　数	标准误	p 值
高国内生产总值(＞总体均值)(样本数＝7)			
邦国规模	0.37	(0.17)	0.08
常量	0.60	0.00	0.00
$R^2 = 0.49$			
低国内生产总值(≤总体均值)(样本数＝10)			
邦国规模	−1.2	(0.56)	0.06
常量	0.43	(0.06)	0.00
$R^2 = 0.57$			

注:德意志邦国国内生产总值的均值为547帝国马克。关于因变量编码的讨论(对国家统一的态度),参见附录A。

因为意大利只有 7 个邦国(2 个国内生产总值较高的邦国与 5 个国内生产总值较低的邦国),所以进行回归分析的意义不大。不过如表 2.7 所示,意大利各邦国的动态与我们在德意志的发现高度一致。第一,在国内生产总值较高的邦国里,较小的邦国对国家统一持支持态度,而较大的邦国则是国家统一的发起者。第二,在国内生产总值较低的邦国中,3 个最小的邦国都抵制国家统一,而其余 2 个较大的邦国则敌视国家统一。从本质上讲,尽管案例数量非常有限,以至于统计学上的结果并不显著,但是我们在意大利所观察到的动态过程与德意志相同。

表 2.7 意大利邦国概况(缩放至 0—1)

	人均国内生产总值	邦国规模	对国家统一的态度
国内生产总值较高的邦国			
皮埃蒙特	1.00	0.73	1.0
伦巴第	0.81	0.56	0.67
国内生产总值较低的邦国			
托斯卡纳	0.29	0.17	0.33
帕尔马	0.27	0.0	0.33
摩德纳	0.27	0.01	0.33
教皇国	0.25	0.23	0.0
两西西里王国	0.0	1.00	0.0

总而言之,我们发现,19 世纪 50 年代和 60 年代,德意志与意大利有着类似的统一进程:(1)在两个案例中,最富裕且最大的邦国(普鲁士与皮埃蒙特)发起了国家统一进程;(2)贫穷的大邦国,例如巴伐利亚与两西西里王国,积极且以敌对态度抵制国家统一;(3)富裕的小邦国,例如汉堡、不来梅与伦巴第,则支持普鲁士与皮埃蒙特领导的国家统一进程;(4)贫穷的小邦国,例如符腾堡与托斯卡纳,则是国家统一的消极抵抗者,通常选择支持那些更强大的邦国(如巴伐利亚和两西西里王国)的反国家统一政策。

结论:建国决定时刻的轮廓

本章描述了与研究国家政治发展的学者所称的"关键节点"出现有关的一系

列条件,所谓"关键节点",即一个民族国家的政治制度的基本特征被构建出来的时刻。本章所说的关键节点,则是李普塞特(Lipset)与罗坎(Rokkan)在他们广为人知的作品里提到的"国家革命"(the national revolution)。[32]在国家革命的时刻,又或是本章所称的19世纪60年代意大利与德国的"建国时刻",地区力量在建立领土统一的民族国家这一进程里起着或推动或阻碍的作用。与所有新的民族国家一样,正是这种地区的推拉作用,最终建立了每个民族国家在央地关系方面的基本制度。

本章提出的模型,尽管在理解国家统一的地域决定因素方面提出了两个潜在的关键因素,却不能告诉我们为什么政治强大的商业化邦国发起了国家统一,也不能告诉我们为什么那些拥有其他不同属性的地区展现了对国家统一的其他倾向。为了探究这些问题,以及研究本章所确定的力量如何在德国和意大利的案例里发挥作用,我们有必要更深入地研究德国与意大利的地方邦国支持国家统一的动态过程,而这正是此后两章所要完成的任务。

【注释】

[1] Karl Polanyi, *The Great Transformation* (New York: Farrar and Rinehart, 1944), 65.

[2] Otto Hintze, "The State in Historical Perspective," in Reinhard Bendix, ed., *State and Society: A Reader in Comparative Political Sociology* (Berkeley and Los Angeles: University of California Press, 1968), 164.

[3] "建国决定时刻"的概念借鉴了最初由西摩·马丁·李普塞特和斯坦因·罗坎等人所提出的发展框架,在研究中,他们总结了四个关键的历史转折——教会与国家之争、农业与工业之争、资方与劳方之争、中央与地方之争,参见 Seymour Martin Lipset and Stein Rokkan, eds., *Party System and Voter Alignment* (New York: Free Press, 1967)。而近来,戴维·科利尔和露丝·贝林斯·科利尔的研究工作关注了不同的劳资互动模式的制度后果,参见 David Collier and Ruth Berins Collier, *Shaping the Political Arena: Critical Junctures, the Labor Movement, and Regime Dynamics in Latin America* (Princeton: Princeton University Press, 1991)。但鲜有实证研究者探究央地冲突或是本书提到的"国家"的关键时刻,也就是政体吸纳新领土时的制度后果,这也是本书想要填补的空白。

[4] 我所提到的"国家立宪时刻"指的是首次通过全国性宪法,从而正式或非正式地构建一个国家的政府运作的规则框架的时刻。在意大利与德国的社会情境中,国家统一与全国性宪法的颁布同时发生,然而在其他国家的情形下,国家统一或是民族独立往往是先于国家立宪时刻的。关于这一概念的跨国别应用,见本书第七章。

　　[5] 由于这些分类（发起、支持、抵制与敌对）对本书而言非常重要，因而我们需要给出它们的直接定义。"发起"指的是采用军事征服与政治谈判成功地扩展其疆界，明确表示要实现"国家"统一的邦国政府。"支持"指的是那些会在官方声明中明确表示支持独立邦国形成"国家"统一的邦国政府，并且一旦有机会，它们就会在国家统一的问题上站在作为"发起者"的邦国政府一边，尽管这些它们自己从未试着扩大疆界。"抵制"是指那些在公开声明中表示反对国家统一的邦国政府，并一旦有机会就站在"敌对"的邦国政府一边，然而持抵制态度的邦国政府自身从未发起过任何反对国家统一的军事或有组织的政治行动。最后，"敌对"则是指积极发起并开展军事活动，以捍卫地方自治并抵制国家统一的努力的邦国政府。

　　[6] 这一点在露西·里亚尔有关意大利的国家建构的研究中也有体现，参见 Lucy Riall, *Sicily and the Unification of Italy: Liberal Policy and Local Power, 1850—1866* (Oxford: Clarendon Press, 1998)。

　　[7] 这里所说的"商业化"，指的是一系列具体的法律变革和经济实践的变迁，这些变化将基本的生产要素（土地、劳动力与资本）转变为商品。有关这一主题的经典论述表明，"商业"革命在欧洲的不同地区遵循不同轨迹。在英国，土地商业化最早且最密集地发生在 1760 年至 1810 年间，但在欧洲大陆，这一过程则发生得较晚。在那些受拿破仑直接统治、邻近法国的地区（如皮埃蒙特、伦巴第、莱茵兰等），传统的土地所有制与行会体系到1815 年就被迅速废除了。相比之下，在法国统治以外的地区，或在不那么直接地受拿破仑统治或影响的地区（如巴伐利亚、意大利南部、西西里等），废除封建制与行会体系的过程却在 1815 年后进展缓慢。有关早期英国土地商业化的案例研究，参见 J. H. Plumb, *England in the 18th Century* (Middlesex: Penguin, 1950), 77—90。有关欧洲大陆不均衡的商业化进程，参见 E. J. Hobsbawm, *The Age of Revolution: Europe, 1789—1848* (London: Weidenfeld and Nicolson, 1962), 149—167。

　　[8] 关于拿破仑在意大利与德意志的统治所带来的不均衡的地域影响的一般讨论，参见 Stuart Woolf, *Napoleon's Integration of Europe* (New York: Routledge, 1991), 40—41; David Laven and Lucy Riall, eds., *Napoleon's Legacy: Problems of Government in Restoration Europe* (Oxford: Berg, 2000), 8—12。

　　[9] 有关萨克森-科堡公国对于普鲁士在 1859 年至 1861 年间的国家统一的态度与行动，参见 Ernst II, Herzog von Sachsen-Coburg-Gotha, *Aus meinem Leben und aus meiner Zeit*, vol.3 (Berlin: Verlag von Wilhelm Herz, 1889), 275—545。由于伦巴第政治精英为占领者奥地利军队与行政当局所支配，因而伦巴第的领导层在政治与军事上都无所作为。

　　[10] 关于 1866 年起的符腾堡王室及其政治领袖对普鲁士的态度的简明而有用的解释，参见 Ernst Rudolf Huber, *Deutsche Verfassungsgeschichte Seit 1789*, vol.3 (Stuttgart: W. Kohlhammer Verlag, 1963), 669—670。

　　[11] 有关巴伐利亚与普鲁士之间的紧张局势和公开冲突，参见 Ernst Rudolf Huber, *Deutsche Verfassungsgeschichte Seit 1789*, 531—542; 有关位于那不勒斯的波旁-两西西里王朝的终结与其在 1860 年针对皮埃蒙特的军事抵抗，参见 Alfonso Scirocco, *L'Italia del Risorgimento* (Bologna: Il Mulino, 1990), 401。

[12] 如果去查看一下 19 世纪 60 年代德意志各邦国君主的德意志联邦谈判中丰富多彩的亲历者回忆录,就会得出这样的印象。例如,参见 Ernst II, Herzog von Sachsen-Coburg-Gotha, *Aus meinem Leben und aus meiner Zeit*, vol.3, 275—545。而在意大利,从 1859 年到 1860 年间皮埃蒙特国王与两西西里的波旁国王的代表之间的个人书信就可以看出,君主间的私交在意大利有多重要,关于这一点,可以查看约翰·桑托尔完成的一部分翻译,参见 John Santore, *Modern Naples*: *A Documentary History*(New York: Italica Press, 2001), 166—179。

[13] 海因里希·特赖奇克对民族主义的反对势力与地区主义有一个经典的表达,他将"地区主义"贬为"邦权至上主义者的童话",参见 Heinrich Treitschke, *Historische und Politische Aufsätze*(Leipzig: Verlag von Hirzel, 1867), 448。这一理念显然影响了李普塞特与罗坎对现代化理论的经典论述,他们写道:"不断崛起的民族国家发展了一系列统一化与标准化的机构,并逐渐渗透进原始的地方文化堡垒中。"参见 Seymour Martin Lipset and Stein Rokkan, eds., *Party System and Voter Alignment*, 13。

[14] 近来,对于意大利与德国的国家统一问题,英语世界也出现了修正性的历史论述,强调地区主义与地区认同作为重要的"整合"力量。其中,关于德国处境的经典例子,参见 Celia Applegate, *A Nation of Provincials*: *The German Idea of Heimat*(Berkeley and Los Angeles: University of California Press, 1990); Alon Confino, *The Nation as a Local Metaphor*: *Württemberg*, *Imperial Germany*, *and National Memory*, *1871—1917*(Chapel Hill: University of North Carolina Press, 1997)。关于意大利处境的例子,参见 Lucy Riall, *Sicily and the Unification of Italy*: *Liberal Policy and Local Power*, *1850—1866*。我希望在本章以比较分析的框架对这两类历史学发展趋势提出的洞见进行综合分析。

[15] 在德国社会情境下关于这一论断的例子,可参见西奥多·S.哈梅罗的经典研究:Theodore S. Hamerow, *The Social Foundations of German Unification*, *1858—1871*(Princeton: Princeton University Press, 1969)。亦可参见近来由洛塔尔·高尔和迪特尔·朗格维舍编撰的论文集,参见 Lothar Gall and Dieter Langewiesche, *Liberalismus und Region*(Munich: R. Oldenbourg Verlag, 1995)。遵循同样思路的,还有乔纳森·斯珀伯所称的"自下而上的历史",参见 Jonathon Sperber, *Rhineland Radicals*: *The Democratic Movement and the Revolution of 1848—1849*(Princeton: Princeton University Press, 1991)。有关此论断基于意大利社会的早期实例,参见 Kent Greenfield, *Economics and Liberalism in the Risorgimento*: *A Study of Nationalism in Lombardy*, *1814—1848*(Baltimore: Johns Hopkins Press, 1965)。

[16] 在德意志的社会情境下进行的讨论,参见 Liah Greenfeld, *Nationalism*: *Five Roads to Modernity*(Cambridge: Harvard University Press, 1992)。在意大利的社会情境下进行的讨论,参见 Raymond Grew, *A Sterner Plan for Italian Unity*: *The Italian National Society in the Risorgimento*(Princeton: Princeton University Press, 1963)。

[17] 在德意志的社会情境下进行的讨论,参见 Helmut Böhme, *Deutschlands Weg Zur Grossmacht*(Cologne: Kiepenheuer und Witsch, 1972); Richard Tilly, "The Political Economy of Public Finance and the Industrialization of Prussia, 1815—1866," *Journal of*

Economic History 26(1966):484—497。在意大利的社会情境下进行的讨论，参见 Lucy Riall, "Elite Resistance to State Formation: The Case of Italy," in Mary Fulbrook, ed., *National Histories and European History*(Boulder, Colo.: Westview Press, 1993), 58。拒绝"经济决定论"并明确强调以国家为中心的研究，参见 Luciano Cafagna, *Cavour*(Bologna: Il Mulino, 1999)。

[18] Rolf Dumke, *German Economic Unification in the Nineteenth Century: The Political Economy of the Zollverein*(Munich: University of the Bundeswehr, 1994). 有关这项主题在意大利的初步探索，参见 Rupert Pichler, *Die Wirtschaft Lombardei als Teil Österreichs*(Berlin: Duncker und Humblot, 1996)。

[19] 关于"地方"层面比较研究方法的优势已经日益为比较政治学者所关注。近期最佳的方法论讨论，参见 Richard Snyder, "Scaling Down: The Subnational Comparative Method," *Studies in Comparative International Development* 36, no.1(2001):93—110。斯奈德认为，鉴于理论由于不同分析层次会受到可观察数量的影响，因而以国家为关切的理论可以在其案例之下的地方政权里进行检验[Richard Snyder, "Scaling Down: The Subnational Comparative Method," *Studies in Comparative International Development* 36, no.1(2001):95]，他所援引的资料为：Gary King, Robert Keohane and Sidney Verba, *Designing Social Inquiry: Scientific Inference in Qualitative Research*(Princeton: Princeton University Press, 1994), 219。

[20] 这一点由托马斯·尼佩戴提出，参见 Thomas Nipperdey, *Germany from Napoleon to Bismarck, 1800—1866*(Princeton, Princeton University Press, 1996), 130。

[21] 例如，参见 Gary Herrigel, *Industrial Constructions: The Sources of German Industrial Power*(Cambridge: Cambridge University Press, 1996); Thomas Nipperdey, *Germany from Napoleon to Bismarck, 1800—1866*。

[22] 参见 Eric Dorn Brose, *German History, 1789—1871*(Providence: Berghahn, 1997), 153—164; Harm-Hinrich Brandt, *Deutsche Geschichte, 1850—1870. Entscheidung Über die Nation*(Stuttgart: Kohlhammer, 1999), 20—51, 79—128。参见本书第六章的讨论。

[23] 意大利史学家很早就注意到"北方"与"南方"之间的巨大经济差异。近些年来，这种划分也被进一步细分，因为学者们越来越多地注意到，其实从来没有一个单一的"南方"。恰恰是，在南方内部也存在巨大的差异，而这些差异被完全围绕着北方与南方的区别进行的分析里给忽视了。

[24] 有关这一点在德意志的社会情境下的展现，参见 Alon Confino, *The Nation as a Local Metaphor: Württemberg, Imperial Germany, and National Memory, 1871—1917*; Alon Confino, "Federalism and the Heimat Idea in Imperial Germany," in Maiken Umbach, ed., *German Federalism: Past, Present, and Future* (London: Palgrave, 2002)。在意大利的社会情境下的展现，参见 Lucy Riall, *Sicily and the Unification of Italy: Liberal Policy and Local Power, 1850—1866*, 29。

[25] 有关研究的案例等于或小于潜在的自变量数量的方法论陷阱的讨论，参见 Gary King, Robert Keohane and Sidney Verba, *Designing Social Inquiry: Scientific Inference*

in Qualitative Research,119—122。

[26] 这一理论见解由西达·斯考切波与她的同事在 20 世纪 80 年代的一系列文章中得到了详尽的阐述,其中最为直接的阐述,参见 Peter Evans, Dietrich Rueschemeyer and Theda Skocpol, eds., *Bringing the State Back In*(Cambridge: Cambridge University Press, 1985)。

[27] 要从这两个维度测量 24 个地区,我采用了如下测度方式:对于"地区经济现代化水平"或"商业化",我采用了 1861 年的意大利与 1850 年德意志各邦国地区的人均国内生产总值数据。对于"邦国规模"或"邦国实力",我采用了意大利与德意志从 1850 年到 1852 年各邦国的总体支出(邦国预算总额)。有关这些测度的完整讨论、原始数据与数据来源,参见附录 A。

[28] 任何尝试将复杂历史进程量化的努力必将激起那些相当熟悉这些案例的历史学家的抵制。而另一方面,对于那些有着定量思维的社会科学家而言,我的历史数据所固有的信度与效度的问题同样可能是令人沮丧的。然而我的论述恰恰是将基本的统计技术应用于历史数据这一危机四伏的领域,诚然,我所采取的是本时期有瑕疵但依然是最佳的数据。通过将定量分析与后面章节里更细致的叙述相结合,我认为我的方法可以避开历史学家与主攻定量研究的社会科学家的许多批评。

[29] 关于类似的采用二手文献建构定量历史数据集的研究方法,参见 Eric Schickler, "Institutional Change in the House of Representatives, 1867—1998: A Test of Partisan and Ideological Power Balance Models," *American Political Science Review* 94 (2000):271—272, 284。

[30] 关于德意志的数据,参见 Karl Borchard, "Staatsverbrauch und Öffentliche Investitionen in Deutschland, 1780—1850," dissertation, Wirtschafts und Sozialwissenschaftlichen Fakultät, Göttingen, 1968。关于意大利的数据,参见 Luigi Izzo, *La finanza pubblica*:*Nel primo decennio dell'unita italiana*, Milan: Dottore a Giuffre Editore, 1962, 123。

[31] 我对意大利各地区的估算主要依据阿尔弗雷多·埃斯波斯托估计的省级/地区级人均国内生产总值数据汇总而来的,参见 Alfredo Esposto, "Estimating Regional per Capita Income: Italy, 1861—1914," *Journal of European Economic History* 26(1997): 589。而德意志各邦国的人均国内生产总值指标则由哈拉尔德·弗兰克所提供的省级数据汇总而来,参见 Harald Frank, *Regionale Entwicklungsdispariä ten im deutschen Industrialisierungsprozess*, *1849—1939*(Münster: Lit Verlag, 1996), appendix 8, p. 30。

[32] Seymour Martin Lipset and Stein Rokkan, eds., *Party System and Voter Alignment*, 13.

第三章　德意志建国时刻:地区政治与国家统一的动态演化(1834—1871 年)

1865 年,普鲁士作家古斯塔夫·菲舍尔(Gustav Fischer)回望了 1833 年 12 月 31 日的晚上,也就是德意志关税同盟(German Zollverein)成立的前夜,他将这一刻视为德意志民族走向统一之路的原点。

> 老一辈人依然记得,1834 年的开市时刻是如何受到了贸易界的热烈欢迎。长长的马车队伍停在公路上,在此之前,这些公路一直由各地海关封锁着。午夜时分,当开市时刻到来的时候,每一道原先的税卡都被打开,在人们的欢呼声里,马车匆匆越过边界,由此可以在德意志境内完全自由地穿行。此刻,每个人都感到我们取得了伟大的成就。[1]

的确,1834 年可以被视为一项长期政治工程的正式启动,即消除区域壁垒,开启一个由普鲁士领导的国家统一进程:(1)1834 年成立的德意志关税同盟为普鲁士领导的德意志人民提供了一个共同的"全国"市场;(2)1866 年,在与德意志邦联的战争中①,俾斯麦强迫 19 个邦国与其结盟并建立新的政治联盟,这一"北德意志邦联"(Norddeutscher Bund)为这个新的政治体提供了更为具体的政治表达;(3)1871 年成立的德意志帝国则是国家统一进程的顶点,标志着历史上第一

---

① 也就是"普奥战争",德意志邦联是 1815 年由德意志各邦组成的联盟,以奥地利帝国代表为主席。1866 年,因石勒苏益格-荷尔斯泰因纠纷,奥地利以捍卫德意志邦联为名,向普鲁士宣战,这也是普鲁士在统一德国过程里的第二次王朝战争,其余两次为普丹战争(1864 年)与普法战争(1870 年)。——译者注

个德意志民族国家的形成。[2]我们从最基础的层面来看，这三个步骤代表了地方邦国的政治领袖之间所订立的一系列领土契约，为的是给在欧洲部分德语区内诞生的新的政治、经济与文化实体的运作提供一个不断扩张的共同国家框架。

本章讨论了 1815 年前后欧洲的商业化变革如何重新配置德意志各邦国的社会与政治利益，从而在商业化程度最高、政治实力最强的德意志邦国中产生对国家统一的支持。如果说前一章仅粗略介绍了地方势力如何塑造建国决定时刻的情势，那么本章将以更细致的方式探讨支持与反对国家统一的地方力量如何在 1834 年至 1870 年的德意志各邦国的具体处境中发挥自己的作用。这些更细微的视角将允许我们识别地方力量中的"助力"与"阻力"，其中，央地关系的基本国家制度将最终在此基础上构建。

本章首先讨论 1815 年前后不同地区的不同社会群体如何应对经济变革并采取行动。在这个部分，我们将看到推动领土变革的社会"要素"如何在德意志商业化程度最高的地区聚集起来，以及德意志商业化程度最低的地方如何成为对抗国家统一的大本营。然而，只有同步追踪这些支持或对抗的地方邦国与其政治领袖在同一时期的利益偏好，我们才可能看到最完整的叙事：正是在政治实力强大又高度商业化的普鲁士，社会团体的利益与国家利益有时十分紧张的互动产生了推动领土统一的力量，而正是在政治上强大但商业化发展缓慢的巴伐利亚地区，出现了对国家统一的最大阻力。

接下来的论述将聚焦于德意志国家统一的两个关键步骤：(1)1834 年的德意志全国市场的建成；以及(2)1866 年至 1871 年德意志民族国家政治架构的搭建。尽管这些信息囊括了一个漫长的时期，在这一时期，不少德意志地方邦国经历了广泛的立宪与经济变革，可以说，这些变革可能会削弱某些邦国对国家统一的支持态度，但本章强调，1815 年之后，由于持续不断的社会与政治力量已经开始整合各德意志邦国，使某些德意志地区在社会取向与政治行动上比其他地区更倾向于建立统一的民族国家。

自下而上的视角：德意志各地区的社会变迁

作为衡量各地区对国家统一进程支持程度的粗略指标，我们先看一下 1859

年意大利统一后的这一时期，主张德国统一发声最响亮也最具政治影响力的民间组织——"德意志民族协会"成员在各邦国人口中的比例。1861 年是这一组织成员人数达到顶峰的一年，该组织的 16 243 名成员主要分布在德意志经济现代化程度最高的地区与省份（50％以上在普鲁士）。图 3.1 清晰地表明，那些经历了最彻底的经济现代化变革的地区也是最支持国家统一的地区（$r = 0.52$）。[3]"德意志民族协会"成员占总人口比例最高的地区是普鲁士的威斯特伐利亚，而成员占比最低的地区则是巴伐利亚。

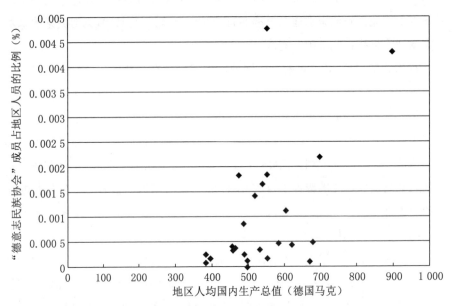

图 3.1　德意志的地区现代化与对国家统一的支持度（1861 年）

　　但是这一差异模式从何而来，它又如何对 1834 年至 1871 年的德意志政局产生影响？本章的论点是，制造业与农业在产业组织与结构上的地区差异，也就是率先现代化与商业化的德意志西北部地区和经济上基本维持传统模式与发展停滞的德意志南部之间的差异，产生了两种明显可预测的对国家统一进程的地区政治反应。[4]一些经济团体——大部分但不全是属于德意志北部与西部商业化程度最高的地方的经济团体——为了能够从 1815 年后高度的国际贸易保护主义环境中解救自己而大声疾呼，要求取消德意志境内的关税，在德意志各邦国之间"划"出一个全德意志的自由贸易区。同样，在这些地区，我们往往会发现"进步"这个概念与"国家统一"的思想之间保持着良好的意识形态联结,当然,这些地区的地域认同也不大可能与更高层次的国家认同不相容。然而,另有一些主要活跃在德意志南部商业化程度较低的地区的经济团体,在这些地区,前商业化时代的小型制造业与农业占主导地位,这些团体希望继续维持德意志邦国间的贸易壁垒,从而保护自身竞争力较弱的行业。[5]在这些地区,能够发现一种更为根深蒂固的对家园(Heimat)的"乡土"依恋,但是这种地域认同却并不总能与更高层次的国家认同相容。[6]值得注意的是,尽管如西德尼·波拉德(Sidney Pollard)所言,经济变化并不总会触及政治边界[7],然而,在迅速开展商业化的西北部与商业化程度较低的南部之间涌现的深刻且日益拉大的社会裂隙,是这一时期德国经济生活的关键特征,它反映了 1834 年以及 1866 年到 1871 年这一时期德意志国家统一的地域基础。[8]

国家统一的第一步:德意志关税同盟(1834 年)

在德国迈向统一的第一阶段(1834 年全国性市场的建立),"许多情况下,直接的商业利益是支持或反对关税同盟的唯一基础"。[9]然而,这些相互冲突的商业利益,也就是支持或是抵制全国市场背后的商业利益,必须被置于上一章所描述的地区发展不均衡的背景下来理解。的确,关税同盟的支持者通常来自普鲁士西部那些人口稠密、现代化且经济好的省份(如威斯特伐利亚、莱茵兰等),这些地区的经济团体看到了东普鲁士、西普鲁士与西部省份之间的鸿沟,也看到了建立一个更大的、一体化的、不受约束的新市场的好处。[10]如表 3.1 所示,据1849 年的估计,莱茵兰的部分城市(科隆与亚琛)和威斯特伐利亚的部分城市(阿恩斯贝格与杜塞尔多夫)的人均收入与萨克森王国相当,约为全德意志平均水平的 120%,且高于德意志除柏林、汉堡与不来梅以外的任何城市。[11]

然而,为什么是普鲁士的西部省份莱茵兰而不是经济同样发达的萨克森,产生了支持建立全国性市场的关键社会力量?确实,这个问题十分关键,因为第二章的数据显示,萨克森是我们数据集里的一个离群值,这是一个人均国内生产总值非常高的邦国,但其政治领导层却对国家统一持抵制态度。首先,科隆、亚琛和克雷菲尔德等莱茵兰的城市在 1789 年至 1811 年间开展的一系列商业化政治改革远早于包括萨克森在内的其他德意志地区。随着 18 世纪 90 年代行会的

表 3.1 1849 年德意志地区的人均国内生产总值

邦　　国	人均国内生产总值（帝国马克）	邦　　国	人均国内生产总值（帝国马克）
波　森	384.3	石勒苏益格-荷尔斯泰因	532.8
巴伐利亚	385	达姆施塔特	539.2
霍亨索伦	392.8	萨克森-魏玛	552.5
奥尔登堡	455.8	萨克森-科堡	552.5
波美拉尼亚	457.7	图林根邦	552.5
汉诺威	463.7	普鲁士的萨克森	584.2
梅克伦堡	473.6	拿　骚	603.9
巴　登	485.7	莱茵兰	620.8
符腾堡	489.2	萨克森	670.6
卡塞尔	496.4	勃兰登堡（柏林）	679.8
西里西亚	497.6	汉　堡	800.0
威斯特伐利亚	517.2	不来梅	750.0

解散、1801 年商会的建立以及随之而来的对组建新的商业组织限制的放松，再加上法国曾在此地的直接统治给莱茵兰留下的制度遗产，使其成为德意志商业革命的前沿，甚至要远早于萨克森，后者的传统经济制度一直持续到 1840 年。[12] 同样，在法国的直接统治下，莱茵兰也代表了德意志最早且最彻底的农业商业化地区，因而在 1815 年就称得上是全德意志经济最发达的地区。[13] 当德意志其他邦国的经济发展在相当长的时间里依然受制于行会制度以及对设立新的商业活动组织的其他法律的限制的时候，法国占领下的莱茵兰经历了经济与社会的转型。[14] 虽然拿破仑也曾间接地统治过德意志的其他地区并对其施加影响，但由于莱茵兰在文化与地缘上更接近法国，因此特别适应法国管理者的改革计划。[15] 回过头来看，这些改革的后果立即就显现出来了，以克雷菲尔德市为例，丝织公司的数量增加了一倍，出现了七家新的棉纺公司，这些公司的平均规模迅速扩大，资本投资增加了一倍，制造业取代了传统的莱茵河贸易成为本地经济增长的主要来源。尽管用霍夫曼（Hoffmann）的框架来看，19 世纪 30 年代与 40 年代的德国仍处于"待起飞"的阶段，但莱茵兰正经历着变革性的商业化进程。[16]

　　第二个使处于普鲁士边缘的莱茵兰的制造商比萨克森或是西里西亚的制造商觉得建立全国性市场更为重要,也比普鲁士高产的农业利益集团更支持全国统一的相关因素,是莱茵兰制造商从很早开始就更依赖整个德意志市场。如最近的保护主义理论可能会预测,那些最依赖德意志跨地区市场(有别于国际市场与本土市场)的经济利益集团和公司,特别是莱茵兰的公司,是降低关税与加强各邦国联结的最大的倡导者。[17]与萨克森这样高度发达的地区不同,莱茵兰的制造商十分依赖德意志的跨地区市场,也因此更积极地寻求建立全德意志共同的贸易政治框架。尽管到了 1831 年,萨克森与其他邦国的制造商同样组成了商会,并呼吁加入普鲁士关税同盟,但其实萨克森制造商在国外市场上的销售额远高于他们在普鲁士的同行。[18]不仅如此,与普鲁士的农业集团相比,普鲁士的制造商在国际市场的销售不尽如人意,这也使他们成为最偏好民族主义的经济团体。[19]1823 年的证据表明,即使在这个德意志内部贸易依然被高度限制的早期阶段,普鲁士的制造商也比德意志的农业集团更依赖与其他德意志邦国的贸易。而在普鲁士对其他德意志邦国的出口里,66％是工业制成品,只有 19％的出口是粮食。[20]简而言之,当时普鲁士西部各省的经济状况提供了这样的环境,使推动建立全德意志的共同市场是有经济意义的。

　　莱茵兰这些独特的经济条件使其在 19 世纪 20 年代和 30 年代出现了新兴的自由主义倾向的商业领袖,例如,戴维·汉泽曼(David Hansemann)是许多重要商业组织的领袖,是将东普鲁士与莱茵兰连接起来的铁路公司的负责人,他同时还是贸易委员会里相当积极的成员,参与亚琛的城市政治生活,并最终在 1848 年开始致力于德意志的政治。同样,在 19 世纪 30 年代,还有其他来自莱茵兰主张改革与呼吁德意志统一的重要商界领袖,例如鲁道夫·坎普豪森(Ludolf Camphausen)和赫尔曼·冯·贝克拉特(Hermann von Beckerath),他们也推动了自由主义与民族主义的改革。这些商界领袖之所以备受学者的广泛关注,是因为他们是法国占领下出现的新兴资产阶级的典范,法国占领留下的痕迹在莱茵兰社会阶层的顶端完好无损。[21]正是这些商业精英推动建立了 1815 年后的全国性市场,但是除了要消除关税壁垒,为什么这些莱茵兰的商界领袖还会进一步支持政治与领土变革?尽管莱茵兰、上西里西亚、鲁尔河谷和萨尔地区的普鲁士制造业雏形最终将推动后来的德国进入工业时代,但是这些地区在 1815 年的时候其实在政治与经济上是被边缘化的。在政治范畴里，直到 19 世纪 40 年代，由国王、土地贵族与官僚组成的保守同盟主导的普鲁士政府都对工业发展极度反感。[22]试图消除贸易壁垒与其他一切原有的对经济活动的限制的工业阶级的涌现，造成了东普鲁士贵族的分化，使其分化为反动阵营或是温和阵营。经济上，从 1815 年起，国际贸易保护主义的短期兴起对德意志各邦国新生的制造业团体造成了严重的冲击。尽管这些经济集团在经济上一直以来被限制进入它们自己的"民族市场"，但是现在，它们同样需要承担由境外保护主义抬头造成的新的负担。

正是因为在普鲁士西部省份里国内力量与国际力量的这种交织，在 1815 年后，要求进行领土变革的呼声具有了更为鲜明的政治色彩。例如，1818 年，来自莱茵兰的由 70 家制造商组成的协会向普鲁士国王弗里德里希·威廉（Friedrich Wilhelm）递交了一份请愿书。在请愿书里，联署签名的人抱怨战后的经济形势，并指出他们当前所面临的经济问题的根源。他们陈情道："自从我们离开法兰西帝国的统治，回归德意志民族的祖国后，我们曾经繁荣的商业就开始动摇了。由于欧洲国家普遍存在的对外关税，我们的产品被排除在欧洲所有民族国家的市场之外。"为了应对这样的国际形势，请愿书里还为普鲁士国王提出了一个解决思路："我们恳请陛下考虑免除所有属于德意志邦联的邦国间的内部关税。"[23]请愿书最后提到："所有欧洲国家如今都认识到了在境内维持征收关税的消极后果，就连西班牙都取消了这种关税，如今德意志是欧洲大陆上唯一保留此政策的地区。"[24]而随着 1818 年普鲁士与黑森之间的德意志关税同盟最终在 1834 年扩展至德意志大部分地区，亚琛商会在其第一份年度报告的开篇就对普鲁士政府的关税同盟致以"最感激的肯定"，报告里还提到，商会"意识到在整个德意志，尤其是我们工业发达的祖国已经出现的巨大利益"。[25]不仅是亚琛，科隆商会的领袖默肯斯（Merkens）在 1828 年写道："普鲁士以其对关税同盟的努力，试图将整个德意志民族团结为一个伟大的整体。"他接着表示，德意志的小邦国试图建立小范围的关税同盟的努力，可能会让德意志分裂为两部分，他认为"这显然是莫大的罪恶"。[26]

如果建立一个共同的"德意志"市场的前景不仅没有威胁到普鲁士西部的繁荣和日益增长的商业与制造业，而且事实上还得到了它们的支持，那么德意志南部抵制普鲁士建立统一的全国性市场方案的原因是什么？诚然，学者对诸如巴伐利亚与普鲁士之间文化与宗教方面的差异的强调是准确的，但经济动机同样在德意志南部对国家统一的抵制里起着关键作用。在巴伐利亚、库尔黑森和符腾堡这些未受到拿破仑直接影响的地区，封建制度并未被完全消灭，而旧有的行会制度直到1815年以后才被废除。不仅如此，与莱茵兰形成鲜明对比的是，即使是1815年后，这些地区"商业化"的政治改革也远远不够彻底，因此很大程度上，这些地区的经济依然由小农经济与行会垄断的制造业等传统经济模式所主导。[27]虽然到19世纪末的时候这一切都将得到转变，但是于尔根·科卡（Jürgen Kocka）与其他学者都提到在巴伐利亚、巴登和符腾堡等地，经济改革的步伐在19世纪初是非常缓慢的。[28]在这样一个仍然由传统经济主导的社会里，加入普鲁士领导的关税同盟其实是得不偿失的。[29]以库尔黑森这样的邦国为例，在1815年后仍然约有60%的人口受雇于传统农业部门，他们对普鲁士农产品涌入德意志南部市场的恐惧可想而知。[30]因而，早在18世纪90年代，法国统治者就废除了莱茵兰的行会制度，但是在巴伐利亚与符腾堡地区，行会直到19世纪20年代都还未被废除。尽管在19世纪20年代巴伐利亚的内政部与符腾堡的威廉一世都开展了进一步的商业化改革，但人们普遍对"德意志西部的工厂建设"抵触很深，认为它们"丑陋、不美观也不讨喜"。[31]1827年到1828年，来自行会向巴伐利亚议会提交的寻求贸易保护请愿书迅速增加，这也证明了这些地区对商业化变革的反对态度。[32]也许部分是为了回应这些请愿，巴伐利亚新任内政部长路德维希·冯·奥廷根-沃勒斯坦（Ludwig von Oettingen-Wallerstein）在19世纪30年代颁布法令，要求保护"由家庭经营的小作坊生产的工艺制品"，并要求除非老的工厂关闭，否则限制建立新工厂。他颁布的保护主义法令显然卓有成效，因为与八年前相比，1840年巴伐利亚拥有经营许可的工厂还少了八家。[33]与法国在普鲁士西部所发起的商业化改革相比，巴伐利亚前商业化时代的制度与惯例依旧稳固。

实际上，德意志南部的抵制与紧张情绪也确实为德意志关税同盟成立后三年的数据所证实：共同的全国性市场建立的结果，是自北向南的出口量是自南向北方向的两倍。这一协议不成比例地有利于普鲁士的经济。此外，如表3.2所示，德意志自北向南的高端制造业产品的流入，比由南向北要高出五倍。

表 3.2　1837 年德意志北部与南部贸易结构与体量

	从北向南的贸易	从南向北的贸易
食　品	8.6％	33％
原材料	4.3％	36％
制成品	77.6％	22％
贸易总值	100％	100％
	（23 636 300 泰勒）	（9 573 800 泰勒）

注：数据来自关税同盟中央办公室的“1837 年从巴伐利亚、符腾堡和巴登转移至关税同盟其他地区的货物清单”（Nachweisung von Waaren Übergang im Jahre 1837 aus Bayern, Württemberg und Baden nach den übrigen Teilen des Zollvereins）和“1837 年从关税同盟转移至巴伐利亚、符腾堡与巴登的货物清单”（Nachweisung vom Waaren übergang im Jahre 1837 nach Bayern, Württemberg und Baden aus den überigen Teilen des Zollvereins）。这些材料最早由罗尔夫·杜姆克首次挖掘并引用，参见 Rolfe Dumke, “Anglo-deutscher Handel und Freuhindustrialisierung in Deutschland, 1822—1865”, *Geschichte und Gesellschaft* 5(1979)：175—200。

这些数据解释了，为什么保护主义盛行的国际形势会使 19 世纪 20 年代至 30 年代德意志北部的制造商心中将“领土变革”与“进步”相联系在一起，也解释了为什么在那些商业化缓慢的地区会出现较强的社会阻力。

国家统一的第二步：政治统一（1866—1871 年）

但是，即使是进入德国统一的第二个更为明确的政治阶段，也就是在 1866 年至 1871 年间推进政治统一以后，在现代化的普鲁士制造商与德国历史学家所称的德意志南部的“邦权主义”之间的地区间张力依然存在。[34] 甚至 1848 年伊始，来自普鲁士西部城市与地区的规模日益庞大的制造商以及当地商会就开始致力于建立德意志邦国间更加紧密的联结。除了共同市场，这些越来越有组织性的经济集团还提出了一系列新的诉求，而显然这些诉求只有通过程度更高的政治集权才能够实现：统一的德意志货币区、统一的德意志商法典，以及彻底取消德意志各邦国间的一切关税。就拿科隆商会来说，它在 1865 年宣称建立统一的货币发行体系“是当前德意志工业发展最为迫切的需求”，同时，该商会还要求“创设伟大的德意志共同的商法典”。[35] 在杜塞尔多夫，该市商会呼吁“为全德意志建立统一的专利法立法体系，以满足普遍的需要”。[36] 此外，在西普鲁士，奥德河畔法兰克福(Frankfurt an der Oder)商会写道:"统一货币与度量衡是现代社会的正当需求。"[37]在普鲁士,加强德意志各邦国间联系的社会推力仍然是最强的。确实,在19世纪60年代,普鲁士最富裕繁荣的地区——例如威斯特伐利亚的阿恩斯贝格,其人均国内生产总值为全德平均水平的124%——也是"德意志民族协会"成员占人口比最高的地区,这绝非偶然。[38]

但即使在其他一些较小的完成了商业化的邦国,要求加强邦国之间联系的呼声也日益增加。在商业化迅速发展的德意志北部与中部各邦国,如图林根和汉诺威,组织性日渐增强的中产阶级及其公民组织同样在推动整个德意志的转型。在汉堡,公共活动家威廉·马尔(Wilhelm Marr)在其题为"独立的汉堡已不合时宜"(Selbständigkeit und Hoheitsrecht der freien Stadt Hamburg Sind ein Anachronismus geworden)的文章中解释了在一些完成了商业化的小邦国,经济团体支持在普鲁士的领导下建立更紧密联系的根本逻辑。

> 如果"北易北河共和国"注定只能不幸地沦为乌托邦的臆想,如果汉堡能够拥有自己的腹地,那么我们自己就会成为汉堡主权独立最热心的捍卫者。但是属于热那亚和威尼斯的时代已经过去了,铁路、电报、针发枪和线膛炮使它们不可能继续存在了。[39]

不过在1866年至1871年间,除了一些罕见的例外,在德意志南部的巴伐利亚、符腾堡以及黑森等邦国的人群里并没有发现这种热情。而正是在这些地区,我们却能找到对国家统一的最大阻力。除了文化与宗教因素,德意志南部社会抵制针对德意志南部的经济与政治整合还源于这一地区传统经济结构的两个特征:(1)前工业时期小型手工业的主导地位;(2)小农经济的主导。从图3.2中我们可以看到,在农业与制造业的规模层面,德意志南部各邦国比德意志其他地区更受传统经济结构的支配。[40]

为什么德意志部以及萨克森的这种以小农经济和前工业化时代的小型手工业所主导的传统经济结构会成为抵制国家统一的根源?首先,正如贝斯特(Best)在研究1848年法兰克福市议会请愿书时所发现的,小型手工业从业者是抵制建立全国市场的重要社会经济群体。[41]同样,根据尼佩代(Nipperdey)的说法,受雇于前工业时代小型手工业部门的工匠们将"自由贸易与工业化······视为

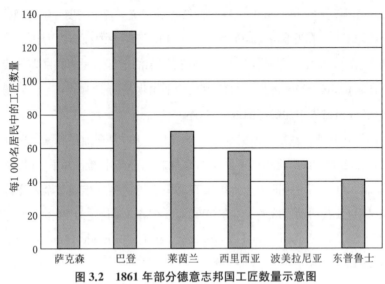

图 3.2　1861 年部分德意志邦国工匠数量示意图

真正的敌人，是对他们当前与未来生存的全面威胁”。[42]如同普鲁士西部省份的现代化的经济利益集团将扩张政治边界视作进步一样，在德意志南部规模较小的经济结构所蕴含的经济利益集团的心目中，对国家统一的抵制根植于他们对国家一体化的恐惧。就像普鲁士西部省份是支持国家统一的社会大本营一样，国家统一时期最大的社会阻力来自巴伐利亚，而 1866 年以前，巴伐利亚政界的大多数主要人物是明显的亲奥地利派与反普鲁士派。[43]造成这类现象的原因是多方面的，当时巴伐利亚的主要政治人物代表了巴伐利亚社会的各个阶层。这其中的一些人，例如奥廷根-沃勒斯坦，尽管是一个民族主义者，但也是一个希望能够保留巴伐利亚自治权的联邦主义者；其他人，例如图尔恩（Thurn）与塔克西斯（Taxis），则是坚定的保守派与亲哈布斯堡派；当然还有如施伦科（Schrenk）家族这样的群体，他们通常属于官僚，更希望维持巴伐利亚官僚阶层的行政自主权。由此我们能看到，巴伐利亚政界各类人士都致力于维持巴伐利亚在欧洲的独立地位。[44]但经济动机在巴伐利亚的议员脑海中才是最重要的。

当然，还必须指出，19 世纪 60 年代，特别是在 1866 年的普奥战争中战败后，德意志南部各邦国确实也出现了对国家统一的支持，与此同时，一个独特的工业化现象也出现在了南部各邦国。正是在出现了经济变革或是经济上依赖于普鲁士市场的德意志南部产业与区域，我们可以找到国家统一的支持者。例如，德意志南部的这种内部差异可以从三个历史上曾隶属于巴伐利亚的地区中看到，那里独特的经济结构与社会文化倾向引发了对普鲁士所领导的政治联盟的不同态度。1806 年之后，老巴伐利亚地区将弗兰肯与施瓦本等新教工业区并入，从而形成了一个"被农业-手工业经济环绕的孤岛"[45]，并且向普鲁士出口货物。此外，这两个以新教为主的区域的人均收入与全德意志平均水平相当（施瓦本为 375 帝国马克，中弗兰肯为 505 帝国马克），这比位于天主教地区的下巴伐利亚（304 帝国马克）高出了 60%，而后者的人均收入仅相当于全德意志水平的 60%。[46] 同样，这些较为富裕的地区后来也成为民族自由党与社会民主党的选区，相比之下，在"老巴伐利亚"（下巴伐利亚南部的天主教教区），巴伐利亚的"爱国主义"传统将随着巴伐利亚爱国者党在整个 19 世纪的选举中的主导地位而得以延续。[47] 简而言之，虽然在巴伐利亚也能找到支持国家统一的社会力量，但正如我的解释提出的，这也仅出现在了商业化最为彻底的地区。

在 19 世纪 60 年代的巴伐利亚议会里，巴伐利亚至上主义、联邦主义以及德意志民族主义等相互竞争的思潮得到了淋漓尽致的展现。例如，在对 1867 年 10 月关于德意志关税同盟的巴伐利亚议会辩论进行分析后可以得出，即使是在 1866 年 7 月的战败之后，巴伐利亚仍然存在两种思想，一种是抵抗普鲁士，另一种则是支持德国统一。拒绝与普鲁士建立更紧密联系的政治反对派由巴伐利亚爱国者党领导人约瑟夫·埃德蒙·约尔格（Joseph Edmund Jörg）领导，他对巴伐利亚独立的倡导得到了老巴伐利亚大部分农业地区持续且广泛的支持。例如，在 1867 年 10 月 18 日的一次激烈辩论中，约尔格宣称："毫无疑问，接受这个条约将意味着我们要屈服于普鲁士的经济独裁。"[48] 然而，到 1867 年，巴伐利亚出现了一个观点正好相反的新经济阶层。在约尔格发表其激烈言论的三天之后，泰夫特尔（Teuftel）议员宣称："我知道你们中的一些人认为，关税同盟是一个更大的（普鲁士）政治计划的一部分，但我亲爱的先生们，这并不是真的！它纯粹出于经济需要！"[49] 1867 年 10 月 23 日，一个新组织的商业协会出现于议会前，呼吁与普鲁士建立更紧密的经济联系。尽管主张与德意志关税同盟建立更紧密联系的人最终赢得了胜利，但接下来的选举中就出现了回潮，最亲巴伐利亚且最为保守的政党被选为巴伐利亚驻德意志关税同盟的代表。到了 1867 年，尽管各种社会力量都发生了转变,但在经济上依然传统的德意志南部各邦国,对统一的抵抗依然最为强烈。[50]

简要总结一下 1834 年至 1871 年间支持与反对国家统一的主要地区的面貌,我们会发现,尽管这一时期的工业化带来了一些新的变化,但德意志最早实现商业化的、经济繁荣的地区,对国家统一的推动力始终是最强的。反之,在以传统经济结构为主的地区,出于多种原因,对普鲁士所领导的国家统一进程的抵制主导了这些地区社会领导人的取向。从这一分析中还可以得出,正是在德意志商业化程度最高的地区,关于全国性市场的经济利益与日益增长的要求建立民族国家的意识形态信念相结合,而对这一形势发展的恐惧又恰恰是德意志南部抵制统一的基础。无论是 1834 年还是在 1866 年至 1871 年,这些支持或抵制国家统一的地区基础是决定德意志民族国家后来命运的关键因素。然而,在试图确定德国国家统一的力量时,这种说法其实是不完整的,因为德国国家统一的主要推动者是作为邦国的普鲁士,而不是它的社会。同样,是德意志南部邦国的政府,而不是南部邦国的社会,先是抵制,后来又协商德国最终的统一。正是出于这一因素,下一部分将重点从“邦国”的角度讨论德意志不同地区的发展。

自上而下的视角:德意志邦国利益的转变

前文的分析产生了几个疑惑。首先,如果德意志那些已经完成商业化的地区能够从统一市场和集权体制中获取最多利益的话,那么为什么不是由汉堡或是不来梅来发起国家统一进程? 其次,巴伐利亚作为一个基本没有商业化的邦国,为什么它对国家统一表现出的抵制,会比巴登或是符腾堡这些商业化同样迟缓的地区更强烈? 正是为了回应这一类问题,我们必须转向对德意志统一进程中邦国的政治自主性的关注。确实,根据我们目前为止的描述,这只是一个关于社会结构与经济利益的故事。这样的解释显然无法捕捉到德意志各邦国在国家统一取向上显现的多样化的差异,它也无法解释为什么有的邦国发起了统一进程,而另一些邦国则完全敌视统一。贯穿德国统一进程的四十年,从 1834 年德意志关税同盟的开启,到 1866 年“北德意志邦联”的成立,甚至到 1871 年德意志帝国的最终建立,邦国间的制约、邦国能力以及利益在塑造不同地区的邦国领导人为何以及如何以不同方式来应对单一德意志民族国家的概念中起着至关重要的作用。

这一部分试图说明,只有那些在政治上也足够强大的商业化邦国(如普鲁士),才可能成为缔造民族国家的发起者,而政治上弱小的邦国,如不来梅和汉堡虽然已经完成商业化,也具有实现国家统一的经济动机,但它们却没有领导创建全国性市场的行政、军事或是政治实力。无独有偶,要理解为什么是政治强大的巴伐利亚,而不是其他商业化进展缓慢的邦国(如符腾堡),被看作德意志国家统一进程里最顽固且最有敌意的抵抗者,关键是要知晓彼时的巴伐利亚是德意志第二大邦国,拥有德意志第二强大的军队,且把自己视为普鲁士的劲敌。然而,由于没有社会对全国性市场的支持,巴伐利亚注定要在德国统一进程里扮演一个重要但依然次要的角色。德意志北部商业化的小邦国有经济上的正当性来支持共有的全国市场,却没有政治"手段"来发起国家统一的社会工程;德意志南部较大但商业化程度较低的邦国(如巴伐利亚),即使不想扩大自治,它们也拥有捍卫自身自主性的政治手段,但是它们却没有充满活力的社会基础来推动建立共同的全国市场或是单一的德意志民族国家。简而言之,只有普鲁士才既有动机又有手段来发起德意志的统一进程,而也只有巴伐利亚既有动机也有手段来抵制它。

邦国的角色:关税同盟与国家统一(1834—1866 年)

论证的第一步,是讨论 1834 年关税同盟的建立。诚然,在 1814—1815 年维也纳会议上失败后,许多德意志邦国在寻求建立一个更大的关税同盟。也确实,在 19 世纪 20 年代,普鲁士以外的邦国里曾有两个彼此竞争的组织试图建立德意志共同市场,但最终却是普鲁士财政部成功主导了泛德关税政策的出现。普鲁士利用"关税战"策略,结合行政上的灵活性和经济上的影响力,成功说服了其他邦国加入联盟。因为普鲁士比任何竞争者都更高效、更强大,所以如果可能有任何的抵制,那么只可能来自巴伐利亚,因为它是德意志第二大邦国,拥有第二强大的军队。但巴伐利亚的商业化进程缓慢,因而对建立庞大政体的需求充其量是微乎其微的,而在受商业化影响的邦国里,普鲁士的政治实力最强,因此也最有可能领导德意志的统一。

但是普鲁士领导人的动机是什么?要想理解为什么关税同盟能够成立,关键是要看到在 1815 年后,对所有的专制国家(尤其是普鲁士)而言,存在三个制约因素造成的政治两难:如何在不授予议会"征税"权的情形下产生足够的收入,来支持国家体制现代化的努力? 这也就是成立德意志关税同盟要解决的困境。

1815 年之后的欧洲,普鲁士和德意志各邦国领导人面临的第一个制约因素,就根植于德意志公共财政系统的前现代机构,它表现为,德意志的大小邦国都(1)推行有限的议会预算权,(2)没有给公民施加缴纳直接税的普遍义务,以及(3)严重依赖公共土地的财政收入。[51]德意志各邦国议会在 19 世纪仅享有十分有限的预算审核权,而英国议会早在 1215 年就获得了对王室的预算审核权(1689 年得到加强)。同样,将公共土地作为主要收入来源这一传统的公共财政手段,其实到 19 世纪,就已经被英国和法国完全淘汰,但是,由于一贯不情愿依靠税收来筹集公共资金,德意志各邦国都利用公共土地作为其地区开支的重要收入来源。[52]

为什么德意志公共财政中的前现代倾向一直持续至 19 世纪初?据理查德·蒂利(Richard Tilly)的说法,以普鲁士为例(由此可以推至这一时期所有的德意志邦国),不愿意通过税收来提高公共财政,"是维持君主独立于宪政财政控制的一种手段"。[53]在专制且非民主制的德意志邦国,尤其是普鲁士,增加税收作为公共财政收入的来源将导致议会与公民的权利扩张。因此,邦国君主试图开辟"非税收"的财源来回避需要议会批准这一困难。[54]事实上,从跨国别视角来看(见表 3.3),德意志各邦国对税收收入的抵制和对非税收收入作为邦国收入的依赖显而易见。

表 3.3　德意志邦国、法国与英国的财源(1813—1850 年)

	35 个德意志邦国 (全德意志平均)	法　国	英　国
来自公共土地与财产的收入	41.8%	0%	0%
直接税	21.5%	43.2%	37%
关税	15.4%	12.7%	17.7%
其他间接税	16.5%	19%	41.3%
其他财政收入(注册费、邮资等)	0%	25.1%	4%
合计	100%	100%	100%

注:法国 1813 年的数据,参见 Schremmer, "Taxation and Public Finance", 1989: 377;英国 1815 年的数据,参见 Schremmer, 1989:338—339; 1815 年英国的关税数据,参见 B. R. Mitchell, *International Historical Statistics*: *Europe*, *1750—1993* (London: Macmillan, 1998), 827;德意志邦国的数据,参见 Karl Borchard, Staatsverbrauch und Offentliche investitionen in Deutschland, 1780—1850 (Göttingen: Dissertation, Wirtschafts und Sozialwissenschaftlichen Fakultät, 1968), 41—51。由于缺乏同时期全部 35 个德意志邦国的数据,我采用了有据可查的最早的数据(1850 年)。这一更晚时期的数据显示,德意志各邦国在更早的时期就远远落后于英国与法国,因而只是证实了我的结论。而根据经济史学家的说法,1850 年的时候,德意志各邦国的公共财政已经历了大规模的"现代化"(Borchard, 1968:51)。

进入 19 世纪以来,所有的德意志邦国都面临着严峻的、由政治因素引发的财政限制:德意志的君主不愿意依靠议会机构,因而几乎完全依靠公共土地来筹款。

面对这一挑战,德意志各邦国(当然也包括普鲁士)作为政治上强大的国家,正日益面临着第二重关键制约。1815 年后的形势给重新洗牌的德意志各邦国带来了一系列前所未有的财政负担。拿破仑战争的结束让所有的德意志邦国都背上了高额的债务,并给这些新的邦国带来了巨大的财政压力。可获得的数据显示,1825 年,35 个德意志邦国中的 33 个债务高于其年收入(见表 3.4)。债务-收入比的数值在各邦国之间各有不同,但简单的双变量相关性表明,更小的邦国往往会有更大的债务负担($r = -0.22$)。但普鲁士则是关键的例外,它的债务负担是全德意志所有邦国中最高的,因为它希望扩张领土并发展新的军事力量。[55]

表 3.4　1825 年德意志 35 个邦国的债务与财政收入之比

邦　　国	债务-收入比	邦　　国	债务-收入比
普鲁士	3.20	梅克伦堡-施特雷利茨	1.75
巴伐利亚	2.65	罗伊斯-施莱茨①	1.63
巴　登	2.05	施瓦茨堡-鲁多尔施塔特	1.04
符腾堡	2.43	安哈尔特-德绍	1.13
萨克森	2.42	施瓦茨堡-桑德豪森	1.53
汉诺威	2.61	瓦尔代克-皮尔蒙特	3.00
石勒苏益格-荷尔斯泰因	2.05	安哈尔特-贝恩堡	1.24
黑　森	2.24	劳恩堡	1.28
库尔黑森	0.58	萨克森-科堡	3.00
梅克伦堡-什未林	3.66	安哈尔特-克滕	3.75
拿　骚	2.13	罗伊斯-格莱茨	1.43
奥尔登堡	0.24	利普-舒伦堡	1.85
不伦瑞克	3.20	黑森-霍姆堡	2.42
萨克森-魏玛	2.92	汉　堡	8.86
萨克森-迈宁根	3.57	不来梅	5.51
萨克森-阿尔滕堡	3.18	吕贝克	12.64
萨克森-哥达	4.01	法兰克福	7.30
利珀-代特莫尔德	1.22		

① 罗伊斯-施莱茨(Reuss Schleiz)与罗伊斯-格莱茨(Reuss Greiz)是德意志地区历史上的两个邦国,其中罗伊斯-格莱茨又被称为"罗伊斯-长系",而罗伊斯-施莱茨也被称为"罗伊斯-幼系",由于下文中两种叫法都会出现,此处进行说明。——译者注

除了战争造成的高额债务外,新的邦国还需要承担吸纳新领土以及建立现代国家所需要的官僚和军事机构的行政支出。看一下 1815 年后有数据可查且具有可比性的几个德意志邦国这一时期的支出情况,就可以发现德意志邦国最大的支出领域是国防与军事开支(表 3.5),而这种情况在普鲁士最为凸显。

对于既不愿意用由议会批准的税收来创造公共收入,又以"大国"地位为己任的邦国而言,似乎还有一个可能的出路,那就是对进口到国内的产品征收关税。对于像英国与法国这样的民族国家而言,关税是重要的财政来源。但是与英法等国不同,对于包括普鲁士在内的所有德意志邦国而言,它们还面临第三重制约:德意志各邦国实在太小,以至于无法维持有效的关税管理所需要的行政机构。在贸易保护主义盛行的欧洲,当关税日益成为现代化的国家建构进程中的重要资源时,德意志各邦国还在因为自身太小而无法参与其中。不过这一说法是否有证据支持?如果我们分析博尔夏德(Borchard)提供的数据[56],就会发现较小的邦国(以面积来看)没有能力产生相应的关税收入份额。在表 3.6 中,我们发现,在 1834 年德意志关税同盟成立以前,在有数据可寻且具有可比性的四个邦国里,关税占财政收入的比重与邦国的大小呈现负相关性。

表 3.5　1820 年部分德意志邦国的财政支出结构

	巴伐利亚	巴　登	普鲁士
债　　务	23.8%	13.9%	21.5%
行　　政	13%	10.9%	6.4%
国　　防	26.6%	21.9%	43.4%
司　　法	6.5%	10.8%	8%
王室恤金	8.8%	16.2%	4.9%
抚　　恤	4.6%	12.5%	5.1%
公路、水道等	3.9%	8.1%	4.7%
其　　他	12.8%	5.7%	6%
总　　计	100%	100%	100%

资料来源:巴伐利亚的数据,参见 Borchard,1968:123;巴登的数据,参见 Borchard,1968:145;普鲁士的数据,参见 Borchard,1968:169。

尽管普鲁士可能比其他较小的德意志邦国要好得多,但是当普鲁士的官僚把自己与英国、法国和美国进行比较时,这个"规模经济"的问题恐怕会首先浮现在他们脑海里。当然,更重要的是德意志邦国里只有普鲁士有实力来扩张其势力范围。而的确,普鲁士财政部官员路德维希·库恩(Ludwig Kühne) 1836 年发表了一份颇有影响的报告,他研究关税管理的经济学并得出结论:考虑到边境巡逻和打击走私的行政成本,"存在一个最低阈值,规模低于这个阈值的国家是不可能引入关税同盟的"。[57]其他的学者追随库恩的步伐,分析了"边境长度"与"领土面积"的比例,以衡量行政成本,并得到了类似的结论:关税管理体系只可能在面积为 100 平方美仑(Meilen)(约为 5 600 平方千米)及以上的邦国中推行,这意味着在全德意志 35 个邦国中,只有 10 个邦国有能力推行。[58]对于财政部的官员而言,扩大领土面积是实现公共财政稳定的阻力最小的路径。

表 3.6　1815 年 4 个德意志邦国的邦国规模以及关税占邦国财政收入的份额

	面积(美仑)	关税占邦国收入份额
普鲁士	5 103.95	14.5
巴伐利亚	1 279.3	8.1
符腾堡	354.3	6.2
巴　登	278.4	9.4

资料来源:Dumke, 1994:54—55。

有限的税收财政、日益增长的财政开支,以及获取关税收入的渠道受限,这三点使普鲁士在 19 世纪上半叶面临严重的财政危机。杜姆克(Dumke)在对德意志关税同盟的解释里重新审视了德意志诸邦国面临的制约,并提到:"如果这幅图景准确地描述了 19 世纪上半叶多数二流或三流德意志邦国的困境,那么人们肯定想知道,面对如此不稳定的环境,这些邦国是为什么又是如何能保持效能的? 人们感受到当时整个德意志的政治结构是如此不稳定,以至于一丝轻微的转变都将带来猛烈的冲击。"[59]

是的,这就是我们所研究的案例的情形。这也是为什么普鲁士试图整合更广袤的领土,将它们纳入规模更大的关税同盟之中,这也是其他邦国立即接受了此项提议的原因。[60]几乎所有被我们标记为"抵制"的邦国,最终都加入了德意志关税同盟,就连巴伐利亚王国政府,都在获得一系列特殊的"优待"之后,于1834 年加入德意志关税同盟。尽管汉诺威保持了很长时间的独立,但是所有加盟邦国的关税收入都迅速增加。在表 3.7 里，从 1820 年到 1834 年，关税收入占国家财政总收入的百分比增长数值相当惊人。

然而更使人震惊的是，由于这些特殊的优待，普鲁士的收入基础并未如财政部官员原先预期那样的增长，实际上依据大多数的估算，收入还出现了下降。[61] 为什么普鲁士政府会心甘情愿接受这样的公共财政损失？在 1833 年的一篇关于普鲁士贸易政策的论文中，那个时代的历史学家利奥波德·兰克（Leopold Ranke）确证了我迄今为止提出的解释。兰克简明扼要地提到，普鲁士政府在 19 世纪 20 年代的关税同盟政策为其积累国家扩张的资源提供了两个方面的益处："消除了德意志的内部边界，并为普鲁士在全世界树立起了一个令人尊敬的形象。"[62] 普鲁士政府为了实现国家扩张的目标（普鲁士始终在与奥地利竞争），愿意容忍财政损失，以诱使其他邦国的王公将自己的关税让给普鲁士的中央政府。而这究竟是如何做到的？简短来说，在财政部长莫茨（Motz）的领导下，普鲁士财政部制定了一种税收转移体系，将德意志关税同盟建立后扩大的财政资源以成比例的方式交给其他邦国的政府，从而换取自由进入其市场的权利。然而 1834 年德意志关税同盟制定的税收转移计划，却使普鲁士的财政状况比关税同盟成立前还糟糕。

表 3.7　加入德意志关税同盟前后邦国财政收入对关税的依赖程度变化

	1820—1830 年	1840—1849 年
巴伐利亚	7.1%	15.8%
巴　登	8.4%	16.1%
符腾堡	7.4%	14.6%
黑森-达姆施塔特	1.6%	10.5%

资料来源：巴伐利亚的数据（1825 年与 1849 年），参见 Borchard, 1968；巴登的数据（1830 年和 1840 年）以及符腾堡的数据（1830 年和 1842 年），来自杜姆克对梅明杰（Meminger）的引用，参见 Dumke, 1994:54；黑森-达姆施塔特（1820 年和 1840 年）的数据，参见 Hahn, 1982:317—318。

当然，当时的普鲁士官员可能并未意识到这其中的讽刺。这一时期，他们始终坚持这样的观念：为了在欧洲舞台上展示国威，为了摆脱作为专制国家的国家建构困境，他们必须在不授予议会任何征税权的前提下增加财政收入。作为德意志诸邦国里官僚最训练有素且现代化的财政部,普鲁士财政部在1834年就提出了新颖的"民族主义"的方案:通过扩大普鲁士主导的关税同盟的领土范围,普鲁士政府希望开始在欧洲舞台上确立自己的"大国"地位。而在我们上文所回顾的德意志统一的第一阶段,普鲁士的官僚是德意志国家统一的主要担纲者。

最后,让我们回到德意志统一的第二阶段(1866—1871年),我们再一次看到了各邦国政府的角色。不过值此战争时期,德意志君主心中最重要的并不是谋求公共财政,而是邦国自身的生存。为了理解影响1866年至1871年邦国对德意志统一问题的态度的政治因素,我们可以看看1866年6月11日,在奥地利与普鲁士爆发战争的前夕,德意志邦联议会极具启示意义的关键投票。在这次邦联议会的特别会议上,随着战争日渐逼近,奥地利君主的驻会代表提出了一项决议,谴责普鲁士对荷尔斯泰因的占领。由于这次会议上,所有的德意志邦国君主都出席了投票,因而这是他们可以正式表达其在普奥冲突中选边站位的唯一实例,从而使这次投票成为检验邦国君主支持还是抵制普鲁士的国家统一方案的理想案例。简而言之,对奥地利的决议投反对票,就意味着对普鲁士领导的"民

表 3.8 各邦国在奥地利发起的德意志邦联议会谴责
普鲁士决议案中的投票(1866 年 6 月 11 日)

投票反对谴责	投票支持谴责	弃　权
汉　堡	巴伐利亚	绍姆堡-利珀
不来梅	萨克森	巴　登
吕贝克	符腾堡	罗伊斯-幼系
施瓦茨堡-鲁道尔施塔特	汉诺威	
施瓦茨堡-松德斯豪森	库尔黑森	
安哈尔特-德绍	黑森-达姆施塔特	
奥尔登堡	拿　骚	
梅克伦堡-施特雷利茨	罗伊斯-长系	
梅克伦堡-什未林	萨克森-迈宁根	
利　珀	法兰克福	
不伦瑞克	列支敦士顿	
瓦尔德克	奥地利	
卢森堡-林堡		

资料来源:Ernst Rudolf Huber, ed., *Dokumente zur Deutschen Verfassungsgeschichte*, vol.2(Stuttgart:W. Kohlhammer Verlag, 1964), 541。

族国家"的"小德意志方案"(*kleindeutsch* plans)投赞成票①,即建立一个不包括奥地利的德国。反之,对奥地利的决议投赞成票或弃权票就是对普鲁士统一计划的反对票,也就是投票支持一个松散的德意志邦联的延续。[63]

奥地利的提案最终在邦联议会极为另类的投票制度(在这种制度下,小邦国的选票会被汇集成投票集团)之下,以 9 票对 5 票的微弱优势通过,普鲁士在荷尔斯泰因的占领活动受到了谴责。当然,如参与者所预料的,这最终导致德意志邦联的解体,但是对我们的研究目的来说,比整个选票结果更有意义的,是每个邦国具体的投票选择,也就是表 3.8 所示的内容。

表 3.9　各邦国在奥地利发起的德意志邦联议会谴责普鲁士决议案中的投票
(1866 年 6 月 11 日,基于邦国规模)

	投票支持普鲁士	投票反对普鲁士
大邦国	0	7
(人口超过德意志各邦平均水平)	(0%)	(63.6%)
小邦国	13	4
(人口低于德意志各邦平均水平)	(100%)	(36.4%)
总数(样本数＝24)	13	11
	(100%)	(100%)

注:基于笔者个人的计算。德意志人口数据,参见 Borchard, 1968:91—93。

为什么在这次决定性投票中,部分邦国选择站在了普鲁士一边,而另一些邦国站在了奥地利一边? 要理解为什么某些德意志邦国支持成立一个普鲁士主导的民族国家,而另一些邦国拒绝并选择站在巴伐利亚与奥地利一边,这次具有决定性意义的德意志邦联投票的结果代表了关键的检验。尽管所涉及的案例数量以及数据获取的局限性使我们无法对这一问题开展严格的统计检验,但我们仍然可以尝试找出各邦国投票的某些潜在因素,以解释为什么有些邦国支持普鲁士,而另一些支持奥地利。而在将奥地利排除出分析后,如我们在表 3.9 中看到

---

① 在德国统一的历史中,始终存在"大德意志方案"与"小德意志方案"之争,前者主张建立一个囊括奥地利的,覆盖所有德语区的国家;而后者则主张建立起排斥奥地利的,以普鲁士和其他西部、中部、北部邦国为主的德意志国家。"小德意志方案"最终在普鲁士的国家统一计划中成为主流。——译者注

的,邦国的政治"力量"(首先是其人口规模与其他德意志邦国的对比,其次是其军事开支与其他邦国的对比)影响了某个邦国在这次决定性投票中支持普鲁士或奥地利的可能性。

我们能看到,"均势"的观点似乎很大程度上得到了证实:小邦国的君主更倾向于投票支持普鲁士,而大邦国则投票反对普鲁士。我们发现尽管德意志最大的邦国——普鲁士发起了国家统一进程,但正是那些规模同样大但商业化程度更低的邦国(如巴伐利亚、符腾堡)强烈地抵制统一,而介于二者之间的是那些规模较小却完成了商业化的邦国与商业化程度更低的邦国,它们发现自己只能勉强做出选择,要么站在德意志第一强国普鲁士一边,要么在第二强国巴伐利亚一边。

但除了这些定量的证据,定性的证据同样揭示了为什么普鲁士会是率先推动国家统一的力量,而巴伐利亚则是除奥地利外最大的统一阻力。在普鲁士,为了应对两个挑战,普鲁士政府在 19 世纪 60 年代发动了旨在建立德意志各邦国更紧密联系的政治努力。普鲁士日益壮大的自由民族主义势力是 1848 年后俾斯麦所领导的普鲁士面临的第一重挑战。自由民族主义的势头在 1859 年至 1866 年的普鲁士宪法纠纷中达到了顶点,自由主义者要求议会拥有对军队的更大的控制权。[64] 自由主义者当时受到的追捧,在其新成立的政党"德意志民族协会"与"进步党"(Fortschrittspartei)于 1858 年与 1861 年的选举中展现得淋漓尽致,因为自由主义者赢得了普鲁士议会中的多数席位。[65] 自由派领袖利奥波德·冯·霍维贝克(Leopold von Hoverbeck)、特奥多尔·蒙森(Theodor Mommsen)和赫尔曼·舒尔策-德里茨(Hermann Schulze-Delitzsch)等人既是自由主义者,又是民族主义者,他们反对专制保守且"排他的"普鲁士政权的长久存在。通过主张议会应具有预算审批权,"自由主义者希望说服国王终止与容克贵族的政治联盟,而选择同他们结盟"。[66] 甚至,自由主义者将国家统一视为减少普鲁士的军事义务,从而使其自由化的手段。[67] 显然,普鲁士反动的右翼贵族,就如同整个德意志当时的反动保守派一样,抵制自由主义者对宪政与国家改制的诉求。当俾斯麦于 1862 年 9 月 22 日①成为王国首相时,他开始实施"民族主义解决方

---

① 现今资料一般认为俾斯麦正式就任普鲁士王国首相的时间为 1862 年 9 月 23 日。经查证俾斯麦本人的回忆录《思考与回忆》,以及与俾斯麦相关的历史学家写作的传记,俾斯麦在 9 月 22 日受到威廉一世接见,并被其任命为王国首相。9 月 23 日,这一任命被公开并确认。——译者注

案"以解决现代社会给普鲁士带来的日益激化的国内紧张局势。为了维护国王在普鲁士的权威并增强其在欧洲的权力，俾斯麦采取了一项新的国家战略来统合国内外政策目标。针对奥地利当时在意大利战争中表现出的明显颓势，俾斯麦在接下来的四年里扭转了普鲁士政府的反民族主义倾向。取而代之的是，在俾斯麦与普鲁士议会、普鲁士国王以及其他德意志君主的一系列磋商中，他试图间接阻碍奥地利对德意志邦联的改革，从而提出自己的"改革"计划，以在战略上获益。[68]接下来，在"改革"计划失败后，俾斯麦借机提出了另一个由普鲁士领导的德意志"民族国家"愿景，将奥地利排除在未来的德国之外。一旦奥地利被排除在外，普鲁士将拥有德意志最多的人口、最大的领土面积与最高的军事开支。俾斯麦的目的包含三个层面：第一，满足自由民族主义者的核心政纲之一，来拉拢他们；第二，承诺新成立的民族国家将继续实行君主制，以吸引容克贵族等保守主义者；第三，保证普鲁士在德意志世界里的霸权地位。[69]简而言之，随着普鲁士要应对不断变化的国际环境与国内社会的紧张局势，通往统一的民族国家的道路会是越来越合理的选择。

为了应对事态变化，科堡、汉堡和图林根等中小邦国不得不与普鲁士结盟。相较之下，仅次于普鲁士与奥地利的四个政治上较为强大的邦国——巴伐利亚、符腾堡、巴登与萨克森——都最终选择与普鲁士的哈布斯堡对手结盟，确实也没有中等规模的邦国选择加入普鲁士。但是，在1866年后，甚至巴登和符腾堡的政治领袖也不得不迎来"现实主义"的新时期，特别是1866年夏秋之际，当普鲁士击败奥地利并取得战争胜利后，巴登国王甚至寻求加入俾斯麦所领导的北德意志邦联。1867年，就连巴登与黑森也基本上没有经过任何邦国内的讨论就批准了对关税同盟进行集权化的改革方案。[70]只有巴伐利亚与符腾堡对普鲁士提出的民族国家方案仍然持有敌意，它们是德意志最强的邦国。[71]尽管这种对抗也可以用普鲁士与德意志南部地区之间不平衡的经济发展来解释，但解释巴伐利亚尤为抵制普鲁士的决定性因素还是它本身的规模、它的行政与军事机构的发展，当然还有巴伐利亚在1866年后德意志邦国中的政治地位。将这些解释归在一起，就足以说明为什么巴伐利亚国王希望能够维持并保护其发展良好的、国力强盛的巴伐利亚的自治。[72]

从1866年和1871年的巴伐利亚的议会辩论中可以找到上述论断的证据。

随着普鲁士领导的北德意志邦联于1866年至1867年形成，巴伐利亚议会对俾斯麦向南扩张的目标感到恐惧。在1867年巴伐利亚议会关于德意志关税同盟中央集权化改革的辩论中，巴伐利亚至上主义者约尔格(Jörg)呼吁巴伐利亚拒绝普鲁士拟定的计划，他宣称，接受这样的改革将导致巴伐利亚最终被普鲁士领导的北德意志邦联兼并，这将破坏巴伐利亚的国家与官僚自治。在巴伐利亚议会前的一次演讲中，约尔格让他的同僚仔细审视北德意志邦联宪法："如果你们看到宪法的第3款与第4款，你们会问，还有什么东西能留在我们自己的屋子里？邮政、电报、铁路、社会立法与民法，这些我们在巴伐利亚为之努力并倾注财力的事项（将被直接移交给一个中央集权体制）。"对巴伐利亚而言，这不仅是一个关乎国家自治的问题，还是更为深刻的关乎国家生死存亡的问题。约尔格还坚称任何让巴伐利亚加入其他德意志邦国的做法都会破坏巴伐利亚的存在。他宣称："这个决定是一个关乎巴伐利亚是否仍然能在欧洲享有一席之地的问题。"[73]尽管巴伐利亚这样的大邦国的地区主义政治家可以发表此类主张，但在萨克森-科堡或者甚至是规模如汉堡的邦国中，没有任何政治领袖会发表此类观点。

也确实只有在巴伐利亚，在1867年和1871年，地区政治领袖能够切实地抵制普鲁士谋求统一的姿态。同样是在1867年与1871年，只有当这些国家的自主性与生存的问题得到切实解决的时候，普鲁士对于德意志关税同盟的改革以及加入德意志帝国的提议才被巴伐利亚国王与巴伐利亚议会三分之二的议员接受，从而得以通过。[74]国王在议会中的代表，也是未来的首相霍恩洛厄(Hohenlohe)，说服他的同僚支持与普鲁士建立更紧密的联系，他首先在1867年坚称，与普鲁士的"联盟"仍将保障邦国自治中的一些关键领域：巴伐利亚王室仍然享有巴伐利亚的主权并依然能控制他们自己的军队。[75]无独有偶，霍恩洛厄在1870年至1871年（也就是普法战争的前夕）认为，对于保证巴伐利亚的生存来说，加入普鲁士是必要的。在他儿子的回忆录里，霍恩洛厄被引述为他挑衅般地挑明了1866年后巴伐利亚面临的困境：随着1866年德意志邦联的解体，巴伐利亚面临两个选择，要么被迫与法国"联合"，要么自愿被普鲁士"合并"。[76]

结论

在 1867 年以及随后 1870 年至 1871 年德国统一的前夕,由于经济与政治条件已经成熟,普鲁士成为德意志最大且迅速完成商业化的邦国,也成为德国统一最有可能的发起者,巴伐利亚作为商业化进展缓慢的邦国里最大的一个,成为普鲁士最可能的对手。但随着面临与法国开战的威胁,就连巴伐利亚都加入了德意志帝国这个更大的领土、财政、行政与军事单位。德国率先开展商业化的地区的经济变迁催生了 1834 年后德国统一的最初始的推动力。但最终起作用的是德意志各邦国政府的利益,首先是财政与军事方面的利益,在 1834 年和 1866 年至 1871 年为德国统一奠定了基础。尽管巴伐利亚政府与其他抵制国家统一的邦国最终加入了普鲁士领导的民族国家,但是在 19 世纪,正是这些独立君主之间持续的推拉反复,塑造了德国在建国决定时刻的主要轮廓。

【注释】

[1] 引自 William Otto Henderson, *The Zollverein* (Cambridge: Cambridge University Press, 1939), 94。

[2] 必须指出,尽管我将这三个步骤定位为德意志国家统一进程的三个关键阶段,但这绝不是说每个阶段都必然使下一阶段到来。在过去,德国历史学家时常受到亲普鲁士立场的影响,将 1871 年的德国统一视为到那时为止所有政治发展的必然顶点。例如参见 Heinrich Treitschke, *History of Germany in the Nineteenth Century*, trans. Eden Paul and Cedar Paul(London: Jarrold and Sons, 1918)。此外,此类解释常常以俾斯麦出了名的不靠谱的回忆录作为依据,声称俾斯麦在 1871 年以前所有的政治行动都是为了德国的统一。对于此类研究的总结与批判,参见 Lothar Gall, *Bismarck: The White Revolutionary*(London: Allen and Unwin, 1986)。

[3] 此处分析的"地区"不仅包含当时德意志独立的地方邦国,也包含有数据可查的普鲁士下辖的省份。各地区"德意志民族协会"成员,参见 Andreas Biefang, *Politisches Bürgertum in Deutschland. Nationale Organisationen und Eliten*(Düsseldorf: Droste Verlag, 1994), 104。地区人口数据,参见 Wolfgang Köllmann, ed., *Quellen zur Bevölkerungs-, Sozial- und Wirtschaftsstatistik Deutschlands 1815—1875*, vol. 1(Boppard am Rhein: Harald Boldt Verlag, 1980), 34—327。对人均国内生产总值的估算,参见 Harald Frank, *Regionale Entwicklungsdispariä ten im deutschen Industrialisierungsprozess*, 1849—

1939 (Münster: Lit Verlag, 1996), appendix 8, p.30。

[4] 显然,就算是普鲁士本身,它在经济上、社会上与文化上也是高度分化的:这里所讨论的普鲁士西部省份是德意志高度发达、很早开展商业化与工业化的地区,因而社会对国家统一的支持很强。相较之下,由反对民族主义的保守派容克地主所主宰的普鲁士东部经济落后且主要为农业区,是地区至上主义思想的来源,当地人对国家统一的议程无动于衷,尤其是对被视为“自由主义”的统一议程持抵制态度。这一模式也证实了我对于经济现代化与支持国家统一之间的关系的假设。关于这些反民族主义群体的讨论,参见Eugen Anderson, *The Social and Political Conflict in Prussia*, *1858—1864* (Lincoln: University of Nebraska Press, 1954), 134—135。我对于国家统一的地区抵制力量主要聚焦于德意志南部,并有意识地排除了普鲁士的利益集团,这是因为如马丁·舍夫特所述,这些普鲁士地区“已经由一个统治机构延伸至新统一一国家的邦国统治”,也因此“德意志地主阶级里最重要的部分已然被吸纳至国家行政体系的一体化之中,并从中获益”[Martin Shefter, *Political Parties and the State: The American Historical Experience* (Princeton: Princeton University Press, 1994) 52],而弥合亲民族主义的自由派与反民族主义的保守派的任务将在下文讨论。以上内容参见 Martin Shefter, *Political Parties and the State: The American Historical Experience*。

[5] 这种内部贸易的论点认为,“早期”商业化阶层倾向于支持自由贸易,而“较晚”商业化阶层则不支持,这种论点与彼得·古勒维奇在《艰难时世下的政治》中关于国际贸易政策的决定因素,即“早期发展者”较“晚期发展者”更可能支持自由贸易的论点相似,参见 Peter Gourevitch, *Politics in Hard Times* (Ithaca: Cornell University Press, 1986), 88—89。

[6] 这里关于商业化程度最高的地区也最为支持统一的“经济”视角解读,决不是在分析层面上排斥其他理论。对于地区与国家建构关系,还可以借用经典的现代化理论与目前的文化主义者的见解从而以“文化”解读进行补充。如果我们认为经济现代化是一个逐渐以“个体”身份取代完全的“团体”身份的过程,那么我们能在经济现代化以及文化层面偏向“个人主义”的地区看到国族认同的发展,这是有道理的。近来有关地区与国家建构的史学研究强调,在国家建构的过程里,国族认同与地区认同并非相互对立的,而是互补的,正如康菲诺(Confino)在其作品标题里极富有煽动性的说法——“国家是地方的隐喻”(nation as local metaphor)。一言以蔽之,正是在德意志地区经济商业化最发达的地区,才最可能实现民族创造力的“文化飞跃”。

[7] Sidney Pollard, *Peaceful Conquest: The Industrialization of Europe*, *1760—1970* (Oxford: Oxford University Press, 1981).尽管加里·赫里格尔的重要发现是,到 19 世纪末,德意志西南部实际上已经出现了某种独特的资本主义模式,但我还是针对德意志商业化的早期地域分布提出了这一说法,参见 Gary Herrigel, *Industrial Constructions: The Sources of German Industrial Power* (Cambridge: Cambridge University Press, 1996)。

[8] 应当指出的是,到 19 世纪末,随着南方制造业发展出了一套独特的以市场为导向的组织策略,这种斜率已经发生了变化,而我的讨论则主要聚焦于 1866 年以前的时期,参见 Hal Hansen, “Caps and Gowns,” Ph. D. diss., University of Wisconsin-Madison, 1997, 348—349。

［9］Arnold Price，*The Evolution of the Zollverein：A Study of the Ideas and Institutions Leading to German Economic Unification between 1815 and 1833*（New York：Octagon Books，1973），185.

［10］后文关于莱茵兰商业利益的论述，基于 Jeffry M. Diefendorf，*Businessmen and Politics in the Rhineland，1789—1834*（Princeton：Princeton University Press，1980），以及我对由 W.冯·艾森哈特·罗特和 A.里塔勒等人在德意志关税同盟成立百年之际编撰的三卷本档案文集的回顾，参见 W. von Eisenhart Rothe and A. Ritthaler，eds.，*Vorgeschichte und Begründung des Deutschen Zollvereins 1815—1834*（Berlin：Verlag von Reimar Hobbing，1934）。

［11］Harald Frank，*Regionale Entwicklungsdispariä ten im deutschen Industrialisierungsprozess*，1849—1939，appendix 8，p.30.

［12］关于这些制度发展的描绘，参见 Eric Dorn Brose，*German History，1789—1871*（Providence：Berghahn，1997），46—76；Wolfram Fischer，*Wirtschaft und Gesellschaft im Zeitalter der Industrialisierung*（Göttingen：Vandenhöck und Ruprecht，1964），296—314。关于萨克森的讨论，参见 Hubert Kiesewetter，*Industrialisierung und Landwirtschaft. Sachsens Stellung im regionalen Industrialisierungsprozess Deutschlands im 19. Jahrhundert*（Cologne：Böhlau Verlag，1988）。

［13］如保罗·贝洛赫在其有关工业革命的经典著作里所言，农业商业化是所有经济发展的必要条件（*conditio sine qua non*），参见 Paul Bairoch，*Révolution industrielle et sous-développement*（Paris：Societe d'edition d'enseignement superieur，1963），73。

［14］削弱行会权威的商业化立法在德意志其他邦国也逐步开展：奥地利（1809 年）、普鲁士（1811 年）、拿骚（1814 年）、巴伐利亚（1846 年）、黑森－达姆施塔特（1827 年）、符腾堡（1828 年）、萨克森（1840 年）以及汉诺威（1846 年）。需要注意的是，尽管存在这样的立法活动，但其他针对自由企业正式与非正式的限制仍然存在于许多德意志南部的邦国，参见 Eric Dorn Brose，*German History，1789—1871*，112。

［15］Stuart Woolf，*Napoleon's Integration of Europe*（New York：Routledge，1991），128.

［16］Franklin F. Mendels，"Proto-industrialization：The First Phase of the Industrialization Process," *Journal of Economic History* 32(1972)：241—261.

［17］本研究里有关 20 世纪保护主义与自由贸易政策的企业层面决定因素的论述与比较研究，参见 Helen Milner，*Resisting Protectionism：Global Industries and the Politics of International Trade*（Princeton：Princeton University Press，1988）。

［18］Hubert Kiesewetter，*Industrialisierung und Landwirtschaft. Sachsens Stellung im regionalen Industrialisierungsprozess Deutschlands im 19. Jahrhundert*，158.

［19］莱茵兰制造业者从 1815 年时的亲法倾向到 1834 年德意志爱国主义倾向的转变，是迪芬多夫（Diefendorf）的《商人与政治》（*Businessmen and Politics*）的主题。

［20］Rolf Dumke，*German Economic Unification in the Nineteenth Century：The Political Economy of the Zollverein*（Munich：University of the Bundeswehr，1994），58.

［21］这些领导人里的许多人曾参与 1848 年"失败"的议会活动，因而引起了人们的

关注。尽管 1848 年法兰克福议会的失败备受争议,但这并没有降低这些社会领袖在 19 世纪 60 年代将普鲁士的官方政策从反民族主义的复辟立场向亲民族主义的立场转变。尽管普鲁士王室在 1848 年拒绝了法兰克福议会献上的皇帝桂冠,但正是这些在莱茵兰最为突出,同时也在普鲁士其他地区发展的新兴商业化以及主体为自由派社会精英的存在,促成了自由主义政党在普鲁士议会的成功,并造成了 19 世纪 50 年代至 60 年代的宪政危机,促使俾斯麦转向国家统一政策以解决普鲁士“国内”的问题。关于将 19 世纪 60 年代普鲁士议会中的自由派挑战与俾斯麦日益支持统一的立场相联系的有益讨论,参见 Thomas Nipperdey, *Germany from Napoleon to Bismarck*, *1800—1866*(Princeton: Princeton University Press, 1996), 643。

[22] 有关这一“保守”联盟,以及它主导政府的能力与反工业化的政策,参见 Richard Tilly, "The Political Economy of Public Finance and the Industrialization of Prussia, 1815—1866," *Journal of Economic History* 26(1966):484—497。

[23] 制造商于 1818 年 4 月 17 日向弗里德里希·威廉三世国王提交的书信,参见 Eisenhart Rothe and A. Ritthaler, *Vorgeschichte und Begründung des Deutschen Zollvereins 1815—1834*, *Akten der Staaten des Deutschen Bundes*(Berlin: Verlag von Reimar Hobbing, 1934), 69—70。

[24] 也并非只有莱茵兰的制造商呼吁建立单一的“全国性”市场,图林根的制造商也致信普鲁士国王,呼吁建立单一的全国性市场(参见 ibid.)。此外,一位自由派领袖曾在 1818 年春在巴登议会发表讲话,表示“德意志民族大声疾呼,一致要求在德意志邦联各邦国之间建立完全自由的商业,不再有那些迄今依然只会削弱人民,使德意志的共同子民以邻为壑的制约”(参见 ibid.)。最后,也许是“民族主义者”呼吁建立单一市场的最著名的声明之一,是弗里德里希·李斯特(Friedrich List)代表新成立的德意志贸易与工业协会(Allgemeine Deutsche Handelsand Gewerbeverein)在德意志邦联议会的讲话。在他的请愿书里,李斯特陈情道:“德意志 38 个彼此分离的关税区使我们内部的贸易与流动陷入瘫痪。这就像切割人体,以阻止血液从一个肢体流向另一个肢体一样危险。要想在汉堡与奥地利之间或是从柏林到瑞士从事贸易,今天的人们必须穿越 10 个邦国,研究 10 套关税法,支付 10 次关税,显然,必须这么做的人是没有祖国的。”关于李斯特部分讲话的内容,参见 Wolfram Siemann, *Vom Staatenbund zum Nationalstaat*: *Deutschland 1806—1871*(Munich: Beck, 1995), 337。

[25] 引自 Jeffry M. Diefendorf, *Businessmen and Politics in the Rhineland*, *1789—1834*(Princeton: Princeton University Press, 1980), 322。

[26] 引自 ibid., 321。

[27] 关于讨论拿破仑改革对德意志的影响的研究,参见 Michael John, "The Napoleonic Legacy and Problems of Restoration in Central Europe: The German Confederation," in David Laven and Lucy Riall, eds., *Napoleon's Legacy*: *Problems of Government in Restoration Europe*(Oxford: Berg, 2000), 93—96。

[28] Jürgen Kocha, "Germany," in Ira Katznelson and Aristide Zolberg, eds., *Working-Class Formation*(Princeton: Princeton University Press, 1986), 290.

[29] 此外,在“行会”仍然占据主导地位的制造业经济体里,对其他地区的自由贸易

持敌视态度并不足为奇，行会通常有两条行规。首先，任何行会成员都不能侵入其他成员的行当。其次，非行会成员不允许在行会成员所在的地区开展经营活动。在这些地区，外来的人被称为"地兔"（*Bönhasen*）、"毛手毛脚者"（*P fuscher*）与"捣乱者"（*Störer*）。参见Barrington Moore，*Injustice*：*The Social Bases of Obence and Revolt*（White Plains，N.Y.：M. E. Sharpe, 1978），129。

[30] Hans-Werner Hahn, *Wirtschaftliche Integration im 19. Jahrhundert*：*Die hessischen Staaten und der Deutsche Zollverein*（Göttingen：Vandenhoeck & Ruprecht，1982），341.

[31] Eric Dorn Brose, *German History*，*1789—1871*，173.

[32] Ibid., 171.

[33] Ibid., 172.

[34] Heinrich Treitschke, *Historische und politische Aufsätze*（Leipzig：Verlag von Hirzel, 1867），448.

[35] Preussisches Handelsarchiv, 1865，引自 Theodore S. Hamerow, *The Social Foundations of German Unification*，*1858—1871*（Princeton：Princeton University Press，1969），102。

[36] Ibid.

[37] Ibid.

[38] 参见注释[3]的相关讨论。

[39] Wilhelm Marr，"Selbständigkeit und Hoheitsrecht der freien Stadt Hamburg Sind ein Anachronismus geworden"（Hamburg, 1866），52—53，引自 Theodore S. Hamerow, *The Social Foundations of German Unification*，*1858—1871*，388。

[40] 表 3.2 的数据来源于 Hubert Kiesewetter, *Industrialisierung und Landwirtschaft. Sachsens Stellung im regionalen Industrialisierungsprozess Deutschlands im 19. Jahrhundert*，387。

[41] Heinrich Best, *Interessenpolitik und nationale Integration 1848/1849 Handelspolitische Konflikte im frühindustriellen Deutschland*（Göttingen：Vandenhoeck & Ruprecht. 1982.），149—150.

[42] Thomas Nipperdey, *Germany from Napoleon to Bismarck*，*1800—1866*，187.

[43] Bernhard Löffler, *Die Bayerische Kammer der Reichsräte 1848—1918*（Munich：Beck'sche Verlagsbuchhandlung, 1996），401.

[44] Ibid.

[45] Alf Mintzel, "Specificities of Bavarian Political Culture," in Dirk Berg-Schlosser and Ralf Rytlewski, eds., *Political Culture in Germany*（London：Macmillan, 1993），105.

[46] Harald Frank, *Regionale Entwicklungsdispariä ten im deutschen Industrialisierungsprozess*，*1849—1939*，appendix 8，p.30.

[47] Alf Mintzel, "Specificities of Bavarian Political Culture," in Dirk Berg-Schlosser and Ralf Rytlewski, eds., *Political Culture in Germany*，104.

[48] Stenographischer Bericht, *Verhandlungen der Bayerischen Kammer der Ab-*

geordneten，October 18，1867，2：60.

[49] Ibid.，October 21，1867，2：50.

[50] 类似的支持与抵制统一的倾向在符腾堡也非常明显。在这里，大多数传统经济利益集团拒绝与北部建立更密切的联系，然而符腾堡制造业协会却以"符腾堡的贸易将面向北方，脱离与普鲁士的关税同盟将对贸易造成最有害的干扰"为由，来合理化他们对统一的支持。对这部分群体来说，建立更紧密的联系是有意义的，但制造业从业者在符腾堡的经济里却是少数。确实，曾有一位普鲁士将军在总结 19 世纪 60 年代的德意志南部时不无乐观地指出："尽管南德的大多数人不支持我们，但知识分子却是支持我们的。"（Theodore S. Hamerow，*The Social Foundations of German Unification*，*1858—1871*，384）

[51] 关于普鲁士公共财政与国家建构的发展及其与另外几个德意志邦国的对照，托马斯·埃特曼提供了有益的概述，参见 Thomas Ertman，*Birth of the Leviathan*：*Building States and Regimes in Medieval and Early Modern Europe*（Cambridge：Cambridge University Press，1997），245—263。根据埃特曼的研究，18 世纪，普鲁士的领导者未能发展出一个稳定的公共财政体系，而这一体系则需要容忍代议制机构。尽管普鲁士拥有相对"现代"的官僚机构，但由此存在的前现代公共财政体系使普鲁士更容易受到军事攻击与经济破产的影响。

[52] D. E. Schremmer，"Taxation and Public Finance：Britain，France，and Germany，" in Peter Mathias and Sidney Pollard，eds.，*Cambridge Economic History of Europe*，vol. 8，*The Industrial Economies*：*The Development of Social Policies*（Cambridge：Cambridge University Press，1989），315—548.

[53] Richard Tilly，"The Political Economy of Public Finance and the Industrialization of Prussia，1815—1866，" *Journal of Economic History* 26（1966）：493；Thomas Ertman，*Birth of the Leviathan*：*Building States and Regimes in Medieval and Early Modern Europe*，262.

[54] Rolf Dumke，*German Economic Unification in the Nineteenth Century*：*The Political Economy of the Zollverein*，27.

[55] 双变量相关分析基于 1850 年最终加入普鲁士关税同盟的 33 个德意志邦国人均债务数据（债务负担）和人口规模（邦国规模）进行。其中有一个有趣的邦国，即巴伐利亚。巴伐利亚是一个具有极高债务与极高人口数量的偏差值，被我们排除在分析之外。当然，如果将其囊括在内，相关系数仍然显著，但将降至−0.16，数据来源为 Karl Borchard，"Staatsverbrauch und Öffentliche Investitionen in Deutschland，1780—1850，" dissertation，Wirtschafts und Sozialwissenschaftlichen Fakultät，Göttingen，1968，91—93。

[56] Ibid.

[57] 参见 Rolf Dumke，*German Economic Unification in the Nineteenth Century*：*The Political Economy of the Zollverei*，这是对库恩在 1836 年所做的报告的有益且全面的讨论。

[58] Georg von Viebahn，1858，引自 Rolf Dumke，*German Economic Unification in the Nineteenth Century*：*The Political Economy of the Zollverein*，34。

[59] Rolf Dumke，*German Economic Unification in the Nineteenth Century*：*The*

Political Economy of the Zollverein，30—31。

［60］1828 年 2 月，普鲁士以外第一个加入德意志关税同盟的邦国是相对较小的黑森-达姆施塔特公国。该邦国在 1818 年至 1819 年面临罢税运动，且议会里也存在着税收冲突，领导者路德维希一世担心"君主对自由主义"的妥协会将选举权扩大至该邦国当前有投票权的 988 公民以外的 65 万人。根据其中一种说法，黑森-达姆施塔特是"德意志财政最困难的邦国"。为了在不增加税收的情况下偿还债务，接受普鲁士的提议，使黑森-达姆施塔特并入更大的普鲁士关税同盟也是有道理的。此外，黑森-达姆施塔特的农业经济（58％的人口属于农业部门）也主要依赖于普鲁士市场。通过加入普鲁士关税同盟，路德维希一世也保证了该邦国的农业与制造业集团能够进入更大的市场。

［61］据普鲁士政府自己的估算，将普鲁士关税同盟扩展至其他邦国，给普鲁士国库带来的损失（1834 年至 1840 年）为每年 120 万泰勒，约占普鲁士关税总收入的 10％（Prussian government Denkschrift den Einfluss der Zollvereinigungsverträge auf die Preussischen Staats-Einnahmen，1840，p.87，引自 Rolf Dumke，*German Economic Unification in the Nineteenth Century：The Political Economy of the Zollverein*，part 1，p.6）。

［62］Leopold Ranke，*Historische-Politische Zeitschrift*，2：64，引自 Rolf Dumke，*German Economic Unification in the Nineteenth Century：The Political Economy of the Zollverein*，7。

［63］我的分析里将"弃权"算作投票支持奥地利，因为置身事内的行动者都清楚奥地利拥有多数票，且弃权表明了巴登、绍姆堡、利珀和罗伊斯的领导者虽然有意支持奥地利，但是间接的。

［64］有关宪政危机最好的阐释，参见 Eugene Anderson，*The Social and Political Conflict in Prussia*，*1858—1864*（Lincoln：University of Nebraska Press，1954）。

［65］自由进步党与左翼自由派在 1861 年议会选举中的胜利，使普鲁士议会 352 个席位中的 285 个为自由派所掌握，参见 Thomas Nipperdey，*Germany from Napoleon to Bismarck*，*1800—1866*，673。

［66］Ibid.，681.

［67］Ibid.，683.

［68］有关 1859 年后改造德意志邦联的努力的总结，参见 Norbert Wehner，*Die deutschen Mittelstaaten auf dem Frankfurter Fürstentag*，*1863*（Frankfurt am Main：Peter Lang，1993）。

［69］尽管俾斯麦本人有这些意图，这里必须指出，民族主义者与容克贵族反对他 1866 年与奥地利的战争。

［70］Bernhard Löffler，*Die Bayerische Kammer der Reichsräte*，*1848—1918*（Munich：C.H. Beck，1996），415.

［71］参见普鲁士外交部内部通信选集：Herbert Michaelis，ed.，*Die auswärtige Politik Preussens*，1858—1871，vol.8（Oldenburg：Verlag Gerhard Stalling，1934。例如，参见"Prinz Reuss an Bismarck，30 November，1866，"in Michaelis，*Die auswärtige Politik Preussens*，173—174。

［72］另见法语文献里对作为德意志第二大邦国的巴伐利亚王国地位的论述，参见

Gisela Fay，*Bayern als grösster deutscher Mittelstaat im Kalkel der fränzosischen Diplomatie und im Urteil der Französischen Journalistik*，*1859—1866*(Munich：Stadtarchivs München，1976)。

[73] Stenographischer Bericht，*Verhandlungen der Bayerischer Kammer der Abgeordneten*，October 21，1867，no.33，2：60.

[74] 巴伐利亚王室对普鲁士试图破坏巴伐利亚自治的任何征兆都异常敏感。根据巴伐利亚驻柏林大使致慕尼黑王室的报告，大使在描绘1867年北德意志邦联议会开幕的奢华仪式时，肯定地提到普鲁士国王在开幕词中表示："过去一年的和平条约塑造了我们与南方同胞的联系，以确保我们与他们达成协议，并始终敞开双臂。"

[75] *Bayerische Zeitung*，January 20，1867，Bayerisches Hauptstaatsarchiv，Munich，Abteilung 1.

[76] Alexander von Hohenlohe，*Aus meinem Leben*(Frankfurt am Main：Societäts Druckerei，1925)，285.

第四章　意大利建国时刻：地区政治与国家统一的动态演化（1815—1860 年）

1859 年至 1861 年间，皮埃蒙特的政治领袖以突如其来而又出人意料的方式统一了意大利。[1]相比于普鲁士领导下环环相扣的德国统一，皮埃蒙特领导的意大利统一充斥着高度的政治戏剧性、卡里斯马式的人物与精心排演的政治操纵。然而，在对这出戏剧展开分析的过程里，研究 19 世纪意大利史的主要学者最近提出，意大利的国家统一并不像主流学界曾认为的那样，是皮埃蒙特的政治家在意大利北部民族主义者的社会动员鼓舞下精心策划的。[2]尽管加富尔、马志尼与加里波第（意大利统一三杰）依然被认为是 19 世纪 50 年代末意大利统一进程中举足轻重的人物，但是部分学者对这些民族英雄享有的“民族主义”的社会推崇或是当时皮埃蒙特政治家之间的政治一致性保持怀疑。

确实，意大利复兴运动（Risorgimento）的“神话”，也就是意大利北部在群情激奋之下发起了民族主义运动，统一了分裂的国家，这一观点日益受到冲击。而日渐清晰的是，第一，导致七个旧有的意大利邦国政权走向自我崩溃的社会运动并不完全根植于“北方”，甚至在动机上也不尽然就是民族主义的。相反，意大利各邦国内部的不满情绪各不相同，基本都根源于各邦国内部的央地问题，尤其是在西西里，则表现为针对“外国”统治，这些不满情绪的目的是谋求更大的自主权，但这并不必然就是国家统一。复兴运动的“神话”被攻击的第二点则是它认为当时的皮埃蒙特政治领袖为国家的创设制定了一个周详的计划以供实施。如今的历史学家则确切地指出，加富尔和皮埃蒙特王室在很大程度上是带着遏制不安定的政治局势的短期目标,偶然地介入了意大利南部事务,结果却发现自己最终在事实上兼并了亚平宁半岛南部,无意中赢得了统一意大利的"大奖"。[3]

确实,就像这些修正派史学家谈到的,无论是空洞的民族主义意识形态,还是自觉的皮埃蒙特统一计划,都无法为意大利统一提供全面的社会或政治层面的解释。然而,本章的其中一个主要论点则是,将意大利统一归为"偶然的革命"的理论,在本质上也是有局限的。尽管偶变与机遇确实发挥了作用,但意大利最终得以成功统一可不仅仅是一系列出乎意料的后果的偶然聚合。相反,意大利统一,正如几乎同一时期发生的德国统一一样,代表着帝国式或邦联式的前民族国家时代的政治组织在欧洲的消亡,随之而来的,是一种新的、权力更集中的民族国家的政治组织形式的崛起。如果我们想理解为什么民族国家会在19世纪最后三分之一的时期内从松散的邦联和遍及欧洲的帝国中涌现,那么去探求引发国家统一的确切的社会或政治条件就是有意义的。

本章将识别并解释19世纪50年代末支持与反对意大利统一进程的地区力量。我将探讨以下问题:为什么意大利在那个时候实现了统一? 为什么单一的民族国家取代了1861年前意大利邦国林立的局面? 以及为什么会是皮埃蒙特,而不是其他意大利邦国,成为主导意大利统一的主要地方行为体? 通过回答这些问题,我的分析将首先试图识别不同地方政权如何以不同的方式来应对国家统一,从而确定意大利民族国家发展过程中,基于地区视角的建国时刻的主要轮廓。其次,本章将为讨论以下疑问做好铺垫:如果在建国时刻,意大利与德意志支持或是反对国家统一的地区力量是如此相似,那么为什么在建国时刻之后会诞生如此迥异的政治制度?

意大利复兴运动中的社会行动者与邦国行动者

在社会中心范式的文献里,早先的研究追随着葛兰西(Gramsci)的指引,强调意大利软弱的"资产阶级"的作用,也就是资产阶级出于寻求建立更大的全国性市场的动机,支持皮埃蒙特在1815年后建立单一领土单位的努力,而这则损害了南方民众的经济生活以及整个意大利民众的政治生活。[4]其他基于这一研究传统的说法美化了皮埃蒙特的自由主义者的形象，认为他们是国家统一的现代化担纲者，而意大利南部，特别是西西里软弱的"资产阶级"则被贬斥为阻碍国家统一的地区势力。[5]还有一个同样基于社会中心的传统流派则试图超越意识形态划定的"资产阶级"这一概念，强调中产阶级与贵族知识分子之间微妙的社会融合。[6]对这些学者而言，这种"融合"本就是意大利北部经济现代化的产物，由来自不同背景的人物组成，从马志尼和卡塔内奥（Cattaneo）到加富尔和里卡索利（Ricasoli）都在其中。这些学界领袖与他们的秘密会社、民族主义社团、刊物、杂志共同确保了意大利的"神话"，提供了关键的民族主义要素，推动了公众舆论对建立意大利国家的支持。

相较于这些社会中心论解释，另一派学者则选择关注意大利复兴运动中的"权力政治"，并将意大利的统一视为国家建构的实例，从而审视诸如加富尔与加里波第等皮埃蒙特政治家的作用，正是他们试图将皮埃蒙特的影响扩展至整个意大利，从而确保皮埃蒙特在欧洲的政治地位。[7]基于此研究传统的其他解释，则关注伦巴第将奥地利帝国从意大利土地上赶出去的渴望。[8]当然还有其他学者聚焦于意大利邦国在 1815 年后普遍面临的行政现代化的问题。从这后一种角度可以看到，意大利这些复辟邦国面临的最大挑战就是我上一章提到的专制者面临的国家建构困境，也就是如何在不授予议会代表权的前提下，建立起中央集权的行政机构、获取足够的公共财政以及通过普遍兵役制募兵。露西·里亚尔（Lucy Riall）在她关于意大利复兴运动的重要研究中认为，正是皮埃蒙特王室在 1848 年后通过建立议会来解决这一困难的能力，使它在 19 世纪 50 年代末转向国家统一的战略。[9]

虽然这些说法都精准地找到了一些推动意大利统一的关键行动者，但多重解释会给研究者留下大量难以厘清的潜在因素。鉴于从对德国统一的讨论中获得的经验，接下来的两个部分将借用上一章的研究思路，阐明社会行动者与邦国行动者如何相互作用，使皮埃蒙特成为国家统一进程的发起者。而其他地区，例如两西西里王国与教皇国则抵制国家统一；还有一些邦国政府在国家统一到来前自我崩溃，导致托斯卡纳、帕尔马、摩德纳甚至伦巴第等邦国的领导者们走上要么被动支持，要么悄悄抵制皮埃蒙特统一努力的犹豫不决的道路。[10]再往后的两个部分将着眼于意大利中北部商业社会的早期萌芽，从而论证，就像德国一样,意大利最富有的地区(尤其是伦巴第与皮埃蒙特)出现的新兴商业阶级产生了推动政治改革与领土变革的动力。皮埃蒙特王室及其邦国既有手段也有动机来发起国家统一,这是为了回应这些团体的压力,同时是作为自主性的政治力量使自身破产的公共财政体系现代化、扩大地缘影响力,并拉拢寻求变革的自由派。皮埃蒙特的领导层提供了更大的全国性市场以消除内部关税,提供了更大的全国性公共财政体系以将皮埃蒙特从自身的财政危机中解救出来,提供了民族主义修辞以迎合激进的自由民族主义革命的话语,以及提供了一个全意大利民族的国王从而获得皮埃蒙特那些反共和主义贵族的忠诚,因此拥有了统一意大利的政治资源。正如普鲁士是唯一既面临日渐"商业化"的社会又拥有扩大其影响力的政治手段的德意志邦国一样,皮埃蒙特也是唯一既有动机又有手段来缔造意大利民族国家的意大利邦国。而相对的,两西西里王国也是唯一既有动机又有手段来积极抵抗皮埃蒙特领导的统一事业的意大利邦国。

自下而上的视角:意大利各地区的社会变迁

对意大利七个复辟的旧制度邦国而言最成气候的挑战,以及 1848 年前后意大利国家统一最重要的社会推力来自意大利北部地区。[11]不只是马志尼所领导的意大利民族委员会(Associazione Nazionale),伦巴第的自由主义者与"现实主义"的意大利民族协会(Società Nazionale Italiana)都由扎根于意大利中北部转型社会的知识阶层领导,在伦巴第与皮埃蒙特开展活动。同样,在所有的意大利邦国里,意大利民族协会成员的地区基础,即占当地人口的比例,在意大利中部的托斯卡纳最好。[12]地区对国家统一的支持与社会对国家统一支持之间的相关性易于识别,然而更具挑战性的是如下问题:为什么意大利北部的民族主义运动是最有生命力以及组织性的? 以及,为什么即使曾在 1828 年和 1848 年爆发过一些组织混乱但意义重大的农民起义,且贵族与那不勒斯王室之间剑拔弩张,意大利南部依然缺少推动国家统一的关键社会基础?

在理解为什么意大利的中北部地区会像德国普鲁士的莱茵兰一样,成为地区社会支持国家统一策源地的过程中,我们立刻就能提出这几个因素:当地社会的组织化程度与经济发展水平。[13]首先，正如罗伯特·帕特南（Robert Putnam）在他对复兴运动后的意大利开展的研究中所发现的，意大利北部的社会组织发展更为健全，这也或许可以解释为什么意大利中北部对国家统一的社会支持最强。由于意大利中北部的人均社会组织数最多，因而其中的民族主义组织也更加活跃，这也是合乎情理的。[14]此外，我们还发现，如表 4.1 所示，如果我们以人均国内生产总值作为衡量经济现代化的标准，那么在意大利复兴运动时期存在着的巨大的地区差异，至少大体上与多数学者所认为的民族主义活动最强的地区是相对应的。

表 4.1　意大利各地区 1861 年的人均国内生产总值(基于 1911 年的里拉值)

西北部	391	南　部	171
皮埃蒙特	416	阿布鲁齐	178
利古里亚	288	坎帕尼亚	203
伦巴第	401	普利亚	174
东北部、中部	229	巴西利卡塔	153
威尼托	245	卡拉布里亚	168
艾米利亚	236	西西里	149
托斯卡纳	239	撒　丁	199
马尔凯	239	意大利	227
翁布里亚	177		
拉丁姆	308		

注：地区一级人均国内生产总值的计算与报告，参见 Alfredo Giuseppe Esposto，"Estimating Regional Per Capita Income：Italy，1861—1914"，*Journal of European Economic History* 26(1997)：589。依据我自己对 1861 年意大利 15 个地区的分析，我认为地区一级的人均国内生产总值是一个合理有效的衡量经济现代化的测量标准，因为它与其他有数据可查的经济现代化的潜在测量标准，如地区的识字率($r = 0.91$)有极强的相关性。关于地区识字率，参见 Zamagni，*Economic History of Italy*，13—14。需要注意的是，此表所汇报的地区与 1815 年后意大利的七个地方邦国并不完全对应。

然而，尽管经济发展水平、社会组织水平与对国家统一的支持之间存在这样显著的相关性，但本书这一部分指出，在这两个持续存在并经常被引用的意大利各地区生活特征的背后，还有第三个更具决定性的因素，它产生了 1815 年后以地区为基础的对国家统一的支持，并可能解释为什么意大利北部比南部拥有更高的"社会资本"与经济产出。尽管学术界对于意大利的区域经济不平等的起源已经进行了长久讨论,但在意大利中北部与南部之间的发展差异方面,还有一个关键却常被忽视的因素:如同德国一样,拿破仑在 1798 年至 1815 年间对意大利的统治也留下了地理上的发展不均衡。当 1798 年拿破仑入侵意大利后,法国在意大利中北部的伦巴第、皮埃蒙特、托斯卡纳与艾米利亚等地区实行直接统治,而拿破仑对意大利南部则采取了间接统治的策略,他甚至从未对当时由英国控制的西西里岛宣示过政治权威。就像拿破仑对德意志采取的不均衡的地区统治一样,这两种统治模式也对意大利产生了关键影响:在意大利的中北部,通过引入一系列成功的商业化改革,拿破仑的统治彻底改变了当地社会,给此前仍然相对传统的经济结构造成了冲击。[15]与普鲁士的莱茵兰一样,1798 年后意大利中北部贵族所生活的法律与社会框架发生了转变,过去的农业所有制模式被推翻,经济产出增长迅猛。相反,在意大利南部,拿破仑的长兄约瑟夫·波拿巴(Joseph Bonaparte)①间接又无效的统治阻碍了当地商业化的变革努力,因而,即使在 1815 年通过了全新的反封建法律之后,当地的传统经济结构很大程度上仍然维持不变。[16]意大利境内这两种各行其是的行政治理体系产生了重要的经济、社会与政治后果。[17]

　　在诸如伦巴第或是皮埃蒙特这样的意大利中北部地区,法国管理者实行了两项具体的制度与法律变革,塑造了当地商业化的农业生产关系。第一,土地成为可以交易的商品;第二,构建由地主组成的社会基础,他们将对市场压力做出应对,并愿意参与投资与追逐利润。[18]在意大利中北部,首先,在 1797 年至 1799 年期间,封建体制被有效地废除了。以皮埃蒙特为例,皮埃蒙特所有的贵族头衔都被法国占领者褫夺,凡是拥有封号与封地的家族都被要求将封号与封地移交给法国治下的当局,他们的财产被没收,长子继承权也被取消。[19]同样,在艾米利亚肥沃的波河谷地,所有过去的法律束缚都被取消,所有形式的财产都可进行转让。[20]尽管 1802 年后,意大利中北部的贵族重返经济上的支配地位,但法国的直接干预有效地将土地转变为可由私人业主交易的商品。

　　其次,再一次与意大利南部的发展形成鲜明对比的是,法国统治者通过取消

---

① 　约瑟夫·波拿巴,即著名的拿破仑·波拿巴(拿破仑一世)的哥哥,1806 年奉拿破仑一世之命前往意大利南部的那不勒斯驱逐波旁王室,并于同年成为那不勒斯国王,他在任上试图扫除当地的封建制度,但并未成功,1808 年被拿破仑派往西班牙,成为西班牙国王。——译者注

税收特权并废除贵族免于被追债的司法保护，诱使意大利中北部的新兴地主从事以市场为导向的农业生产。因此，土地逐渐从视其为声望来源的地主手中转移到视其为潜在利润来源的地主手中，这促进了对日益增长的农业生产资料进行投资的意愿。在意大利的中北部，贵族在 1815 年后为了生计不得不参与市场活动，而中产阶级正在缓慢崛起。以博洛尼亚重要的农业平原为例，来自中产阶级的买家与土地投机商日益变多，他们使贵族的土地从 1789 年占总土地的 78％，降到 1804 年的 66％，再降到 1855 年的 51％。[21]意大利历史学家雷纳托·赞盖里（Renato Zangheri）曾描述过博洛尼亚附近的新兴"资产阶级"业主，认为他们的出现给这片地区带来了"贵族土地所有制所不具备的全新的企业家精神"。[22]新兴地主的大量涌入、贵族法律特权的取消以及由法国直接统治所保障的稳定的制度环境，改变了整个意大利中部乃至贵族对土地的看法。同理，在皮埃蒙特，尽管贵族家族依然是位于韦尔切利平原与库内奥平原的 68 个城市公社的主要土地所有者，但特权的废除使这些土地所有者从传统的土地保有制（land-tenure）模式转向追求利润的、有商业眼光的农业经营实践。[23]正如卡多萨（Cardoza）写道："尽管显贵家族在拿破仑治下继续享有财富、权力与声望，但他们如今的地位是建立在与旧有的封建贵族制度截然相反的新情形之上的。"[24]

这两个宏大的前提，即有效废除封建制以及对市场压力进行回应的社会力量的诞生，对意大利中北部社会的经济与政治产生了后续影响。这些关于农业社会关系的变革促成了意大利中北部地区高于意大利平均水准的农业生产力。如表 4.2 所示，1857 年，也就是意大利统一前的三年，皮埃蒙特、伦巴第与托斯卡纳的每公顷农业产值均高于全意大利平均水平，而教皇国与两西西里王国依然远远落后于全国平均水平。

此外，这种农业关系的转变也为 19 世纪中期意大利西北部地区的工业化奠定了基础。按照霍布斯鲍姆（Hobsbawm）的说法，正是农业的商业化"融化了覆盖在经济增长的肥沃土壤上的巨大冰盖"。[25]确实，罗萨里奥·罗密欧（Rosario Romeo）和亚历山大·格申克龙也都从意大利的历史情境里发现，意大利 19 世纪初期的土地商业化为其 1861 年至 1880 年农业产量的迅速增长奠定了基础，而这又反过来推动了随后的工业投资与生产，然而最为关键也必须被指出的是，这些较早商业化的地区大多位于意大利北部。[26]

表 4.2　意大利各邦国 1857 年的农业生产率

地方邦国	每公顷农业产值(里拉)
伦巴第(不包括威尼托)	238
帕尔马-摩德纳	174
皮埃蒙特	169
托斯卡纳	117
两西西里王国	81
教皇国	68
意大利平均(包含威尼托地区)	104

资料来源:Zamagni, *Economic History of Italy*, 14。

但除了经济影响,就同普鲁士的莱茵兰一样,这些商业化转型与提高农业生产力的举措是如何引发对国家统一的支持的? 土地与劳动力的成功商业化缔造了一套富有活力的社会关系,诞生了至关重要的"民族主义"社会联盟——由意大利中北部彻底商业化的贵族与训练有素的、受过良好训练的、并以制造业为基础的中产阶级,他们将在 1815 年后挑战复辟的旧政权,推动建立统一的意大利民族国家。从这个意义来看,原因既有经济的,也有意识形态的。土地与劳动力的早期商业化、长期的出口导向传统、1815 年后境外与意大利境内贸易保护主义的抬头,这些因素合在一起,催生了探索全国性市场的动机。如表 4.3 所示,在 1815 年旧邦国复辟后,意大利各邦国之间的经济交流不仅受到不同货币体系、度量衡体系以及落后的运输条件的限制,还受到各邦国之间货物进出口高额关税的限制。

表 4.3　意大利各邦国 1846 年的关税水平

托斯卡纳	34%
那不勒斯省(两西西里王国)	28%
皮埃蒙特	21%
帕尔马	18%
摩德纳	16%
伦巴第	15%
教皇国	15%

注:关税水平是根据我自己所计算的关税总收入占邦国总收入的百分比确定的,数据参见 *Archivio economico dell'unificazione italiana*, various issues(1959—1963)。

另外，在取得良好发展并且在 1815 年以后蓬勃兴盛的制造业与农业集团的心目中，经济发展与"民族"（national）进步相互关联。[27]关键点就在意大利北部，这是一片正经历商业化的地区，这一地区的"自由贸易"平台开始为信奉自由主义的农业与商业集团新同盟提供交汇点。[28]这一至关重要的"民族主义"社会联盟在托斯卡纳、皮埃蒙特与伦巴第等邦国最为强大。这可能也在一定程度上解释了为什么这三个邦国加起来的总人口仅占全意大利人口的 35%，却不成比例地拥有意大利民族协会全部成员中的 50%。[29]不仅如此，除了这三个邦国的定量证据，聚焦其中的商业化贵族和那些有着自由主义理念并以制造业为基础的中产阶级里的三个典型人物也很有意义，他们自身就是这场经济变革的产物，并各自为意大利复兴运动做出了贡献，他们是托斯卡纳的里卡索利伯爵、皮埃蒙特的加富尔伯爵以及伦巴第的卡罗·卡塔内奥（Carlo Cattaneo）。

首先，在托斯卡纳，当代说法时常描述富有商业头脑的新贵族地主，如里卡索利家族，是如何转向"现代"技术来提高生产力并获取利润的。[30]这些具有商业头脑的贵族，通常会在国外接受教育，他们被利润下降所刺激，但也从"自由主义"的英国农业改革中获取灵感。而作为他们的灵感反馈，分成租制（mezzadria）头一回遭到了像里卡索利这样的地主家族的攻击。[31]贝蒂诺·里卡索利伯爵（Count Bettino Ricasoli）是位将在意大利复兴运动中发挥决定性作用的政治家，他时常表达对英国农业改革的赞叹。里卡索利被称作"布罗利奥的清教徒"，他认为其家族长期持有的土地以及整个托斯卡纳自给自足的农业总体来说都是落后的，急需进行彻底的科学管理与重组改革，以提高产量与利润。他将自己视为现代生活的"传教士"，任务是"攻击针对农民的偏见"。[32]商业化的贵族与中产阶级商业领袖的涌现产生的经济与社会结果开始在整个托斯卡纳显现出来：早在 19 世纪 30 年代，处于领先位置的托斯卡纳农业与制造业部门就已高度依赖出口，他们向托斯卡纳大公抱怨了贸易保护主义带来的问题。约翰·鲍林（John Bowring）①在 1837 年递交给英国政府的一份披露性报告中说，草帽与草绳商人是当时托斯卡纳的主要生产制造商，他们每年能够出口 24 000 打产品，但正因日渐上涨的关税而感到沮丧。[33]同理，葡萄酒、钾盐和杜松子等重要农产品的

---

① 19 世纪英国著名的政治经济学家，主张自由贸易与议会改革。——译者注

生产者也致信托斯卡纳大公，要求取消关税。[34]由于意大利境内商业化的成功与境外的贸易保护主义，农业集团与制造业集团之间的"民族主义"联盟的社会组成正日益凝固。

与之类似，在皮埃蒙特，杰里米·边沁（Jeremy Bentham）的信徒、终将成为萨伏依王朝①首相的加富尔伯爵，是皮埃蒙特全境致力于改革农业技术、传播最新的科学资讯，以推广改良的耕作与畜牧方法的商业化贵族的代表。尽管他声称自己"绝非英国农业体系的信徒"，但据传，加富尔通过每天 4 点起床阅读亚当·斯密的著作来学习英语[35]，不过，加富尔是皮埃蒙特现代农业体系的倡导者，他与凯撒·阿尔菲耶里（Cesare Alfieri）一同作为皮埃蒙特贵族派的代表，建立了如都灵高山农业协会（Associazione Agraria Subalpina）这样的组织，该协会主要由"显赫的贵族与资产阶级名流"组成，旨在改造皮埃蒙特的农业。[36]同样关键的是还要注意，就像其他学者观察到的那样，在 1815 年后的这个时期，由于拿破仑时代开展的商业化改革，在意大利各个地区里，皮埃蒙特农民拥有财产的现象是最普遍的。鉴于分成租制一直受到攻击，并且拥有财产的农民越来越多，商业化农业在皮埃蒙特得到了长足发展，以加富尔为代表的致力于经济与政治现代化的新兴社会力量正在崛起，他们将在 1848 年挑战皮埃蒙特的复辟政权，并在 1848 年之后日益要求国家统一。[37]正是意大利半岛的分裂所带来的经济挫败感与民族主义意识形态信念的融合，为皮埃蒙特民族主义联盟的发展奠定了基础。诚然，就像在普鲁士一样，也有一些皮埃蒙特的保守贵族实际上抵制国家统一的行动。但是，在皮埃蒙特，仍然有像加富尔这样年轻的贵族，他们经历了商业化、富有商业眼光，因此支持自由贸易、试图建立更大的全国性市场，并把国家统一视为实现上述目标的最佳途径。[38]

肯特·格林菲尔德（Kent Greenfield）对于发生在伦巴第的类似变迁进行了最为透彻的讨论，他认为拿破仑在这里开展的改革同样是迅速、彻底并有成效的。[39]面对改变了托斯卡纳与皮埃蒙特农业的同样的商业化改革，在法国改革

---

① 即"撒丁王国（皮埃蒙特王国）"与意大利统一后的意大利王国的统治者。萨伏依王朝最早统治的是意大利西北部的萨伏依地区，1720 年萨伏依家族获得撒丁岛，自此建立撒丁-皮埃蒙特王国，下辖皮埃蒙特、萨伏依与撒丁三个地区。随着皮埃蒙特最终统一了意大利，萨伏依王朝也自然而然地成了意大利王国的统治者。——译者注

的前提下对利润的追逐，以及对英国体制的推崇，引发了一直把控着经济生活的
温和派贵族指引伦巴第农业最终商业化。发生在伦巴第的改革一时成为当时诸
如卡洛·卡塔内奥等自由派政论家热议的对象，他们将伦巴第的改革视为意大
利其他地区的模板。在当时的伦巴第，无论是农业还是制造业都经历了经济增
长，而且高度依赖对其他意大利邦国的出口。在这里，包含丝绸、稻米、谷物与奶牛
养殖在内的生产性农业部门逐渐取代了19世纪以前就已行将就木的庄园经济。
有趣的是，这个蓬勃发展的农业部门很大一部分的产品出口到了其他的意大利邦
国，例如，尽管有着极高的关税壁垒，大部分的乳制品被出口到教皇国、那不勒斯与
帕尔马，1836年的年出口总额就为2 000万法郎。[40]同理，工业化以前的制造业生
产(尤其是丝绸生产)变得越来越重要，并依赖国际与意大利境内市场。正是这两
个产业部门之中，出现了对建立全意大利市场最积极的推动力，按照格林菲尔德的
说法："是保守的有产阶级奠定了伦巴第社会的基调。"[41]但正是卡塔内奥这样的
自由派政论家为统一的意大利阐明了"民族主义"与"民主的"愿景。实际上，就如
格林菲尔德发现的，是卡塔内奥这样的公共活动家帮助创办了《世界统计年鉴》
(Annali Universali di Statistica)，该刊物曾在1834年称赞德意志关税同盟是意大
利走向统一国家的示范。[42]当1834年1月1日德国开始建立"全国市场"的消息
传到意大利时，伦巴第的杂志《世界统计年鉴》宣称："上天保佑！意大利的各邦国
也能提出并采纳类似的方案。"[43]同样，1844年，切萨雷·巴尔博(Cesare Balbo)
在畅销书《意大利的希望》(Speranze d'Italia)里总结了所有这样的想法，他呼吁
成立意大利"联盟"。这种情绪同样感染了当时具有影响力的米兰商会，就像莱
茵兰的城市商会发布的报告一样，米兰商会也发布报告，呼吁取消一切意大利境
内关税，加强意大利各独立邦国间的贸易联系，建立单一的全国市场。[44]

　　实际上，在托斯卡纳、伦巴第与皮埃蒙特三个邦国里，推动建立单一全国市
场的社会力量并不是像现代化理论预测的那样，扎根于资产阶级(borghesia)之
中，反而是如罗马内利(Romanelli)与利特尔顿(Lyttelton)也已发现的[45]，来自
拥有自由主义思想的贵族与制造业中产阶级所组成的现代化"传教士"，因为他
们发现自身的商业利益受到境内外贸易保护主义的损害。另外，鉴于这个新兴的
商业化社会还要面临奥地利政权在托斯卡纳和伦巴第的复辟以及萨伏依政权在
皮埃蒙特的复辟，这些经济与社会领袖将他们在经济上的挫败感与建立一个英雄

的、独立于"异族"统治的、"民主化"的意大利民族国家政治体的愿景相融合。

如果意大利北部的商业化改革催生了这一地区支持国家统一的民族主义社会联盟,那么为什么在意大利南部就缺少这种至关重要的民族主义社会联盟?是什么让西西里、教皇国以及其他波旁王室占领的地区的社会结构,如同德意志的巴伐利亚一样,无法产生推动国家统一的组织力量?一如经济发展差异与"社会资本"差异不足以完全解释意大利北部支持国家统一的原因一样,我们也必须从其他方面,即商业化进程的时间与发展程度,来理解1848年后意大利南部地区民族主义运动弱势的原因。与意大利北部不同,意大利南部土地与劳动力的商业化改革开展较晚且并不彻底,这就分化了农业与制造业集团间的民族主义社会联盟。首先,如果说北方的伦巴第与皮埃蒙特的农业与小型制造业集团都支持形成关键的社会联盟,从而确实建立了这样一个联盟,来动员建立一个"全国性"的统一市场,那么意大利各邦国之间的贸易结构则分化了意大利南部的农业与制造业的社会力量,从而阻止了有效社会联盟的形成。表4.3中所概述的意大利各邦国之间的高额关税,在伦巴第、皮埃蒙特与托斯卡纳高回报的农业与制造业看来是障碍,但在意大利南部大部分地区看来则并不是束缚,而是对其缓慢发展的制造业的保护。例如,朱迪思·查布(Judith Chubb)发现,意大利邦国间的关税保护了巴勒莫与那不勒斯等城市初生的纺织行业。[46]同样,德·罗萨(De Rosa)发现,在那不勒斯,现代冶金业在波旁政权的高关税墙下成长起来。[47]正是因为商业化相较于北方出现得更晚,这些利益集团是波旁政权的捍卫者,并对自由主义者与民族主义者推动意大利各邦国间自由贸易的努力嗤之以鼻。例如,当巴勒莫政府在1848年以大胆革新的自由市场姿态,赋予西西里岛的墨西拿自由港地位时,那不勒斯商会立即做出反应,要求波旁王室废除这种"自由贸易"的特别举措。[48]与更早开展商业化的意大利北部的商会相比,那不勒斯商会从未要求建立更多的自由贸易港,而是发出了威胁,表示除非关闭墨西拿港,否则制造商将解雇他们的雇员。[49]

尽管这些后发展的制造行业与波旁王室的贸易保护主义政策紧密结合,但一些意大利南部与西西里(当地的封建体制分别在1808年与1812年被正式废除)的农业集团,则经常向波旁国王请愿,要求取消关税并开展更自由的贸易。在这些农业游说团队里,德·奥古斯蒂尼斯(De Augustinis)、德拉戈内蒂(Dragonetti)、夏洛亚（Scialoja）与杜里尼（Durini）等自由派领导人脱颖而出，他们既是建立更加自由的"全国性"一体化贸易的有力倡导者，也是波旁政权的批判者。然而这种推动力却造成了制造商与农场主之间的分化，约翰·戴维斯（John Davis）总结了 1848 年后两西西里王国的社会裂隙：制造商普遍支持复辟政权，农场主则普遍支持民族变革。[50]一言以蔽之，意大利南部并未产生铁板一块的民族主义社会联盟。

然而，为什么倾向于自由市场的农业游说集团不足以成为国家统一强有力的推动者？根据扎马尼（Zamagni）的数据，与北方的同行相比，意大利南部的农业生产者的生产力更低，他们对意大利境内的贸易与出口的依赖也更低，这使得他们对国家统一的支持力度也更低。[51]考虑到南方相较北方更低的每公顷产量，一些农业集团显然也从持续征收的关税里获取收益和支持。[52]然而即使是发展更为成熟、更倾向于自由贸易的那不勒斯农业游说团体——例如他们曾在 1840 年呼吁自由贸易——他们的重点也是要同英国开展更自由的国际贸易，而非与其他意大利邦国开展更自由的国内贸易。[53]西西里岛的农业生产者可以为我们提供意大利南部更依赖国际贸易而非意大利境内贸易的实例，在 1815 年后的波旁王室治下，西西里岛的农业生产者已经从谷物生产转向了如酿酒葡萄、蔬菜与水果等"奢侈"作物的培植。[54]在这些农业区，与英国的贸易约为与意大利北部地区贸易的十倍。[55]因而，就像贸易保护主义理论预见的，即使在倾向于自由贸易的农业游说团体里，也鲜有呼吁建立更自由的意大利"国内贸易"的声音。但即使囊括了与其他地区或是国家的贸易，意大利南部各邦国对出口的依赖度总体上也低于北部各邦国。表 4.4 展示了出口对各地区邦国经济的重要程度，数据同时包括了制造业与农产品。

表 4.4　1858 年意大利各邦国的人均出口额（以百万里拉计）

邦　国	人均出口额
皮埃蒙特	59.25
帕尔马-摩德纳	48.89
托斯卡纳	41.58
伦巴第-威尼托	31.43
教皇国	19.69
两西西里王国	15.11

注：笔者基于扎马尼提供的数据进行的计算，参见 Zamagni, *Economic History of Italy*, 14—15。

总的来看,无论是贸易结构还是继承自滞后的商业化进程的低生产力水平,都使得意大利南部劳动密集且效益不佳的农业与制造业集团围绕着各自的利益在国家统一的问题上出现了分歧。实际上,从国家统一后的情况来看,这种担忧不无道理。大部分经济史学家都认为,当国家统一最终在 1860 年降临于意大利南部,波旁政权的高保护性关税为皮埃蒙特遍及全国的关税体系所取代后,意大利南部陷入了长久的欠发达状态。[56]

但是为什么,以及在多大程度上,意大利南部的商业化被耽误了? 首先,是英国人而非拿破仑在 19 世纪的头 15 年统治着西西里岛。就连意大利南部都在 1808 年废除了封建制度,但西西里岛消除封建制的努力却裹足不前。当地的封建制度在 1812 年才首次"在法律意义上"被废除,但由于债务保护被保留到 1824 年,且长子继承制直到 1815 年都被严格遵循,意大利南部的商业化较北方出现得更晚,其意义也大打折扣。[57]而且就算农业改革完成了,它在很大程度上也是无效的。这些问题一方面根植于西西里波旁政权的无能,另一方面则来自社会对改革的抵制。由于西西里岛上缺乏足够的行政官员,那不勒斯王室只能将土地商业化改革的具体实施移交给当地议会,而这些地方议会通常由封建地主组成。此外,在 19 世纪 20 年代,还存在大量的"公用土地",也就是一个人拥有土地,另一个人拥有土地上的树木,第三个人有权砍伐树木,而第四个人则有权放牧。[58]类似地,19 世纪 20 年代初在西西里岛上消灭行会的做法也因缺乏政府监管而失败了,而行会作为隐秘的准犯罪组织完好无损,它们依然严密地控制当地交易并深受旧有的家族网络的影响。由于农业变革微乎其微,西西里的旧家族依然占有大部分财产,而中产阶级很大程度上只能模仿这些反现代化的贵族的做法,也难怪麦克·史密斯认为:"直到 20 世纪,庄园(latifundi)都被叫做'封地',地主都被叫做'领主',而农民都被叫做'恶徒'。"[59]让波旁王室失望的是,期待在这样的情形下出现有竞争力与生产力的农业显然是不现实的。

此外,在意大利南部,尽管商业化的传播要比西西里岛稍微迅速且有效一些,但无论是意大利语的还是英语的历史学文献都明确指出,意大利南方的商业化仍然比北方晚,表现也没那么好。[60]因此,与 19 世纪以前发生于皮埃蒙特、伦巴第与托斯卡纳的广泛而成功的改革相比,至少在 1808 年以前都没有办法在意大利南部找到相对应的改革。即便如此,1808 年后,由约瑟夫·波拿巴在 1808

年至 1815 年间开展的商业化土地改革在执行层面也遭遇了挫折，基本毫无成效，这导致意大利南部社会缺少一个像意大利中北部那样高度发展并自始至终的"商业化贵族"或中产阶级。[61]

上述说法有哪些依据？首先，对覆盖意大利南方大部分地区的摇摇欲坠的庄园与公用土地进行分散的努力尽管取得了些许成功，但仍然面临着社会与政治的挑战。关于商业化改革的政治阻碍，其中一例可以参考由约瑟夫·波拿巴成立但由朱塞佩·祖洛(Giuseppe Zurlo)领导的封建委员会，该委员会负责土地改革的实施。与意大利北部相对应的国家机构相比，意大利南部的封建委员会甚至没有官方的土地登记册来确定意大利南方的地产、产权与财产估算。[62]除了这些基本的组织管理问题，和意大利中北部相比，两西西里王国还面临着两个社会阻碍，也就是教会产权的支配地位与意大利南部封建产权的实际规模。当意大利中部的罗马涅省，教会土地从 1783 年占农地总面积的 42％降为 1812 年的 11％的时候，两西西里王国在农地私有化方面的努力面对的却是这样的情形：18 世纪末，近 70％的土地依然被强大的天主教会占有。[63]不仅如此，主导意大利中北部农业的是规模更小的分成租制体系，比意大利南部规模庞大的大庄园体制更易废除。[64]此外，尽管意大利南方为拆分地主的大型土地产权做出了种种努力，但这一时期的土地普查数据表明，一直到第二次世界大战，这些大型庄园都完好无损。[65]

总之，在较早进行商业化的意大利北部，农业集团与新兴制造业集团之间形成了支持国家统一的社会联盟，而在意大利南部与西西里岛，1815 年以前商业化改革的失败使南方社会在国家统一的问题上产生了分化。尽管到 19 世纪 50 年代，部分农业集团选择暂时与加富尔的自由贸易的纲领结盟，但小型制造业者害怕建立全国性市场，仍然坚持前商业化时期农业结构的地主阶层也是如此。正是在这些保守的社会阶层里，出现了波旁王室的同情者，甚至该政权在 1860 年至 1861 年自我崩溃后，其同情者依然存在。然而，除了这些纯粹的经济因素外，意大利南部经济运行中的商业化还停滞不前，无法创造出关键的视国家统一为进步的"现代化"的社会基础。结果就是，只有在意大利的北部中心，我们才能找到对国家统一的积极、团结且明确的支持。

自上而下的视角：意大利邦国利益的转变

统一意大利的努力不仅仅受意大利北部农业商业化带来的社会转型的启发。如果将社会转型视为国家统一的充分条件，那么托斯卡纳与伦巴第这两个快速实现了商业化的社会的政治领袖就应当积极主动地致力于国家统一。但是，最终只有皮埃蒙特这个在政治上最强大也最"现代化"的邦国，成为1848年后意大利国家统一政治上的主要推动者。这使我们注意到，要想推动国家统一，不仅要有相应的社会变迁，还需要有一系列特定的政治因素。那么究竟是什么政治因素使皮埃蒙特成为推动国家统一的主要政治力量，而非伦巴第、摩德纳、帕尔马，又或是托斯卡纳等邦国？以及为什么两西西里王国成了国家统一最大的地区阻力？

定量层面的证据为我们提供了一些初步线索，也就是在意大利北部完成了商业化的邦国里，只有皮埃蒙特有推动意大利统一的国家能力。反过来，如果我们看向意大利南部两个商业化进展缓慢的地区，那么只有南部最大的邦国（就人口而言）——两西西里王国，才有实力去试图抵抗统一。表4.5基于邦国规模的粗略评估标准，也就是各邦国雇用的公务员数量，对意大利各邦进行了评估，以便初步解释为什么在所有完成了商业化的邦国里，是皮埃蒙特发起了国家统一，而又为什么是两西西里王国抵抗了国家统一。

表4.5　意大利统一前各邦国官僚机构的规模(1859年)

邦　　国	公务员数量
两西西里王国	24 970
伦巴第	11 399
皮埃蒙特	10 950
教皇国	7 565
托斯卡纳	4 517
摩德纳	1 908
帕尔马	1 477

资料来源：Alberto Caracciolo, *Stato e società civile* (Turin: Einaudi Editore, 1960), 119。

就像表 4.5 表明的,1859 年至 1861 年的统一战争就是在意大利三个最大的邦国中的两个之间进行的,一个是皮埃蒙特,它是较早实现商业化的邦国;另一个是两西西里王国,它是较晚进行商业化的邦国。正是在这层意义上,通过引入"政治能力"的概念,我们不仅可以将统一视为"阶级冲突"或是民族主义意识形态的重大胜利,而且还能将其视为国家形成的实例。

然而如果完成了商业化的地区能够产生支持国家统一的社会力量,而政治实力是发起国家统一的必要条件,那么为什么是皮埃蒙特,而不是伦巴第(显然也是个大邦国)来发起国家统一进程? 表 4.5 的数据是否挑战了本章所强调的国家能力的假设? 实际上,对国家能力的讨论必须超越表 4.5 所采用的基于公务员数量来衡量国家能力的方式。如果我们采用一个更广义的"国家能力"概念,即政治能力还包含了改造社会的政治能力,那么我们就会发现,"国家能力"的概念依然关键,因为皮埃蒙特是唯一具有政治实力并较早商业化了的地区,它能通过发起统一来改造意大利其他邦国的政治与社会。[66]

这一主张有哪些证据支持? 首先,与包括伦巴第在内的意大利其他邦国不同,在意大利复兴运动开始时,皮埃蒙特并不是直接或间接地处于外国统治之下的。因此,皮埃蒙特不仅成了为实现民族独立与自治而斗争的民族主义者的政治象征和唯一的效忠对象,而且皮埃蒙特王室推行中央集权制并拥有一支独立军队,有能力来推行国家统一。特别是 1848 年后,皮埃蒙特的行政改革与国家职能的扩张缔造了一个在 1834 年至 1859 年间预算翻番的邦国,它拥有更大规模的公共投资、重组的国家行政机构,以及一支独立的军事力量,并正通过介入 1859 年克里米亚战争,来证明它在欧洲舞台的重要性。相较之下,伦巴第的行政体系虽然很发达,但只是维也纳统治下的庞大奥地利帝国的一部分。在没有自己的中央行政机关的情况下,意大利东北部的威尼托与伦巴第地区只是庞大的帝国体系下的省,当地的治理由奥地利皇帝的弟弟、位于米兰的总督马克西米利安大公负责。尽管税收、教育、会计以及治安和军务的管理由地方官员来负责,但始终是在位于维也纳的大本营的庇佑下进行。[67]由于缺乏自主的中央集权式的国家结构,伦巴第的政治精英要么被奥地利统治者收编,要么根本没有能力谋求国家统一。同样,在托斯卡纳、帕尔马、摩德纳,甚至是教皇国等中北部小邦国,所有试图领导或抵抗意大利统一的努力都因邦国自身在政治上的无能而失败。事实上,这一时期的托斯卡纳军队仅由 12 个步兵营、3 个骑兵中队与一两门火炮组成,当代研究者将其描绘为"没人敢想象他们能有比点缀节日更严肃的职责"。[68]不过在小邦国摩德纳,摩德纳公爵 1830 年曾试图向外扩张其疆域,希望至少能统一意大利北部,但是这个人口不足 50 万、国家预算微不足道的蕞尔小邦的一国之君的努力,自然也毫无意外地失败了。无独有偶,1847 年托斯卡纳与教皇国曾提议建立类似德意志邦联的意大利邦联,这一提议也在皮埃蒙特国王查理·阿尔贝特(Charles Albert)单方面拒绝参加的情况下失败了。可以说,只有当皮埃蒙特决心在 1859 年及之后发起统一时,意大利统一才具有现实可行的机会。

除了具备实现国家统一的手段外,1848 年后的皮埃蒙特王室,也有自身要实现国家统一的动机。首先,不断扩大的财政预算、行政体制现代化与发展现役军队使皮埃蒙特在 19 世纪 50 年代末面临着严重的国家财政危机。要成为欧洲舞台中的强国,皮埃蒙特王室日益受到其有限的公共财政的约束。从表 4.6 中我们可以看到,就像普鲁士在德意志诸邦国里一样,皮埃蒙特也是意大利诸邦国里最大的债务国。

表 4.6　1860 年意大利各邦国的人均公共债务

邦　　　国	人均债务(里拉)
皮埃蒙特	248.8
两西西里王国	76.9
托斯卡纳	73.2
伦巴第	47.3
摩德纳	47.2
帕尔马	29.4
教皇国	11.3

注:基于笔者自己的计算。债务数据来源于 Shepard B. Clough, *The Economic History of Modern Italy* (New York: Columbia University Press, 1964),43。人口数据来源于 Zamagni, *Economic History of Italy*,14。

皮埃蒙特迅速增加的债务从何而来? 因为皮埃蒙特是意大利最强大的邦国,与其他意大利邦国的君主相比,其雄心勃勃的王室的支出增加得异常迅速。[69]此外,表 4.7 表明,为了资助不断扩张的皮埃蒙特军队的开支,皮埃蒙特公共债务的比例也日益增加。不仅军费开支逐年递增，军费在国家预算中所占比例也不断扩大，到1859年，也就是意大利统一前的一年，军费占比为55%。

表4.7　皮埃蒙特公共支出构成（1830—1859年）

	总支出	一般负担	国防	公共债务	公共教育	其他
1830年	70 606	27%	41%	13%	1%	18%
1835年	74 314	25%	43%	15%	1%	16%
1840年	76 705	26%	44%	14%	1%	15%
1845年	80 503	29%	40%	13%	1%	17%
1850年	162 776	40%	25%	16%	1%	18%
1855年	158 549	11%	36%	27%	1%	25%
1859年	262 395	13%	55%	18%	1%	13%
1860年	445 851	10%	62%	15%	1%	12%

资料来源：原始数据取自 G. Felloni, "La Spese Effettive e Il Bilancio degli Stati Sabaudi dal 1825 al 1860", in *Archivio Economico dell' Unificazione Italiana*, ser.1, vol.9(1959):5。

为什么说这场公共财政危机引发了国家统一？因为军费开支与日益增长的债务强化了这一时期主流论点，也就是谢泼德·克拉夫（Sheperd Clough）描述的："国家财富最容易从领土中获得。"[70]从财政部官员的视角来看，获得财政偿还能力的一个方式，显然是通过领土扩张来扩大皮埃蒙特的税基。而依据皮埃蒙特政治发展史学家的说法，到19世纪50年代末，由于与奥地利的战争成本高得令皮埃蒙特不堪重负，这一认识在下议院与财政部中也日益占据主流。

尽管这些考量对于19世纪50年代末在皮埃蒙特最高权力层建立支持国家统一的政治同盟而言非常重要，但是更具决定性的，是作为首相的加富尔本人对于如何维系其中间派联盟对皮埃蒙特议会的控制的关切。正是在这层意义上，皮埃蒙特国王与加富尔在1859年后选择接受国家统一的议程，就像俾斯麦和普鲁士国王在19世纪60年代中期所做的那样，加富尔与皮埃蒙特国王需要对处于变化中的皮埃蒙特社会局势进行策略性回应。本章上一部分提到的商业化改革给他们上的最重要的一课，就是在整个意大利北部，一个处于转型中的现代化社会对意大利复辟政权的政治体制提出了挑战。这些挑战包括要求自由贸易、民主化改革，尤其是实现国家统一。然而，就像俾斯麦在普鲁士一样，加富尔在皮埃蒙特同样受到拒绝变革的保守派与教会势力的制约。为了孤立最保守的贵族，加富尔在 19 世纪 50 年代初在皮埃蒙特议会中建立了由自由派贵族与中产阶级组成的自诩为"中间派"的联盟。在 19 世纪 50 年代中期，正是这一著名"联姻"击败了保守的教会势力。而为了实现自己的现代化目标，加富尔将贵族对王室的效忠与国家统一的自由民主目标相结合。在取得了 19 世纪 60 年代对塔翁·迪·雷韦尔（Thaon di Revel）所领导的保守教士党的选举胜利后，加富尔发现"民族主义"可以作为确保他领导的中间派联盟的支配地位的手段。正是基于这样的国内考量与打破欧洲均势的目标，加富尔 1859 年设想扩张皮埃蒙特，以将意大利的其余部分囊括进来。[71]诚然，就像下一章要继续讨论的，事实上最终导致皮埃蒙特军队被派往意大利南部展开合并进程最直接的推动力并不是那么刻意，而是为了维持对 1860 年秋季所发生的一系列事态的控制，以避免北方激进分子支持西西里革命。但无论如何，在皮埃蒙特财政部内，在维克托·伊曼纽尔二世的宫廷之中，在皮埃蒙特议会大厅内，此时的政治条件使皮埃蒙特人谋求国家统一的时机已经成熟。

但如何理解两西西里王国的抵制呢？以及这样的抵制实际上是以什么样的形式进行的呢？1859 年后，由年轻的弗朗切斯科国王领导的两西西里王国是一个大而无序的国家，它拥有近十万军队，它的官僚规模相当于仅次于它的意大利邦国的两倍，而人口则是其三倍。[72]然而，由于没有动员起来的对国家统一的社会支持，也没有统治西西里的行政能力，由两西西里王国发起意大利国家统一进程的前景，几乎不被看作有价值的反事实历史假设。但是，如果我们想了解抵制国家统一的地区政治的轮廓，那就必须注意到，在 1860 年夏季，那不勒斯王室、他们的军队，以及他们庞大的官僚系统才是国家统一的最大障碍。即使该政权最终在 1860 年秋季崩溃，它的国王最终逃亡巴伐利亚，也依然无法改变以下事实：直到 19 世纪 70 年代末，对皮埃蒙特推行的国家统一的持续抵抗就来自这片此前由波旁王室统治的领土，来自皮埃蒙特所坚称的波旁王室的"效忠者"，他们不断给皮埃蒙特的国家治理带来问题。[73]如果说皮埃蒙特与普鲁士提供了类似的由地方邦国发起国家统一进程的例子，那么两西西里王国，就像德意志的巴伐利亚一样，成了抗衡国家统一主要的敌对势力，而这塑造了意大利民族国家发展中的建国决定时刻。

结论

尽管个人特质与机遇确实在意大利国家统一进程中发挥了作用，但是我们仍可以推断为什么统一在这一时刻发生，以及为什么某些地方邦国发起了国家统一进程，而另一些邦国则没有。首先，尤其在意大利北部，成功的农业商业化制造了一个由开明贵族与中产阶级组成的亲民族主义的社会联盟。但是在意大利北部地区，只有未处于外国直接占领或统治的皮埃蒙特，才有可能发起统一进程。尽管作为意大利的民族英雄，加富尔本人既没有造访过意大利南部，也没有对托斯卡纳以南的意大利地区表现出任何的政治兴趣，但是到 19 世纪 50 年代末，当面对一系列国内与国际政治形势的发展时，"民族主义"解决方案变得越来越有吸引力。当处于奥地利帝国统治下的商业化的伦巴第民族主义者仍然为无力推动国家统一而沮丧的时候，当落后的两西西里王国空有广袤土地，却没有支持推动国家统一的社会根基的时候，事实上，也只有皮埃蒙特，在取得本地忠诚的贵族的支持后，拥有了统一意大利的手段、动机与机会。诚如西德尼·塔罗（Sidney Tarrow）所言，以下两个因素的成功结合使国家统一进程得以开展：谋求建国的民族主义（代表意大利北部新近商业化的中产阶级与贵族阶层）以及邦国主导的民族主义（代表皮埃蒙特王室及其行政机构）。[74] 当这两个条件相结合的时候，就出现了"建国时刻"，而新兴的民族国家将在此刻被设计出来。然而，在南北地区之间、波旁王朝"效忠者"与皮埃蒙特建国者之间的张力持续存在的时候，他们仍将对这个新兴民族国家实际的构建方式施以影响。

【注释】

[1] 意大利统一既可以被认为是 1866 年完成的，标志是奥地利与意大利之间的战争使意大利获得了新的领地威尼斯，也可被认为完成于 1871 年，标志是拿破仑三世政府的垮台，以及意大利完成了对罗马的征服与兼并。

[2] 例如，相关名著可以参见 Lucy Riall, *Sicily and the Unification of Italy：Liberal Policy and Local Power*（Oxford：Clarendon Press, 1998）。而可被称为经典文献的，还有 Benedetto Croce, *Storia d'Italia dal 1871 al 1915*（Bari：G. Laterza, 1928），该书最早的

英文版为 *A History of Italy 1871—1915*, trans. Cecilia M. Ady(Oxford: Clarendon Press, 1929)。

[3] 例如,参见 Denis Mack Smith, *Cavour and Garibaldi: A Study in Political Conflict*(Cambridge: Cambridge University Press, 1954)。

[4] Antonio Gramsci, *Prison Notebooks*, ed. Joseph A. Buttigieg, trans. Joseph A. Buttigieg and Antonio Callari(New York: Columbia University Press, 1992).

[5] 参见 Rosario Romeo, *Il Risorgimento in Sicilia*(Bari: Gius. Laterza, 1950), 232。

[6] 参见 Raffaele Romanelli, "Political Debate, Social History, and the Italian 'Borghesia': Changing Perspectives in Historical Research," *Journal of Modern History* 63 (1991):720。

[7] Denis Mack Smith, *Victor Emanuel, Cavour and the Risorgimento*(London: Oxford University Press, 1971).

[8] Rupert Pichler, *Die Wirtschaft Lombardei als Tei Österreichs*(Berlin: Duncker und Humblot, 1996).

[9] Lucy Riall, "Elite Resistance to State Formation: The Case of Italy," in Mary Fulbrook, ed., *National Histories and European History*(Boulder, Colo.: Westview Press, 1993), 46—68; Lucy Riall, *Sicily and the Unification of Italy: Liberal Policy and Local Power.*

[10] 例如,有关托斯卡纳大公逃离后托斯卡纳的贵族对皮埃蒙特所进行的无力的抵抗的讨论,参见 Thomas Kroll, *Die Revolte des Patriziats: Der Toskanische Adelsliberalismus im Risorgimento*(Tübingen: Max Niemeyer Verlag, 1999)。

[11] 当然,在 1820 年与 1848 年,发生了两场反抗两西西里王国的关键的农民起义。然而,尽管民族主义有时也被作为起义的口号,但按照研究西西里复兴运动的学界泰斗的说法,这些运动"只是鼓动,并没有进一步的行动",参见 Rosario Romeo, *Il Risorgimento in Sicilia*。毕竟,就如里亚尔着重强调的,西西里王国内部央地的紧张局势对意大利的统一起到了决定性作用。

[12] 迄今为止,还没有有关意大利民族主义组织成员的可靠的地区级数据,不过密歇根大学的雷蒙德·格鲁(Raymond Grew)教授向我慷慨提供了尚未发表的以地区划分的意大利民族协会成员的数据(1859—1863 年)。这些数据就经济现代化与支持国家统一之间的关系提出了一些有趣的议题。

[13] 应当指出的是,除了这里提到的两个假设外,还有一个对各邦国意大利民族协会成员数量而言很重要的影响因素,那就是各邦国对意大利民族协会的实际政策:在皮埃蒙特,加入会社没有任何风险;在教皇国,1860 年前的会社成员则可能意味着身陷囹圄,尽管对贵族来说可能相对安全,但警察仍然会试图渗透进集会,以监督可疑的民族主义者;在托斯卡纳,人们也被允许享有较大的政治自由;而在伦巴第-威内托,奥地利当局或许没有那么严厉,但会社成员可能会丢掉工作;在两西西里王国,对成员资格的限制会比伦巴第要严厉,但没有教皇国那么严厉(Raymond Grew, personal correspondence, April 18, 2001, October 31, 2001)。

[14] 参见 Robert Putnam, *Making Democracy Work: Civic Traditions in Modern*

Italy（Princeton：Princeton University Press，1993），137。

[15] 在 1798 年拿破仑入侵以前，意大利的中北部与意大利南部采取的是同样的传统农业模式，尽管其中有些显著且关键的差异。首先，尽管几个世纪以来，封建制在意大利的中北部渐渐被削弱，但意大利南部贵族的税收特权却完好无损。其次，与意大利南部大规模的大庄园制相比，意大利中北部的传统佃农制度被称为"分成租制"（*mezzadria*）。在这种制度下，佃农与地主各享有一半的产品份额，但土地的合法权利与税收则归于业主。在某些地区，地主将提供大部分的财力，但另一些地区则是农民提供，在这两种情况下，地主都需要提供一栋房子与一块可耕作的土地（*podere*）。可以说，整个农民家庭都生活在自给自足的水平之上，他们参与农业活动，尽管没有正式契约，但农民与地主共享一套相对安全的体系，其中地主与佃农的关系往往已经延续了好几代。这种制度的生产力也是很低的，但与意大利南部一样，这种制度的好处就是对许多拥有土地的贵族而言，它具备稳定性。想了解完整的体系运作，参见 Adrian Lyttelton，"Landlords，Peasants，and the Limits of Liberalism，" in John A. Davis，ed.，*Gramsci and Italy's Passive Revolution* (New York：Barnes and Noble，1979)。

[16] 根据一位研究拿破仑对欧洲统治的研究者的说法，两种统治策略——直接或间接统治——取决于法国统治者对被征服社会的熟悉程度。斯图尔特·伍尔夫就写道："对于皮埃蒙特、伦巴第、托斯卡纳或是荷兰，甚至萨伏依、比利时以及莱茵河左岸等领主权利依然存在的地区，法国人认为他们可以'读懂'这些地区的社会，而不会有太大的困难……这或许能说明这些地区的知识传播更广，因而允许建立起直接与持续的统治，而意大利南部、德意志地区与西班牙……更为遥远，且不为人所知，有时候，法国的行政官员报告这些地区的时候就像他们是冒险家一样。他们认定封建制是（这些）地区的主导社会制度……并震惊地认识到，封建制在这里不可能被轻易摧毁。"[Stuart Woolf，*A History of Italy*，*1700—1860* (London：Methuen，1979)，128]

[17] 我的看法迥异于现有的菲利波·萨贝蒂（Filippo Sabetti）对法国统治所带来的后果的研究，他认为，由于意大利北部在 19 世纪以前就已经实现的经济发展，拿破仑时期并没有对意大利北部起到什么影响。不过我认为，19 世纪以后南北农业产出的差异，证明了拿破仑统治效应对意大利北部的影响比南部要大。Filippo Sabetti，*The Search for Good Government：Understanding the Paradox of Italian Democracy* (Montreal：McGill-Queen's University Press，2000)。

[18] 霍布斯鲍姆在《革命的年代》中认为这两项"前提"以及缔造自由流动的劳动力是实现农业商业化的必要步骤，参见 E. J. Hobsbawm，*The Age of Revolution：Europe*，*1789—1848* (London：Weidenfeld and Nicolson，1962)，181。

[19] 参见 Anthony Cardoza，*Aristocrats in Bourgeois Italy：The Piedmontese Nobility*，*1861—1930* (Cambridge：Cambridge University Press，1997)，28—29。

[20] Ibid.，29；E. J. Hobsbawm，*The Age of Revolution：Europe*，*1789—1848*，157.

[21] E. J. Hobsbawm，*The Age of Revolution：Europe*，*1789—1848*，157.虽然博洛尼亚在教皇国，然而教皇国北部省份则从罗马那里获得了很大程度的制度自主权，包括税收的自主权。

[22] Renato Zangheri，*La propieta terriera e le origini del Risorgimento nel Bo-*

lognese (Bologna：Zanichelli，1961)，150.

[23] Anthony Cardoza，*Aristocrats in Bourgeois Italy*：*The Piedmontese Nobility*，*1861—1930*，32.

[24] Ibid.，32.

[25] E. J. Hobsbawm，*The Age of Revolution*：*Europe*，*1789—1848*，147.

[26] 参见 Rosario Romeo，*Risorgimento e capitalismo*(Bari：Laterza，1959)；Alexander Gerschenkron，"Rosario Romeo and the Original Accumulation of Capital," in *Economic Backwardness in Historical Perspective* (Cambridge：Harvard University Press，1962)，96，107—118。

[27] 近些年来,已经有意大利经济史学家提出证据,认为意大利的政治统一是一个"经济错误",它代表了意大利知识分子的一厢情愿,他们错误地将经济发展与国家统一联系起来。例如,参见 Luciano Cafagna，"La questione delle origini del dualism economico italiano," in Luciano Cafagna，ed.，*Dualismo e sviluppo nella storia d'Italia* (Venice：Marilio，1989)，187—217；Giorgio Mori，"Industrie senza industrializzione：La peninsola italiana dalla fine della dominazione francese all'unita nazionale：1815—1861," *Studi Storici* 30(1989)：607。尽管这可能是事实,但这并不意味着被感知到的经济利益对推动建立"全国市场"没有影响,实际上,正如这些证据表明的,尽管可能是"一厢情愿",但整个意大利北部的知识分子和商会确实都认为国家统一或是创建全国市场是通往经济发展的道路。

[28] John Davis，"The South，the Risorgimento，and the Origins of the Southern Problem," in John Davis，ed.，*Gramsci and Italy's Passive Revolution* (New York：Barnes and Noble，1979)，92.

[29] 参见注释[12]的对数据的讨论。

[30] 参见 William Keith Hancock，*Ricasoli and the Risorgimento in Tuscany*(London：Faber and Gwyer，1926)，12。

[31] Lyttelton，Adrian，"Landlords，Peasants，and the Limits of Liberalism," in John Davis，ed.，*Gramsci and Italy's Passive Revolution*，111.

[32] William Keith Hancock，*Ricasoli and the Risorgimento in Tuscany*，15—16.

[33] John Bowring，*Report on the Statistics of Tuscany，Lucca，the Pontifical，and the Lombardo-Venetian States，with a Special Reference to Their Commercial Relations*，Presented to Both Houses of Parliament by Command of Her Majesty(London：Clowes and Sons，1837)，20.

[34] John Bowring，*Report on the Statistics of Tuscany，Lucca，the Pontifical，and the Lombardo-Venetian States，with a Special Reference to Their Commercial Relations*，Presented to Both Houses of Parliament by Command of Her Majesty，18—19.

[35] Denis Mack Smith，*Cavour*(London：Weidenfeld and Nicolson，1985)，8.

[36] Anthony Cardoza，*Aristocrats in Bourgeois Italy*：*The Piedmontese Nobility*，*1861—1930*，50.

[37] 加富尔对于国家统一的态度已经被广泛讨论了。有些学者认为,即使是在 1859

年至 1860 年,国家统一也并不是加富尔政治议程中最关键的一项。不过,加富尔确实和许多皮埃蒙特人一样,日渐体会到由皮埃蒙特来主导国家统一的好处。参见 Denis Mack Smith, *Victor Emanuel*, *Cavour and the Risorgimento* (London: Oxford University Press, 1971)。

[38] 关于皮埃蒙特内部贵族在亲国家统一与反国家统一的组成方面的讨论,参见 Anthony Cardoza, *Aristocrats in Bourgeois Italy*: *The Piedmontese Nobility*, *1861—1930*, 56—64。

[39] Kent Greenfield, *Economics and Liberalism in the Risorgimento*: *A Study of Nationalism in Lombardy*, *1814—1848* (Baltimore: Johns Hopkins Press), 53.

[40] Ibid., 58.

[41] Ibid., 125—126.

[42]《世界统计年鉴》的编辑在 1834 年写到德意志关税联盟时说:"这对意大利来说是个好兆头。"参见 Annali 1833, Bulletino, 46,引自 Kent Greenfield, *Economics and Liberalism in the Risorgimento*: *A Study of Nationalism in Lombardy*, *1814—1848*, 209。格林菲尔德写道:"到了 1841 年,有关意大利商业联盟的讨论迄今已经走得很远,远到足以使意大利人民直面奥地利在其领土上的存在给他们愿景的实现所带来的不容忽视的困难。"(Kent Greenfield, *Economics and Liberalism in the Risorgimento*: *A Study of Nationalism in Lombardy*, *1814—1848*, 209)

[43] 转引自 Kent Greenfield, *Economics and Liberalism in the Risorgimento*: *A Study of Nationalism in Lombardy*, *1814—1848*, 209.

[44] 早在 1814 年的一份经典的报告里,米兰商会就抱怨说,由于波河的海关政策,伦巴第地区的交通受到了极大的限制。等到 19 世纪 20 年代初期,米兰商会对于意大利其他邦国开展自由贸易的信念日益增强,他们针对奥地利政府对某些产品的禁令发布了几份重量级的报告。而到了 1832 年,商会呼吁减少或完全取消过境税。对相关报告的引用,参见格林菲尔德引用的报告,Kent Greenfield, *Economics and Liberalism in the Risorgimento*: *A Study of Nationalism in Lombardy*, *1814—1848*, 57, 64。

[45] Raffaele Romanelli, "Political Debate, Social History, and the Italian 'Borghesia': Changing Perspectives in Historical Research," *Journal of Modern History* 63 (1991):720; Adrian Lyttelton, "A New Past for the Mezzogiorno?" *Times Literary Supplement*, October 4, 1991.

[46] Judith Chubb, *Patronage*, *Power*, *and Poverty in Southern Italy*: *A Tale of Two Cities* (Cambridge: Cambridge University Press, 1982), 16.

[47] Luigi de Rosa, *Iniziative e capitale straniero nell'industria metalmeccanica del mezzogiorno*, *1840—1904* (Naples: Giannini, 1968).

[48] John Davis, "The South, the Risorgimento, and the Origins of the Southern Problem," in John Davis, ed., *Gramsci and Italy's Passive Revolution*, 96.

[49] Ibid.

[50] John Davis, "The South, the Risorgimento, and the Origins of the Southern Problem," in John Davis, ed., *Gramsci and Italy's Passive Revolution*.

[51] Vera Zamagni, *The Economic History of Italy*, *1860—1990* (Oxford: Claren-

don Press，1993），14.

[52] 在扎马尼对农业活动与生产水平的细致分析里（ibid.，56），她指出，"总体而言"，意大利南部的生产力水平低于其他地区，尽管部分地区，如坎帕尼亚和马尔凯地区每公顷产量高于全国平均水平。

[53] John Davis，"The South，the Risorgimento，and the Origins of the Southern Problem，" in John Davis，ed.，*Gramsci and Italy's Passive Revolution*，94.

[54] Jane Schneider and Peter Schneider，*Culture and Political Economy in Western Sicily*（New York：Academic Press，1976），114.

[55] Denis Mack Smith，*A History of Sicily after 1713*（London：Chatto and Windus，1968），410.

[56] Judith Chubb，*Patronage，Power，and Poverty in Southern Italy：A Tale of Two Cities*，14.

[57] Denis Mack Smith，*A History of Sicily after 1713*.

[58] Ibid.

[59] Ibid.，345.

[60] Franca Assante，"Le trasformazioni del paesaggio agrario，" in Angelo Massafra，ed.，*Il mezzogiorno preunitario：Economica，societa，e istituzioni*（Bari：Dedalo，1988），29—53；John Davis，"The South，the Risorgimento，and the Origins of the Southern Problem，" in John Davis，ed.，*Gramsci and Italy's Passive Revolution*.

[61] 有关拿破仑和约瑟夫·波拿巴之间的分歧以及执行层面的问题的事例,可以参考他们之间的通信,参见 John Santore，*Modern Naples：A Documentary History*（New York：Italica Press，2001）。

[62] John Davis，"The South，the Risorgimento，and the Origins of the Southern Problem，" in John Davis，ed.，*Gramsci and Italy's Passive Revolution*，73.

[63] E. J. Hobsbawm，*The Age of Revolution：Europe，1789—1848*，157.

[64] John Davis，"The South，the Risorgimento，and the Origins of the Southern Problem，" in John Davis，ed.，*Gramsci and Italy's Passive Revolution*，74—75.

[65] Ibid.

[66] 这个关于国家能力的定义,与乔尔·米格代尔提出的概念相似,参见 Joel Migdal，*Strong Societies and Weak States：State-Society Relations and State Capabilities in the Third World*（Princeton：Princeton University Press，1988）。

[67] 参见 Robert Fried，*The Italian Prefects：A Study in Administrative Politics*（New Haven：Yale University Press，1963），52—54。

[68] G. Capponi，*Scritti editi ed inediti*（Firenze，1877），引自 William Keith Hancock，*Ricasoli and the Risorgimento in Tuscany*，33。

[69] 意大利统一前各邦国公共财政数据,参见 *Archivio Economico dell'Unificazione Italiana*（various issues）。

[70] Shepard B. Clough，*The Economic History of Modern Italy*（New York：Columbia University Press，1964），40.

〔71〕对这一时期加富尔本人动机的详细叙述,参见 Rosario Romeo, *Cavour e il suo tempo*(Bari: Laterza, 1984)。

〔72〕关于那不勒斯军队规模,参见 *Robert Binkley, Realism and Nationalism, 1852—1871*(New York: Harper and Row, 1935), 202;关于官僚规模,参见本章表 4.5;关于人口数据,参见 Vera Zamagni, *The Economic History of Italy, 1860—1990*, 14。

〔73〕参见 Lucy Riall, *Sicily and the Unification of Italy: Liberal Policy and Local Power*。

〔74〕Sidney Tarrow, "National Integration, National Disintegration, and Contention: A Paired Comparison of Unlike Cases," in Doug McAdam, Sidney Tarrow and Charles Tilly, eds., *Dynamics of Contention*(Cambridge: Cambridge University Press, 2001).

第五章 从强地域忠诚到单一制国家:以征服实现统一的意大利

> 毫无疑问,(南北)融合将使西西里沦为意大利的爱尔兰,二者的融合非但不会使我们的民族更为紧密与安稳,反而会使其成为让敌人从中得利的切实且长久的痛处。
>
> ——弗兰切斯科·费拉拉,1860 年[1]

正如前三章阐明的,19 世纪 60 年代的意大利与德意志,支持或是反对国家统一的固有的地区势力极为相似。此外,在统一前,皮埃蒙特的主要领导层对采用联邦制来解决意大利地区多样性问题的意识形态信念,使得联邦制成为新的意大利的可行的制度选择。以及最后,由于军事力量与意大利其他地区比较而言相对薄弱,皮埃蒙特当局一直到 19 世纪 70 年代都面临着来自其他地区,尤其是来自意大利南方省份缺乏组织但十分顽固的抵抗。

依照大多数联邦制理论,这些文化、意识形态与权力结构方面的先决条件,应该能够推导出如威廉·赖克所言的意大利地方邦国间对于建立联邦制国家的"讨价还价"。[2]然而,尽管存在这些前置条件,到了 1859 年,局势却朝着中央集权制的方向转变。从 1859 年到 1865 年,皮埃蒙特领导者采用了高度中央集权化的政治体系,即(1)前独立邦国在新的全国政府中缺乏以地域为基础的正式代表,(2)前独立邦国不再拥有公共财政的自由裁量权(即没有征税权与财政支出的自主权),以及(3)前独立邦国失去了所有的行政自主权。无论是卡洛·卡塔内奥与弗朗切斯科·费拉拉等意大利联邦主义知识分子的愿景,还是马尔科·明盖蒂(Marco Minghetti)与路易吉·法里尼(Luigi Farini)等皮埃蒙特内政部官员的地方分权方案,都无法阻止意大利各地区作为过去的正式政治单位被从政治版图上抹去的结局。

论点:以征服实现统一及其制度遗产

为了解释这个创建联邦制的"失败"案例,除了通常被用来解释联邦制产生的三个因素,本章认为还存在阻碍联邦制成功创设的第四个"动因"。这也是本章的主要论点:皮埃蒙特建国者面临的核心问题是他们兼并的意大利其他地区缺失基础性能力。由于意大利经历了几个世纪的外国统治,以及意大利民族国家建立前的独立地方邦国缺乏完整的政治现代化经验,皮埃蒙特官员面对的不仅是各地抵抗的问题,还有各地制度建设薄弱的问题。而第二个问题在两西西里王国,这个在 1859 年坐拥 36% 的意大利领土与 37% 的意大利人口的邦国里,尤为突出。然而,这并不是说两西西里王国是皮埃蒙特兼并的地区里唯一缺乏现代化管理能力的极端案例,从 1859 至 1860 年,皮埃蒙特继承的其他五个邦国(托斯卡纳、教皇国、摩德纳、帕尔马与伦巴第-威尼托)都在不同程度上因为历史问题而千疮百孔,这些问题包括:1815 年后政权的不完全理性化(即没有宪法),没有议会制度,以及行政体制不同程度上欠发达。[3] 现有证据表明,由于意大利统一前这些不彻底、不完善的国家建构,皮埃蒙特接管的各个邦国仅拥有十分有限的制度性能力,以至于无法完成现代治理的基本工作:(1)维持公共社会秩序;(2)有效征税;(3)征募民力;(4)贯彻政策目标。[4]

然而,这些预先存在的地区制度条件——低下的政治发展与低下的基础性能力,又是如何最终将意大利转化为单一制国家的? 在这里,我们必须关注皮埃蒙特当局以及 1859 年之后在皮埃蒙特之外的意大利各邦国过渡时期的领导人发挥的关键作用,因为上述二者都试图在整个意大利半岛基础性能力水平分布极不均衡的情况下,协调意大利七个邦国的统一。皮埃蒙特领导层的中右翼联盟接管了他们认为基本无效的地区政治机构与行动者,因为后者在意大利的国家统一进程里不能作为君主间谈判的可靠伙伴。因此，尽管就意识形态理念而言，中右翼联盟倾向于地方分权的"自由主义"意识形态，然而皮埃蒙特当局在1859 年至 1865 年国家统一期间采用的却是中央集权的政权模式，而且这一过程往往是暴力的。[5] 此外，各邦国缺乏制度资源来管理地方问题，以及由此出现的在意大利复兴运动期间的革命氛围，导致在皮埃蒙特以外的各地区（诸如艾米利亚、罗马涅与托斯卡纳）的过渡时期领导者只能匆忙采用皮埃蒙特的法律，并在1859 年迅速推动这些地区被皮埃蒙特合并，以免受教皇国或是奥地利的政治干预，而这些干预极有可能填补复辟时期结束后，这些弱小的邦国所留下的权力真空。与普鲁士的国家统一方案一样，皮埃蒙特同样担心外国的干涉，但与普鲁士不同，皮埃蒙特统一的邦国既没有地方政府，也没有时间来组建政府。因此对皮埃蒙特而言，实现国家统一最简单也最快捷的途径就是采取中央集权的策略，我称之为"以征服实现统一"。皮埃蒙特领导层回应来自皮埃蒙特内外的压力，迅速完成了统一，却在不知不觉中亲手破坏了这些潜在的次国家地区政府的基础性能力，摧毁了那些本可能在统一后的联邦制意大利作为自治的次国家地区政府的政治体。因而，正是建成民族国家的征服统一的路径本身，注定了后来在 19世纪 60 年代、70 年代与 80 年代在意大利建立联邦政体的失败结局。[6]

　　本章将通过展示两类证据来佐证我的论点。首先，我会展示制度层面的原始数据，这些数据显示，与普鲁士在 1866 年与 1871 年国家统一后吸纳的邦国相比，皮埃蒙特在 1859 年至 1861 年吸纳的邦国几乎都深受基础性能力低下的困扰。其次，本章将重点关注皮埃蒙特的建国精英与皮埃蒙特以外地区的过渡时期领导人如何诠释与应对皮埃蒙特与意大利其他地区在制度发展水平上的差距。这里，我将着重讨论 1859 年至 1865 年间，皮埃蒙特与其他邦国领导者在完成建立民族国家三项任务时的看法与行动，这三项任务为结束统一战争、打造政治联合和为新的政治体建章立制。本章认为，国家统一的这三项任务在任何民族国家的新的政治体制形成过程里普遍存在，尽管它们具体的形式取决于不同的国家经验。在意大利的案例里，正是由于皮埃蒙特以外的其他邦国脆弱的制度，以及随之而来的皮埃蒙特对每一项国家统一任务的中央集权式应对，因此国家统一后的意大利地区政府被进一步削弱。尽管我所确定的统一的三个阶段或统一的"任务"并不总是出于政治行为者本人的事先谋划，但是皮埃蒙特式的国家统一，即"以征服实现统一"的模式，对其国家统一后出现的最终制度结果产生了重要影响。在意大利国家统一的三个阶段中的每一个阶段，皮埃蒙特当局都面临意大利各地邦国制度性无能带来的感知层面的和切实存在的问题。结果就是，在意大利统一的每个阶段，皮埃蒙特当局都受到了中央集权制的怂恿，转而采用明确的"单一制"而非"联邦制"的方案来应对国家统一进程里的挑战。

在这个意义上，正如我将要分析的，皮埃蒙特当局在民族国家形成中对每一项任务的应对，都包含了那些强调"路径依赖"效应的学者所说的"自我强化"与"正反馈"的动因。在这一理论中，一系列事件有了自己的因果权重，它们是特定方向里的初始动力，鼓励事件沿着同一路径继续行进。[7]在意大利统一的社会语境里，在体制构建最初的六年内（1859—1865 年），对三项国家统一任务中的每一项所做出的中央集权式回应，都增加了皮埃蒙特当局最终采用单一制政治结构的可能性。一言以蔽之，与赖克提出的经典论点预期的不同，并不是皮埃蒙特的军事实力引发了意大利单一制体系的建立。恰恰相反，一定意义上，这是皮埃蒙特自食苦果，它无法将权力下放给脆弱的意大利的地区政府，最终迫使皮埃蒙特领导层不得不在意大利推行单一制政体。

意大利各地区基础性能力缺失的遗产：意大利统一前的地方邦国概述

尽管经常有人认为，拿破仑在他对亚平宁半岛短暂的统治里彻底地实现了意大利政治体制的现代化，但其实这一项政治现代化工程开展得既不均衡，也不彻底。随着 1815 年七个独立的复辟政权的回归，意大利各邦国的政治发展从三个层面来看陷入了停滞：第一，一切既有议会体制都被取消了；第二，君主再一次依据君权神授实行不受宪法约束的绝对主义统治；第三，尽管行政机构就形式而言实现了部门分化与现代化，但再一次非正式地屈服于不受约束的君主个人的随心所欲。[8]意大利各地政权政治发展的不完全，又或是 1815 年后的意大利倒退回 1800 年以前的状态的成因，本就是一个涵盖范围广泛的研究主题。[9]但就我们的研究目的而言，真正关键的是皮埃蒙特在 1860 年继承的邦国，远不如普鲁士在 1866 年与 1870 年所继承的德意志地方邦国那样在政治方面发展良好,后者当时拥有发展良好的宪政、议会体制与发展良好的行政体制。可以说,意大利这些复辟的绝对主义王国并不彻底的政治发展产生了非常直接的后果:意大利各邦国的制度性能力匮乏,无法完成如税收、征兵、维持内政秩序、推行社会与经济改革的政治工程等最基本的现代治理工作。[10]

正如近来有关意大利复辟时期的研究告诉我们的,在不同的时期,七个邦国之间存在着巨大差异。[11]例如,1815 年后是最为反动的时期,皮埃蒙特国王维克托·伊曼纽尔一世暂时抛弃了一切拿破仑时期的议会、宪法与行政改革,摩德纳公爵弗朗西斯科四世(Duke Francesco IV)、1823 年后教皇国的教皇利奥十二世(Pope Leone XII)也是如此。但与此同时,托斯卡纳大公、那不勒斯的美第奇①与伦巴第-威尼托地区的奥地利当局则采用了相对温和的政策。在上述地区,也包括最终在教皇国与皮埃蒙特,政治领袖采用了协商式君主制的政治结构,其中地方议会发挥着准代议制的功能,目的在于阻止民众对议会的诉求。[12]同样,尽管没有批准成立议会,但两西西里王国的首相美第奇认为行政集权,或所谓的行政"现代化",是维持其王国对边远地区的绝对控制的有效途径。

但尽管如此,除了一些渐进式改革的尝试,包含皮埃蒙特在内的整个意大利在 1848 年以前就废除了议会,宪法也不复存在,而行政体制虽然存在,却很难独立自主。直至 1848 年,除了皮埃蒙特与两西西里王国,意大利其他邦国都没有出现任何实现行政现代化的标志,也就是官僚组织形式上的分化。所有的政府职能依然汇聚于各邦国君主的国务委员会(*consiglio di stato*)之下。[13]因此,尽管建立了中央集权,但这些行政机构仅被视为神授君权控制其领土的手段,且频繁遭受君主的人事清洗,显然无法从君主的个人意志中独立出来。[14]

尽管 1848 年以前的差异也非常关键,但对塑造 1860 年后的意大利发展而言,更重要的还是 1848 年之后意大利各邦国的宪法、议会与行政体制。表 5.1 列出了每个意大利邦国在我提出的政治发展的三项维度里的表现,也展示了各邦国在 1850 年至 1859 年间的政治发展的汇总得分。

---

① 此处指的是两西西里王国政治家路易吉·德·美第奇(Luigi de'Medici),他曾出任两西西里王国的首相与两西西里王国驻维也纳会议的代表。——译者注

表 5.1　意大利各邦国的制度发展(1852—1859 年)

	皮埃蒙特	两西西里王国	摩德纳	帕尔马	托斯卡纳	伦巴第	教皇国
1. 政权理性化(即有效的宪法)	2	0	0	0	0	0	0
2. 议会制传统(即有权干预预算的议会)	2	0	0	0	0	0	0
3. 行政发展(即官僚组织的功能分化与集权化)	2	1	1	2	2	2	1
4. 政治发展汇总得分	6	1	1	2	2	2	1

注:此处将案例进行了定序编码,0＝不存在,1＝存在但羸弱,2＝存在且有效。尽管对各邦国的宪法与议会存在与否进行编码比较容易,但要对行政机构的发展水平进行编码并不简单。如本书逐渐清晰地展示出来的,我主要关注税收管理机构的集权化与专业化,这也被普遍认为是行政发展的关键指标。

诚然,1848 年撼动欧洲的革命最终使除了伦巴第-威尼托外的所有意大利邦国都拥有了自己的宪法与议会,并通常是以 1830 年法国的七月王朝宪法为蓝本。然而,如表 5.1 所示,到 1852 年,除皮埃蒙特外,其余所有邦国的宪法与议会都被废除与中止,绝对主义统治被恢复,皮埃蒙特则成为全意大利唯一议会与宪法仍正常运转的邦国,而这一情形将延续至 1860 年意大利统一。除此以外,研究复辟时期的学者认为,正是议会与宪政体制的薄弱阻碍了 1848 年后的意大利国家发展的第三个维度,也就是国家行政体制的发展。

但是,表 5.1 表明,与统一前意大利各邦国在议会与宪法方面的政治发展记录相比,在行政机构的发展方面,可以说没有任何一个意大利的复辟政权是薄弱的。事实上,1848 年以后,所有的意大利地方邦国政府,包括实行绝对主义统治的波旁政权,都曾试图重新确立拿破仑在 19 世纪初强加给意大利的"现代化"的行政区划体制的核心要素。首先,1848 年后,所有的复辟邦国政府都增加了政府部门的数量,建立了功能分化的行政机构,将国家职能细分至不同的部门。就拿 1814 年后的皮埃蒙特来说,皮埃蒙特将政府部门分为外交事务部、财政部、内政部与作战与海军部。[15]类似地,1848 年之后,所有的复辟邦国政府部门都是由具有一定官僚自主性的官员进行运作的。此外,在 19 世纪 30 年代与 40 年代,受当时欧洲大环境趋势的影响,意大利所有的邦国都建立了官方的国家统计局来收集领土内的经济、人口与社会统计数据。这一发展既反映了国家治理能力，也增强了国家治理能力。[16]最后，所有邦国行政都被组织进中央集权化的总督或省长体制，在这一体制下，邦国君主可直接对其领土的边远地区进行统治。[17]

然而，就算有这些相对"现代化"的行政体制发展，即使是在1848年以后，与德意志的对照邦国相比，意大利各邦国行政机构的集中化与专业化程度还是差得很远。其中一个关键且有启发性的比较领域是税政，这可以说是现代国家结构里起决定作用的领域。[18]首先，从行政管理的集权程度来看，尽管到1860年意大利半岛上有七个邦国，却有九个不同的征税区。无论是两西西里王国，还是教皇国的决策层，竟然都无法垄断其全境的所有公共收入，而在两西西里王国，竟然还有一个完全独立的税务机关负责制定与征收西西里岛的税收。无独有偶，在教皇国北部的艾米利亚、马尔凯与翁布里亚，同样存在一个由完全不同的法律与规章指导的税务机关来监督当地的税收管理。[19]19世纪60年代初，皮埃蒙特官员对这种政令不一的景象（尤其是在关键的税收领域）感到忧虑，他们时常向加富尔汇报皮埃蒙特以外的意大利邦国赢弱且破碎的税收治理下的"可悲"景象。[20]

其次，从行政管理的专业化程度来看（此处我们还是以税务机关为例），就组织的复杂性而言，意大利各邦国之间（以及德意志各邦国之间）的税务机关也各有不同。尽管1848年后，意大利各邦国最终都拥有了独立的税务机关，但它们在职员数量与部门数量上都有所不同。专业化程度最高的税务机关在皮埃蒙特，它在1859年就拥有21个独立的部门与7 000多名职员，而专业化程度最低的税务机关则在公认的要小得多的摩德纳公国，只有10个部门与1 000名职员。[21]简单来说，如果我们将政治现代化视为议会制度、宪政与行政机关集中化和专业化的发展，那么意大利邦国就有两个重要特征：(1)除皮埃蒙特外，所有的意大利邦国的政治发展水平都很低；(2)在皮埃蒙特与其余邦国间存在巨大的发展差距。

那么这些政治结构对意大利各邦国政府开展基本工作的能力，如税收、征兵、推行社会与政策改革，以及维持国内安定有什么影响？研究邦国的学者很早之前就已认同，以我所概述的条件表述的政治发展，与邦国结构的"基础性能力"之间有因果关联。[22]因此，难怪当前有据可考的论述和有限的数据都表明了，从绝对值来看,意大利各邦国除皮埃蒙特外,与同期的德意志各邦国相比,其基础性能力相当薄弱。另一点,或许也是对本研究而言更重要的一点,就是皮埃蒙特与它所接管的各邦国之间基础性能力的相对差距,要远远大于若干年后普鲁士与它吸纳的邦国之间的差距。在表 5.2 中,基于一个原始数据集,我们可以看到意大利各邦国的概况,该数据集采用了三个衡量标准,反映了国家实力的三个特定维度:汲取能力、强制能力与规制能力。[23]

表 5.2　意大利各邦国的基础性能力(1850—1860 年)

	汲取能力 (人均财政收入, 以里拉为单位)	强制能力 (征兵率:士兵占 男性总人口比重)	规制能力 (适龄儿童小学 入学率)
皮埃蒙特	32.2	2.3%	93%
两西西里王国	14.2	2.0%	18%
教皇国	14.7	0.7%	25%—35%
托斯卡纳	19.2	2.0%	32%
摩德纳	17.9	1.6%	36%
帕尔马	22	1.2%	36%
伦巴第-威尼托	—	—	90%
皮埃蒙特与其余邦国均值的比重	1.83∶1	1.53∶1	2.3∶1

资料来源:公共财政数据,参见 Izzo, *La finanza pubblica*, 123;士兵与人口数据,参见 Singer and Small, *National Materials Capabilities Data*;入学率数据,参见 Zamagni, *Economic History of Italy*, 14—15。

通过"人均财政收入",我们得以评估意大利每个邦国从其治下人口中汲取收入的能力。[24]而通过"士兵占男性总人口比重",我们得以评估各邦国的募兵能力或强制能力。[25]最后,通过"适龄儿童小学入学率",我们能够评估意大利各邦国通过教育渗透与改造其社会的能力,这也是 19 世纪欧洲国家领导者进行社会改造的关键领域之一。[26]合起来看,就是表 5.2 展示的,这些指标使我们得以比较意大利统一前的十年各邦国基础性能力的差距。它们揭示了意大利其余邦国与皮埃蒙特之间的巨大鸿沟,皮埃蒙特的国家实力是其余五个邦国均值的两倍,而正如我们在下一章所表明的,这个差距要远大于德意志各邦国之间的差距。[27]

　　首先，就汲取能力来看，表 5.2 显示，意大利统一前，皮埃蒙特的人均财政收入最高，而两西西里王国则最低。当皮埃蒙特的公共财政部门拥有同期仅略逊于其他欧洲民族国家的财政汲取能力时，教皇国、两西西里王国与其他邦国则被远远地甩在了后边。[28]很大程度上，各邦国在汲取能力上的差异也反映了这样一个事实，即不同的国家结构产生了不同的税负与税收结构。[29]这些数据同样证实了二手文献里经常讨论的在意大利南部存在的抗税运动与农民叛乱问题。[30]

　　其次，1859 年（国家统一的前一年），意大利所有邦国的征兵率均值为士兵占男性总人口的 1.6％，这也反映了组建一支靠得住的军队十分困难，特别是在两西西里王国或是教皇国。这里的数据再次表明，意大利的基础性能力要远低于德意志（下一章会展示，德意志全境平均征兵率超过 2.5％）。二手文献也证实，每逢如 1848 年或是 1860 年那样的政治危机或民众起义，教皇国与两西西里王国都会呼吁"国际"势力——通常是奥地利——来支持它们的政权。可以说，寻求外国军队干预体现了意大利诸邦国骨子里的制度性无能，也就是无力履行国家维持政治稳定的基本职能，与此同时，借助外来势力来取代有效的国内军队以对付自己的人民，进一步削弱了意大利诸邦国自己的国家实力。

　　最后，在政策执行与规制社会生活的能力方面（这也是关于意大利复辟时期研究里刚刚起步的领域），意大利各邦国，尤其是意大利南部，同样表现出了相对的弱势。如研究欧洲国家建构的学者长期以来指出的那样，1815 年后国家对公共卫生、公共教育与社会福利等新领域不同以往的渗透，日益彰显了国家的存在，也体现了政治精英对管理其疆域中的社会生活的意愿与能力的不断增强。詹姆斯·希恩（James Sheehan）以德国的社会环境来论证，对于 19 世纪的国家精英而言，在这些社会工程里，没有什么使命比教育其治下的公民更重要。[31]表5.2 的小学入学率数据反映出，这种规范社会生活的能力在皮埃蒙特与伦巴第-威尼托的发展程度最高（入学率分别为 93％和 90％），而在其余邦国，例如教皇国与两西西里王国，适龄儿童受教育率不足三成。这些数据不仅反映了经济发展的不同水平，更是直观地反映了意大利的制度发展：当皮埃蒙特、伦巴第与托斯卡纳在 19 世纪 50 年代都设立了公共教育部时，摩德纳、教皇国与帕尔马却没有这样的部门。[32]有趣的是，尽管西西西里王国设有公共教育部，但其公立学校教师数占总人口比重却低于所有其他的意大利邦国。[33]更重要的是，当时那不勒斯的人们普遍认为——让我们以一位教育史学家的论述为例——"（两西西里王国的）基础教育体系不需要改革，它需要先被创建"。[34]我们也一再看到，意大利诸邦国在履行现代政府的基本职能的能力上既有实际上的差距，也有感知上的差距。总之，意大利地方邦国受制于并不均衡的国家建构历程，这些历程使邦国的政府与官僚（尤其是在意大利南部）在征税、征兵、维稳与管制经济与社会政策等基本政务上表现出了极为低下的制度性能力。尽管在19世纪50年代，波旁王室曾努力为那不勒斯政权提供更为稳固的政治基础，但制度性无能和皮埃蒙特官员在1859—1860年向皮埃蒙特报告时对意大利其他邦国制度性无能的看法，共同使得皮埃蒙特决策层里出现了转向"中央集权制"的诱惑。

正是在这个意义上，由于那些被合并的意大利邦国基础性能力的缺失，完成统一国家的三项任务——终结统一战争、打造政治联合并为新的民族国家制定新架构，最终使意大利在1859年至1860年决定性地走上了中央集权的道路。本章接下来的三个部分将说明，皮埃蒙特在应对民族国家形成的三项任务中的每一项时，是如何由那些被兼并的意大利邦国持续存在的基础性能力缺失所左右的，这种情形产生了建立中央集权体制的动力，使原本得以促成联邦制政体的政治行动者、政治规范与正式制度的要素都不复存在。可以说，建立中央集权制的诱惑对于皮埃蒙特当局而言实在太大了，以至于皮埃蒙特难以拒绝这一选项。

形成民族国家的第一步：终结统一战争

近来的学术研究启发我们，战争结束的方式会产生关键的制度后果。[35]这一部分的核心论点是，终结国家统一战争的方式，会使关键的政治行动者被制度化或被淘汰，从而对新的民族国家最终如何在地理上分配权力产生重要影响。如果在统一战争中，发起统一的政治核心对周边区域进行无条件的军事征服，那么地方政权就有可能被抹除并建成单一制的政治结构。反之，如果政治核心在征服周边区域时采用强制与外交协商相结合的方式，那就更有可能使原先的地区政治体被制度化，并随之建成联邦制。尽管皮埃蒙特的精英可能并没有主动意识到这点,但正是基于这个原因,他们做出了国家统一进程中第一个关键决策,那就是将要如何终结 1859 年至 1860 年的统一战争,而这也是他们与普鲁士精英的分歧的开端,后者将在六年之后面临几乎一样的问题。

对皮埃蒙特而言,如同普鲁士在 1866 年面对奥地利与德意志南部时一样,他们面前摆了两种选择:(1)无条件的军事征服,即胜利者将不与战败者议定任何的议和条件,一切现有的地方精英与组织都将在未来的整个民族国家中不复存在;(2)协商征服,即胜利者与战败者通过协商确定臣服条件,现有的政治精英与组织都将得到保留。1859 年的皮埃蒙特,看似会采用普鲁士在 1866 年的建国策略,即兼并北部与中部的一些邦国,而保留南部各邦国的独立完整。尽管加富尔在意识形态上倾向于与将构成意大利的各组成邦国进行协商谈判,并且当时的国际环境也出现了要求皮埃蒙特与南方达成和议的压力,但是在亚平宁半岛独特的制度景象下触发的关键事件改变了这些。因而,到了 1860 年,皮埃蒙特的主政者受到在半岛推行中央集权制的诱惑。如第六章所述,普鲁士在兼并德意志北部与中部的部分邦国时,还是为德意志南部各邦国留有余地,而皮埃蒙特却对意大利南北两边都进行了全面兼并,首先在 1859 年至 1860 年兼并了意大利的北部与中部各邦国,接着在 1860 年夏秋兼并了意大利南部。加富尔与俾斯麦不谋而合,追求的也是实现国家统一最迅捷、最容易的路径。但与普鲁士首相不同的则是,加富尔的统一对象是一片全然不具有德意志邦国那样的基础性能力的邦国,这使加富尔采用了无条件征服的策略以终结战争,并在无意中踏出了意大利通往单一制国家的第一步。

确实,在 1859 年统一战争开始前,加富尔伯爵和国王维克托·伊曼纽尔二世本身的领土目标是温和的,这不仅是因为在 19 世纪 50 年代,加富尔领导下的皮埃蒙特的军费开支远低于波旁王室治下的两西西里王国,且加富尔的军队规模也比波旁王室要小。[36]因而早在 1858 年 5 月,加富尔就向他自己的君主以及向拿破仑三世保证,征服两西西里王国远远超出了皮埃蒙特的抱负。[37]加富尔在 1858 年 7 月 23 日于法国的普隆比耶尔莱班(Plombieres)温泉与拿破仑三世秘密会谈,寻求法国对其统一计划的支持,会后,加富尔在呈交皮埃蒙特国王的备忘录里自豪地总结了达成的协议。

经过长时间的讨论,我们一致同意以下原则:波河谷地与罗马涅地区将建成上意大利王国，由萨伏依王朝统治。罗马及其周边地区将留给教皇。当前教皇国的其他地区将与托斯卡纳组成中意大利王国。那不勒斯王国的边界维持不变。这四个意大利的国家将依照德意志邦联的模式组建新的政治联盟。[38]

因此，在1859年这一关键之年的开端，只有奥地利对意大利北部的占领问题出现在了欧洲政治舞台的中央。1859年1月，为了应对奥地利与法国之间日益紧张的政治局势，以及随之而来的欧洲股票市场下跌，加富尔作为当时唯一拥有完全主权独立的意大利邦国的领导人，最终与法国形成"防卫同盟"，这将保证当皮埃蒙特与奥地利发生"自卫战争"时，法国会提供援助。[39]但在"防卫同盟"的修辞背后，加富尔还希望在1859年带领皮埃蒙特向奥地利开战，他有限且直接的领土扩张目标是兼并意大利北部地区，从而建立"上意大利王国"，这与普鲁士在1866年对德意志北部的战略目标相似。[40]加富尔希望驱逐伦巴第的奥地利统治者以确保皮埃蒙特在意大利北方的霸权，而让意大利中部与南部保持独立。[41]为了挑起这样一场战争，加富尔找到了合适的宣战借口，好让皮埃蒙特将奥地利逐出意大利北部，以建立皮埃蒙特对北部地区的控制。在法国的积极帮助下，皮埃蒙特的战略取得成功。1859年7月，奥法两国在维罗纳自由镇达成和议，拿破仑三世以奥地利对威尼斯的继续统治换来了伦巴第，又将伦巴第移交给了皮埃蒙特。[42]

但是，考虑到有关基础性能力的争论，为什么皮埃蒙特会在1859年采取征服策略来兼并意大利中部的邦国？这些邦国相对发达，制度化水平也较高，而且原本其实并不在皮埃蒙特与法国订立的协议中。事实上，尽管皮埃蒙特致力于同托斯卡纳等关键邦国开展谈判，但考虑到这些邦国的内部结构，要用"谈判"来实现统一并不现实，这也使征服统一变得必要。起初，法国对皮埃蒙特合并计划的抵制，促使皮埃蒙特寻求以谈判来统一的思路。例如，对于托斯卡纳，加富尔制定了两步走战略，并将其作为兼并其他邦国的模板。首先，1858年后，在拉·法里纳(La Farina)与意大利民族协会的协助下，加富尔策略性地煽动了托斯卡纳的民族主义抗议活动。[43]接下来，加富尔派遣使节到该邦国，与其邦国元首建立外交关系。其实早在1857年，加富尔的特使卡洛·邦孔帕尼(Carlo Boncompagni)就曾奉命说服托斯卡纳大公利奥波德采纳支持国家统一的政策。而在

1859 年 3 月 14 日，邦孔帕尼再次向利奥波德提出了更具体的倡议，也就是托斯卡纳与皮埃蒙特结盟，将奥地利赶出亚平宁半岛，皮埃蒙特将保障托斯卡纳及其统治者的自治。[44] 然而，尽管在托斯卡纳内部，激进分子与民主派的骚乱愈演愈烈，他们在拉·法里纳的组织下越来越朝着民族主义的路线组织动员起来，但是托斯卡纳大公与他的近臣们依然拒绝了这一倡议。[45] 最终在 1859 年 4 月，随着对奥地利的开战日益逼近，加富尔坚持让邦孔帕尼在 1859 年 4 月 25 日进行最后一搏，说服托斯卡纳与皮埃蒙特的结盟。[46] 但是提议再一次遭到了拒绝，而随着战争的爆发，托斯卡纳政权最终瓦解，大公本人逃亡。

托斯卡纳大公对于本国臣民抵制政权的误判，以及他对谈判的不情愿，都可以归咎为他本人的绝对主义统治。其实，就像国际合作与冲突的理论所说的，非议会制国家不太可能以和平手段解决国际争端或建立同盟。[47] 但对于意大利未来民族国家的发展来说，更为关键的是托斯卡纳脆弱的绝对主义政权结构，这意味着当托斯卡纳大公在 1859 年 4 月的最后几天逃离佛罗伦萨的时候，他留下了一个仅能依靠像里卡索利、里多尔菲（Ridolfi）与萨尔瓦尼奥利（Salvagnoli）这样的当地精英来填补的制度真空。而由于托斯卡纳大公令人猝不及防的逃离，邦孔帕尼在向加富尔报告时，提到他即刻就感到对托斯卡纳"革命"与"无政府"前景的恐惧。[48] 他向加富尔提到，当务之急是"建立一个能够发动战争与戡乱的军政府"。[49] 作为应对，加富尔则要求邦孔帕尼亲自在托斯卡纳组建过渡政府。[50] 若在德意志各邦国，这样的模式是不可想象的，但是在 1859—1860 年间，此类场景在意大利反复上演，外交使节自己成为皮埃蒙特版图扩张的建国者。没有其他邦国的合作者来一起组建联盟，皮埃蒙特官员独自扮演了这一角色。而在此基础上诞生的托斯卡纳过渡政府则是由里卡索利这样的亲皮埃蒙特者主导，他们既担忧大公政权的复辟，也担心奥地利或是法国的干涉，所以，过渡政府要求皮埃蒙特立即兼并托斯卡纳。而相似的场景——外交谈判失败之后，绝对主义政权内部瓦解——则在意大利中部的摩德纳、帕尔马等邦国，甚至教皇国的北部省份相继上演。[51]

尽管 1859 年 7 月 11 日议定的《维罗纳自由镇和约》恢复了托斯卡纳大公以及摩德纳与帕尔马原统治者的统治，但该和约本质上是失败的，因为彼时以征服实现统一的势头已经开始。在 1859 年的夏秋之际，摩德纳、帕尔马与托斯卡纳新成立的议会以及教皇国的罗马涅区①都已通过并入皮埃蒙特的表决，这也为1860 年春皮埃蒙特兼并这些地区创造了条件。[52]简而言之，即使在意大利中部发展较好的地区，绝对主义政体也确保了任何外交尝试最终都会失败，而这促使皮埃蒙特进行干预，并最终消灭原本可选择通过谈判结束统一战争的君主。

那么两西西里王国的情势如何？尽管"以征服实现统一"很快也会被作为针对意大利南部地区的兼并策略，但必须指出的是，皮埃蒙特在 1860 年初对意大利北部与中部各邦国的兼并，并不自然意味着必须要征服两西西里王国才能实现统一。[53]事实上，即使直接吸纳北方邦国的进程开启后，皮埃蒙特与意大利南部的外交关系依然如旧。这种对兼并意大利南部领土表现出来的令人不解的兴趣索然的态度，就如同俾斯麦在 1866 年之于德意志南部领土的考量一样，反映了此时欧洲的权力格局以及加富尔深入骨髓的政治务实主义。首先，从 1858 年开始，加富尔与法国所签订的所有协议都在向紧张的拿破仑三世保证，皮埃蒙特将尊重两西西里王国的现有疆界。鉴于法国对意大利事务的兴趣仅限于将奥地利赶出意大利北部，从拿破仑三世的角度来看，任何在商定的"上意大利王国"边界以外声张皮埃蒙特霸权的举措，都会破坏欧洲的均势。不仅如此，英国公开声明支持法国，而奥地利、沙俄与普鲁士也主张采取一切可能的手段拯救那不勒斯政权。[54]

其次，作为皮埃蒙特政策制定的总设计师，加富尔是一个务实主义者，他自己甚至从未到访过意大利南部。他的目标已经在 1860 年 3 月 11 日的公投中实现，那就是在皮埃蒙特的领导下实现意大利中部与北部的统一。就像俾斯麦在统一德国时的烦恼，加富尔也受制于国际权力结构，他起初也寻求与那不勒斯的波旁王室建立起正式的外交同盟，而依据"同盟"的定义，这意味着要让意大利南部邦国继续保持独立。在加富尔的设想里，未来的意大利是一个能为法国所接受的国家，其中皮埃蒙特控制意大利北部，而波旁王室控制意大利南部。对于加富尔而言，一个德意志式的政治邦联最终可能朝着国家统一的方向发展，但加富尔对法国在背后的关注洞若观火，因此他预计统一最终只能通过渐进与审慎的

---

① 此处原文为"the legations of the Papal States"，"legations"原义为"公使"。事实上，1815 年至1870 年，教皇国被划分为 17 个教廷代表（*delegazioni apostoliche*）区，其中位于教皇国最北部的4 个行政区——博洛尼亚、费拉拉、弗利与拉韦纳，一般被统称为"罗马涅区"。当"legations"作为地名单独使用时，一般就指罗马涅区。——译者注

谈判来实现。1860 年 8 月，日后将出任首相的克里斯皮(Crispi)不无嘲讽地将统一称为"剥洋葱"政策，即逐一剥去每一抵抗地区的"皮"来实现最终的统一，而不是"毕其功于一役地完成统一，而招致灾祸"。[55]

加富尔为了支持他经由谨慎谈判妥善处置两西西里王国与皮埃蒙特关系的设想，1859 年 5 月，参照他在托斯卡纳建立起来的模式，派出了他的外交特使萨尔穆尔伯爵(Count Salmour)，后者同时带着皮埃蒙特国王维克托·伊曼纽尔二世转交给那不勒斯波旁王室的新主——22 岁的弗朗切斯科二世国王的外交倡议。加富尔在给萨尔穆尔伯爵的信中传达了维克托·伊曼纽尔国王的旨意：

> 陛下选择派阁下前往那不勒斯宫廷执行一项特殊的任务，目的是向弗朗切斯科二世国王表达陛下对其声名赫赫的父亲去世的哀悼……然而，任命阁下绝不仅仅是为了一次走访探亲，它还有一个十分严肃的政治使命，那就是在思想与行动上使两个王室联合起来……(我们可以询问新主)他是否愿意与皮埃蒙特联手，向奥地利宣战，并派遣一部分军队到波河与阿迪杰河，同撒丁王国国王和法兰西皇帝一起为意大利而战斗……阁下务必向新主证明，加入我们的同盟，是为了他自己王朝的利益。[56]

加富尔，如同德意志的俾斯麦，即使在 1860 年 4 月西西里局势开始失控之后，依然竭尽全力与意大利南方的王国进行外交磋商。而在这一年的春天，通过与两西西里王国达成外交解决方案，寻求以谈判来结束与奥地利的统一战争的可能性依然极大。直到 1860 年 4 月，维克托·伊曼纽尔国王还在亲笔致信给他"在那不勒斯的亲爱的表弟"，讲述了他对于分裂但"独立"的意大利的看法。

> 意大利可以被分为一南一北两个强大的国家，一旦它们能采用相似的国策，那么我们就可以复兴我们当代的伟大价值——民族独立。但为了实现这一构想，我认为阁下有必要放弃迄今为止所坚持的既有路线。如果同盟能被很好地建立并被诚实地履行，那么即使是二分天下的原则，也能被意大利人接受。但是，如果您在接下来数月时间内选择忽略我的友好建议，阁下也许还会体会到以下这句可怕话语背后的苦涩——"为时已晚"。[57]

然而，1860 年 4 月后，一切形势都发生了改变。加富尔的小心翼翼被他无法掌控的情势所破坏，而这些情势又根源于两西西里王国基础性能力的缺失与赢弱。首先,1860 年 4 月 6 日,在西西里岛的巴勒莫爆发的农民起义掀起了一场革命,如同 1820 年、1837 年与 1848 年至 1849 年间反抗外族波旁王室的西西里革命一样,这场革命根源于波旁王室与西西里本土势力之间至少从 1815 年就开始酝酿的紧张关系。[58]其次,1860 年 5 月 11 日,卡里斯马型将领加里波第在未经皮埃蒙特王室批准的情况下,利用政治动荡的契机,率领他的"千人军"向西西里发起了进攻。[59]可以说,面对巴勒莫的农民叛乱与加里波第对西西里的进攻,加富尔的第一反应其实是模棱两可的。他在给法国大使的信中写道:"我[与法国外交部长图瓦内尔(Thouvenel)]一样对加里波第的远征感到遗憾,我正尽我所能确保这一事变不会导致新的复杂状况。我没能阻止加里波第实施他的计划,因为这需要武力。"[60]而在缺乏政治控制的意大利南部,也孕育了新的机会主义。5 月 15 日,当加里波第在卡拉塔菲米击败了他的那不勒斯对手后,加富尔的立场相比之前发生了戏剧性的转变,面对加里波第远征成功的既定事实,加富尔主张立即将西西里地区并入新生的意大利王国。然而,加里波第的最终目的远不止于此,受其民族主义与民主激情的鼓舞,他的最终目标是离开西西里岛,进而征服整个那不勒斯,甚至最终征服罗马。加里波第的革命计划是不断向前推进、征服与"解放"整个意大利南部,而加富尔希望由各邦国君主通过审慎谈判实现统一的愿景本就日益受阻,此时更是受到了进一步挑战。

1860 年 6 月 25 日,决断的时刻终于到来。由于法国的影响与对加里波第的进攻的畏惧,那不勒斯国王弗朗切斯科二世最终只能接受皮埃蒙特在 1860 年 5 月提出的结盟建议。而现在,加富尔不得不面临一个决断,他受到来自各方的压力。一方面,从那不勒斯来的流亡者告诫加富尔不要轻信那不勒斯王室的许诺;另一方面,皮埃蒙特国王和加富尔自己则直观上倾向于与那不勒斯国王结盟。加富尔反思道:"如果我们同意结盟,那么我们就要面临损失,但如果我们拒绝它,欧洲大国会怎么看?"[61]就是在皮埃蒙特国王与加富尔模棱两可的允许下,加里波第最终确实成功征服了那不勒斯,迫使国王弗朗切斯科二世在 1860 年 9 月 6 日逃往巴伐利亚。[62]为了削弱加里波第那与日俱增的人望,加富尔采取了一项有争议的举措,他向教皇国派遣了军队,以确保皮埃蒙特对事态的控制。从未计划过的以征服结束统一战争的方式已然完成,在接下来的一个月内,加富尔寻求皮埃蒙特议会的批准,以"无条件地兼并"所有南部省份。

这种无条件征服究竟是什么？这从该年早些时候对西西里岛的无条件兼并的举措可以看出。首先，所有在 1849 年支持波旁王室复辟的官员都被替换了。[63] 以西西里岛为例，24 名总督全被替换。其次，皮埃蒙特的宪法直接延伸至西西里(8 月 3 日)，同时包括皮埃蒙特的货币制度(8 月 17 日)、版权法(8 月 18 日)、公社管理体制(8 月 26 日)、军事法(8 月 28 日)以及 1859 年通过的公共安全法(8 月 30 日)。[64] 而其中最关键的莫过于皮埃蒙特军队所发挥的作用，他们的目的是保证意大利南部的和平与稳定。即使在统一后，为了维持意大利南部地区的秩序，皮埃蒙特还是在意大利南部领土部署了约 10 万部队，他们充当了占领区的"警察"力量，以回应此地皮埃蒙特官员的需求。最后，除了维护社会安定外，其他履行国家职能的组织，诸如负责税收、教育与收集官方"全国数据"的组织，都从其他邦国转移到了皮埃蒙特的首都——都灵。[65] 而正是这些接管举措，导致国家建构的第一项任务，即结束扩张性的统一战争，出现了意料之外的决定性转折。[66] 麦克·史密斯总结了加富尔在这一时期对意大利南方的政策与态度的转变："起初(加富尔)根本什么都没想要……但他逐渐允许自己被局势所改变，并最终以强硬地要求南方无条件投降而告终。"[67]

发生了什么变化？是哪些因素导致皮埃蒙特最终走上了以征服实现统一的道路，而不是加富尔本来计划的以协商实现统一？当然，立马浮现出来且不应被低估的解释之一就是加里波第的个人特质。正是他在统一意大利进程中的自发贡献，迫使加富尔出手，从而使皮埃蒙特在 1860 年夏天不情不愿地接纳了意大利南方。但是，如果我们努力找寻一个更具一般性的解释，进而揭示联邦制的建成原因，那么我们还可以退一步询问：是什么条件造就了加里波第？为什么加里波第能够获得这样的社会支持？而且正如下一章对德国的讨论所提出的问题：为什么这样的英雄没有出现在德国？这仅仅是一个巧合吗，还是存在与意大利统一经验相关的条件，使无条件的征服在意大利成为最合理的实现统一的手段选择？

从比较研究的视野来看，意大利的统一经验的确表明，已有联邦制研究的主流方法无法解释意大利国家建构的第一阶段，因为行动者的意识形态或文化偏好其实并没有什么因果权重：加富尔希望以谈判来实现统一，但他发觉自己最终只能在 1860 年底向意大利南部派兵。意识形态偏好被局势破坏了。同理，赖克提出的军事优势确保无条件征服以最终实现统一的假设，在意大利的情境中也并不适用。首先，直到统一的最后阶段，皮埃蒙特的核心政治领袖也都不支持以无条件征服的手段统一意大利南部。其次，依据当时所有可考的数据估算，无论是加里波第的"千人军"，还是皮埃蒙特的军队，显然都不如两西西里王国。无论是在人口、国土面积还是军队实力方面，两西西里王国都占据优势。[68]然而，尽管加富尔和加里波第有着自己的意识形态偏好，尽管他们在军事实力上稍显不足，但在 1860 年夏天，一系列使意大利迥异于德意志的情势的介入，使无条件征服两西西里王国成为终结统一战争的最合乎情理的结局。

在国家建构的第一阶段，意大利与德意志之间最关键的差异，在于意大利南部地区广泛存在的基础性能力缺失留下的两个遗产：其一为意识形态遗产，其二则是行政遗产。首先，如同其他边缘性的或后殖民的社会一样，意大利被外国统治与占领的历史削弱了其国家体制，例如，外国势力往往会被要求平息所有公开的叛乱，这使得意大利的知识精英形成了一种视自身为边缘或落后的自我认知。[69]如同在其他后殖民社会中一样，这种在政治上屈从于欧洲大国的、令人反感的与工具化的位置的后果，就是会出现连贯且有效的革命意识形态，对意大利统一进行诠释与正当化。[70]马志尼提出的具有深远影响力的让意大利"自下而上"完成统一的设想，就受到意大利长期受外国统治的历史的启发。尽管 1815 年标志着法国对德意志地区的直接占领结束，但是在意大利，对于外国势力控制意大利各邦国的认知要一直持续至实现国家统一。马志尼认为，外国统治的历史是意大利的国耻，因而加富尔努力争取法国允许意大利以谈判实现统一，是"反意大利"的，这只会使新生的统一的意大利沦为"法国的附庸"，因为统一的目标就是要独立于任何外国势力。1859 年，马志尼发表了一份声明，向他的行动党（Party of Action）概述了他的愿景：

> 　　一个被压迫与被肢解的民族的团结与自由不能是他人的施舍或礼物，而必须由那些渴望统一与自由的人民用努力与牺牲来获取……我们党坚信，没有统一，就没有国家。没有国家主权，也就没有民族。没有自由，没有人人真正享有的自由，就不可能有真正的民族独立。[71]

马志尼革命式的统一构想并非只是空谈。1849 年至 1850 年，马志尼曾两次试图说服他的亲密同志加里波第在西西里岛领导革命运动。1859 年夏，当马志尼的组织在西西里岛煽动不满情绪(这最终将引发 5 月的革命)时,马志尼再次亲自致信加里波第,鼓励他对西西里岛发起进攻。到了 1860 年,马志尼的热忱已经说服了加里波第,马志尼后来回想时表示:"我说服了加里波第,在没有国王的允许下为国王行事。"[72]此外,同样重要的是西西里岛的"自治主义者"乐意接受皮埃蒙特的兼并,以此作为摆脱令人憎恶的波旁王室的一种方式。[73]从这个意义来看,造成征服统一的四个最接近的因素——加里波第的个人特质、他在意大利全境所获得的支持程度、他对西西里岛发起的军事进攻的性质,以及西西里岛的民族主义者支持皮埃蒙特击败外来的波旁王室的意愿——都是意大利各邦国政府的软弱与意大利在欧洲居于准殖民地位置的直接后果。这种有关统一的革命式意识形态对加富尔的建国策略产生的不利影响是决定性的,在接下来的几个月内,加富尔从以谈判实现统一的策略转为以征服实现统一的策略。在加富尔的整个政治生涯里,他都将各地对革命的恐惧用作一种有效的政治手段,但按照大多数现有解释,到了 1860 年 7 月,加富尔通过征服南方而与革命者合作,学者认为此时的加富尔已别无选择。例如,他借鉴了马志尼的长远计划,执行了激进派侵入翁布里亚与马尔凯的方案。就这个意义来看,外国势力对意大利的占领既是统一前的意大利国家体制脆弱不堪的因,也是它的果。此外,正是这段外国占领的历史,催生了一种完成统一的革命志向,这种思想既为征服意大利南部提供了正当性,又迫使加富尔采取征服的策略,以将马志尼与加里波第的革命倾向据为己有来保持对国家统一进程的控制。

其次,在更实际的层面,皮埃蒙特内部和那些新兼并的领土上的行政官僚反而都认为以征服实现统一是必要的,因为这些复辟政权的统治留下了政治无能、不稳定与无秩序等非常切实的遗产。在意大利北部——托斯卡纳、教皇国的北部各省又或是摩德纳与帕尔马这样的城邦,奥地利的战败在这些地区留下了脆弱的由"民族主义者"领导的临时政府,他们将皮埃蒙特视为意大利免遭外国势力干预与维持内部稳定的关键靠山。另外,在意大利南部,也就是教皇国与两西西里王国,统一初期也面临着同样的困境。根据里亚尔的说法,在西西里岛,"就当时的证据来看,几乎没有人想象得到填补波旁王朝崩溃后留下的巨大的政治与社会真空的实际困难"。[74]可以说,由于治理困境在西西里岛最为明显,它是一个极为有用的参照,足以让我们窥见在皮埃蒙特以外的意大利邦国所发生的类似问题,尽管其他邦国的问题可能不那么严峻。

在西西里,波旁政权在财政与行政上的软弱不堪与他们的不受欢迎导致了在 1860 年 5 月的政权崩溃,这也使加里波第在西西里的掌权过程几乎毫不费力。然而,源于波旁政权羸弱的行政与治安力量的政权动荡遗留了下来,而这也是加里波第在 1860 年夏天要面临的问题,于是,让皮埃蒙特军队无条件地征服此地变得越来越有必要。早在统一之前,波旁政权就缺乏足够的行政人员、警力与官僚来有效治理其领土。到了 1860 年夏天,随着暴力事件激增,加里波第开始收到来自西西里乡村地区管理者要求派遣皮埃蒙特军队的请求。[75] 而让现有的政治机构与精英来管理西西里与两西西里王国其他地区是几乎不可能的,这既是因为这一时期的革命氛围,也是因为行政系统已经崩溃。后波旁时代的犯罪、社会冲突、劫掠与政治动乱,以及当局与行政体系的自我崩溃,甚至让联邦主义者都不得不要求皮埃蒙特立即无条件地兼并这一地区,以恢复政治秩序。叛乱与军事征服使彻底且迅速的兼并势在必行。正是意大利南部的行政崩溃(这本身就是波旁王朝统治的历史遗产),使得立即且无条件地征服成为必要。[76] 如麦克·史密斯所言,皮埃蒙特认为立即控制意大利南部不仅是可能的,而且是必要的,原因有二:"政治兼并能恢复此地的法律与秩序,还能迫使意大利北部提供以革命推翻波旁王朝的经济支持。"[77] 简而言之,恰恰是由于皮埃蒙特自身政治上的羸弱(即无力控制事态发展),使得皮埃蒙特寻求无条件征服意大利南部。

然而这项行动对意大利未来的制度走向产生了决定性的影响:无条件征服意大利南部涉及的行动立即抹除了制度化的地区行为体,这些行为体本身原本有可能就国家统一的条款进行讨价还价,而且可能成为统一后国家权力下放的组织基础。

形成民族国家的第二步:打造政治联合

正如意大利统一的第一步是由其南部地区制度的欠发达塑造的,它形成统一民族国家的第二步亦是如此(获得拟兼并地区的批准)。[78] 然而统一的第二阶段本身也是统一战争结束方式的呈现。总体来看,意大利南部地区既有的制度性无能以及贯穿于意大利民族国家生成路径中每一阶段的"自我强化"逻辑，都进一步加强了意大利在政治上实行中央集权制的冲动。

这种"自我强化"的逻辑是如何呈现的？皮埃蒙特领导层通过用无条件征服意大利南方的方式结束了统一战争，摧毁了意大利南部本可能成为外交上的"谈判伙伴"的君主，从而断绝了由意大利南北君主间协商或以外交方式实现国家统一的可能，而这一进程将会在1866年的德国统一中出现。为了应对南方的政治真空，意大利南部的联邦主义者主张建立一个新的意大利南方议会，使其作为替代性的权力机构跟皮埃蒙特官员确定谈判统一的条件，以换取皮埃蒙特对意大利南部的让步。但这种努力到1860年10月就破产了，因为面对意大利南方严重的政治动荡，加富尔与皮埃蒙特被无条件征服南方的选择所吸引，开始主张采用比通过议会来组建联盟更为快捷的统一方式。为了迅速完成统一，加富尔主张由拥有有限选举权的意大利公民直接公投。这次公投的目的并不像初看起来那样，只是为新意大利确保中央集权的政治体制，相反，由公投实现统一更大程度上是为了回应皮埃蒙特在意大利南方和整个欧洲的政治弱势处境。最终目的是以最快的速度完成统一，从而结束1860年秋季的政治混乱。而这一决断使意大利在中央集权国家的道路上走得更远了，乔治·特里维廉（George Trevelyan）认为："这是意大利为其生存所必须付出的代价。"[79]通过公民投票而不是由意大利各邦国的主权者之间的外交谈判来组建联盟，其后果就是塑造了一个革命的"神话"，它被用以确证新生的意大利民族国家的中央集权体制的合法性。[80]

但其实没有人预先设定要以各地公投而非议会批准的形式，来使意大利其他并入皮埃蒙特的地区同意统一。相反，依照麦克·史密斯的说法，加富尔最终选择以公投的形式兼并意大利南部，其实是"某一思想与群体相对于另一思想与群体的胜利，这一胜利本身的局限性与不彻底性，以及它的实现形式，对意大利未来的历史走向而言具有重大意义"。[81]在建国的第一阶段，也就是皮埃蒙特于1859年维罗纳自由镇和议后实现的对伦巴第与托斯卡纳的无条件征服，以及1860年夏季对两西西里王国实现的无条件征服，似乎已经确保了亚平宁半岛的完全统一。然而事态的变化正以帕默斯顿勋爵（Lord Palmerston）①当时提出的

---

① 同时期英国的政治家，曾出任英国首相。——译者注

著名的"铁轨速度"(railroad speed)向前推进,使当时身在其中的政治行动者对于这一进程另一端将要出现的制度形式还不清楚。1860年的9月与10月,皮埃蒙特的国家缔造者面临着一个新的关键问题,这也是任何开国精英在通过谈判或是征服新领土实现统一时要面临的问题:应当采用何种形式上的程序来使被兼并的领土纳入治下? 换言之,应以何种方式确定意大利南部人民对统一的认可? 应以何种方式构建起新的政治体的合法性?[82]

但就像很多置身其中的政治人物自己意识到的,对这些问题的回应将对统一进程结束后所出现的制度形式造成重要影响。因此,对于获取被兼并地区人民认可的最佳途径,形成了不同的意见:一些人主张立即举行公投,而另一些人则主张可以由一个代表意大利南方的议会与皮埃蒙特王室开展慎重的审议与讨论。面对这些不同的主张,当时意大利政治环境中的三个特征将最终对采用的国家统一形式产生决定性的作用。第一,皮埃蒙特在1860年夏季已经摧毁了波旁王朝的决策层,抹除了潜在的"谈判君主",而这个"谈判君主"本可以在实现意大利南北君主统一的方案中有所作为。第二,波旁政权的崩溃以及国王的外逃加剧了意大利南部政治局势的不稳定程度,据当时意大利南部的许多皮埃蒙特官员所言,需要当机立断采取行动。第三,当时意大利南部已经不再有现成的议会了,也就是说不存在一个有组织性的"发声"机构来代表意大利南方的利益。基于上述因素的作用,事态最终朝着一个方向发展,那就是皮埃蒙特王室转向了采用"全民公投"的选择,也就是由意大利南方人民进行"全民"投票,迅速解决意大利的统一问题。这样就可以避免意大利南部不稳定的政治局势造成的困扰,也可以在外国势力干预前完成统一。

不过事态表明,就算有这两个因素,其实也不会自动地将意大利引向通过公投实现统一的路径。在1860年10月的前几周,仍然有可能通过议会,而不是通过全民公投来快速且彻底地完成统一。例如,在1860年10月1日,包括西西里银行董事、巴勒莫市市政委员会主席在内的十几位西西里名流致信皮埃蒙特驻那不勒斯的代表,向其表明了一连串的要求。他们自述是1848年被解散的议会的成员,声称议会从未在"法理"上被正式解散。这些社会人士的立场得到卡洛·卡塔内奥等联邦主义者以及马志尼与克里斯皮等民主派人士的支持,这些支持者也主张举行选举,成立议会,最终是为了能使意大利南方与意大利北方就统一的条件进行漫长且细致的审议。这些社会精英寻求国家统一，但显然这种统一是有条件的，用他们自己的话来说就是："要通过各种手段与制约，确保各地区的诉求和源远流长的地方习俗得以维系，原有的传统势力都能体面地得到尊重。"[83]而成立制宪会议的倡议，目的就是要确保地区的政治利益得以被纳入国家统一的议程之中，从而确保原有各邦国的存在得以在一个分权化或是"联邦制"的新政体中得到制度化。

这些联邦主义者的思想根基是什么？他们的志向真的是联邦主义吗？这种既呼吁皮埃蒙特兼并其他意大利地区，但又强调要经由细致与审慎的议会程序批准而不是草率的公投的思想，部分基于西西里经济学家弗朗切斯科·费拉拉在该年早些时候（1860 年 7 月 9 日）写给加富尔的备忘录，费拉拉在其中提出了实现统一的可选途径。[84]在该文中，费拉拉展现了他对欧洲不同国家领土治理模式的渊博知识。在这份备忘录里，费拉拉分析并否定了"苏格兰"与"瑞典-挪威联盟"的模式，他认为这种模式对意大利而言是极其危险的。费拉拉也拒绝了"法兰西模式"的中央集权体制。费拉拉带着惊人的预感写道，法兰西式的中央集权需要一种"融合"，"而这将使西西里沦为意大利的爱尔兰，这非但不会使我们的民族更为紧密与安稳，反而会使其成为敌人从中获利的切实的、长久的痛处"。[85]在拒绝了这些不同的模式后，费拉拉接受了"美国模式"。在费拉拉看来，美国体制没有犯"那种认为只要一个国家的中央政府承担了地方政府或是个人可以做得更好的任务，那么这个国家就会更有凝聚力的常见错误"。[86]而对于是有条件兼并还是无条件兼并的问题，费拉拉写道："任何了解西西里的人都会相信，一旦以西西里人日后可能会后悔的条件进行兼并，那么西西里人很快就会产生觉得自己不完全是意大利人的情绪，而那些利益团体则会毫不迟疑地助长这样的情绪。"[87]

增加让议会来批准南北方统一的可能性，将可能导致地方分权程度更高的政体的出现，这也是事实。因为在整个 1860 年，加富尔本人都主张成立一个议会，以此作为获取南方支持统一的最佳方式。1860 年 6 月，在如何获得西西里对国家统一的认可的问题上，加富尔"认为组织西西里议会是一种更为真诚与便利的方式"。[88]加富尔与维克托·伊曼纽尔二世都排斥通过公投来完成他们的统一大业，反而寄希望于皮埃蒙特国王与他的波旁家族的"表弟"之间达成一个君主联合的统一方案。

然而到了 1860 年 10 月,在弗朗切斯科二世逃离那不勒斯后,加富尔与伊曼纽尔二世意识到,事态已经朝着不同的方向发展了。1860 年 10 月,加富尔召集皮埃蒙特议会,召开关键的特别会议,寻求议会对他在意大利南部开展一系列新行动的批准。1860 年 10 月 2 日,加富尔在众议院的演讲中宣称:"我们应该拿出我们的立场与态度,如果对方要基于特定条件才同意并入我们,那么我们的议会就不应当接受。"[89]加富尔接着提到,如果南北方最终达成了承认地方自治的协议,那么这将"违背现代社会的发展趋向,使其成为我们仍停留在中世纪的证据"。[90]为了避免这样的后果,加富尔又一次改变了他先前的主张。他请求皮埃蒙特议会批准他的计划,在那不勒斯与西西里让有"普选权"的公民进行公投,不在意大利南部成立议会,不附带任何条件,并且公投只允许在"同意"与"反对"间进行选择。[91]麦克·史密斯就此认为,通过坚持在南方没有正式议会或是无附带条件的情况下实行兼并,"北方人自此利用了他们已然拥有正式议会,而南方迄今缺乏此类代议机构的优势"。[92]

位于都灵的皮埃蒙特议会批准了加富尔有关立即兼并意大利南部的议案。然而,就在皮埃蒙特议会的会议期间,以及 1860 年 10 月中旬在那不勒斯进行的一连串讨论之中,全意大利的联邦主义者谴责了都灵的决定。[93]而就在议会之中,来自北方的朱塞佩·费拉里(Giuseppe Ferrari)为联邦主义者与南方意大利人的顾虑发声,他将都灵的决定贬低为皮埃蒙特人对其他人的"种族蔑视"。他声讨加富尔的"皮埃蒙特模式"只是"将单一邦国的体制强加给所有其他的意大利邦国……而让南方无条件地屈服于北方,将意味着皮埃蒙特可以废除所有那不勒斯的法律,并以自己的法律取而代之"。[94]但是尽管有着这样或那样的抗议,1860 年 10 月 21 日,公投最终在原两西西里王国内进行。在西西里以及南方内陆被高度限制投票的公众里,93%的民众最终选择成为维克托·伊曼纽尔二世统治下的新意大利的一分子。自然,历史学家也充分记录了为营造这种人心所向的一统局面所需要的欺诈、威胁与腐败。[95]如果君主间的解决方案无法实现,那么皮埃蒙特的大人物至少能以"权为民所赋"的方式来完成统一大业。

而要回答为什么联邦制没有在意大利出现,更关键的是要搞清楚为什么加富尔会从一开始容许南方成立议会来批准统一的策略,转向以彻底且草率的公投完成统一的策略，前者很可能会导致一个地方分权型政体的出现。难道加富尔本意就是要尽可能建立中央集权体制吗？犹如加富尔早年关于分权行政制度的可取性的声明所表明的那样，加富尔的转变并不是他本身有什么矢志不移的建立集权政体的志业。可以说，加富尔在 1860 年秋季要求举行公投的主张，体现的正是他本人意识到的必要的战略变通，这是曲折的意大利国家统一进程里的"不幸"所致。毋庸置疑，一贯务实的加富尔——更不用说作为君主的维克托·伊曼纽尔二世，曾十分希望能够在波旁王朝与皮埃蒙特王室间达成细致协商过的"契约"，一如将在十年后的德意志发生的巴伐利亚王室与普鲁士王室之间的君主合作方案那样。依靠公投来完成统一的政治目标充其量是次优解，虽然加富尔的公投取得了积极的结果，但他和维克托·伊曼纽尔二世其实更希望能在各邦国平等的君主间达成一项协定，从而保证君主对国家统一的把控。

既然如此，加富尔为什么还要采用各地区公投并入皮埃蒙特的策略？这一策略将在无意中消除地区在意大利政治中的制度性地位、塑造革命变革的神话，并使意大利越来越接近中央集权制国家。首先，如前所述，加富尔此前的决策的权重迫使其拒绝了以议会为中心的合并方式。而 1860 年夏季皮埃蒙特对意大利南部的无条件征服，以及当地法律与官员的缺位，引发了意大利南部在夏末爆发的暴力与盗匪活动。[96] 即使是皮埃蒙特军队的到来，对于平息暴力而言也无济于事。这样一来，就连联邦主义事业的同情者也开始要求在不设立议会的情形下立即兼并南方。而南方的商业与农业阶层，虽然心向意大利南方的独立，但鉴于混乱的局势也变得保守了起来。以一篇 1860 年 10 月发表的社论《公投》(*Il Plebiscito*)为例，该文宣称："对我们而言，立即与皮埃蒙特合并意味着秩序与正义……它将摧毁波旁王朝复辟的任何机会。"[97]

除了来自盘根错节的社会势力的压力外，皮埃蒙特官员自己也认为，立即完成兼并对于他们自己的建国目标而言是必需的。在 1859 年至 1861 年的动荡时期，驻扎在意大利各处的皮埃蒙特官员与加富尔之间保持着大量的通信往来。[98] 我们能够从这些信函中窥见，皮埃蒙特官员与当地官员对意大利南部（尤其是从 1860 年春季开始）日益严峻的群众动乱、不可治理性与公共财政危机的汇报越来越紧张。在统一战争开始后动荡的数月里，加富尔伯爵始终待在皮埃蒙特，通过政府报告密切关注事态变化。例如，当加里波第在 1860 年 5 月带着他的"千人军"远征后，随着两西西里王国脆弱的统治结构的瓦解，意大利南部的消息也传到了皮埃蒙特政府各部之中。1860年夏季，被委派到意大利南部的皮埃蒙特官员向都灵表达了在当地进行有序征税的困难。19世纪60年代初期，被派驻在意大利南部的皮埃蒙特财政部官员则向加富尔汇报了当地公共财政的"枯竭"，以及社会秩序与公共安全的"瓦解"。[99]加富尔在南方的下属频繁向他发出的疾呼，反映了同样的情绪："请允许我，阁下，向您重申，我们需要宪兵（cara-binieri）①来拯救这片土地，使其免遭毁灭！"[100]为了安抚南方的人民，皮埃蒙特官员不仅承诺将提供警力，也保证将会有更多的行政"职员"与"办事员"来维持秩序。[101]

但维持秩序的努力仍然是不够的。例如，1860年被皮埃蒙特政府派去南方重建秩序的官员、日后的首相阿戈斯蒂诺·德普雷蒂斯（Agostino Depretis）抵达南方后，曾乐观地认为他可以单枪匹马地重新控制事态发展。但是，他很快就被民众骚乱、强制力量的缺失以及难以为继的公共财政状况压垮了。在德普雷蒂斯于1860年7月致贝尔塔尼（Bertani）以及1860年9月致加里波第的信函中，他宣称，解决当地财政与社会动乱的唯一手段，就是让皮埃蒙特立即兼并此地。[102]一言以蔽之，到1860年夏秋之际，加富尔以及围绕在他身边的官员开始意识到，他们继承的是一堆完全没有能力实现现代治理职能的邦国。

从这些新出现的倡导立即兼并其他地区的现实主义者的角度来看，在南方召集议会以正式获得批准需要数月的选举、辩论与决议，在此期间，南方的犯罪将摧毁任何政治稳定的希望。就像特里维廉总结的："如果把两个月的时间浪费在举行选举与召集那不勒斯和西西里的议会上，再把半年的时间浪费在各种讨价还价与尔虞我诈之中，那才是最不明智的做法。"[103]由于驱逐了意大利南方的君主，加富尔也清除了君主的谈判"伙伴"，这些"伙伴"原本可以为新统一的意大利提供更大的合法性。与俾斯麦最终得以拥有德意志南部邦国国王这样的谈判"伙伴"不同，加富尔接管的是一个群龙无首的波旁政权，该政权引发了一场政治动乱，最终只能要求以公投迅速完成兼并，而不是由一个老练的议会来批准。

① 又被称为"卡宾枪骑兵队"，是当时撒丁尼亚-皮埃蒙特王国国家宪兵的指称。该组织由皮埃蒙特国王维克托·伊曼纽尔一世创建，后演变为意大利的国家宪兵。——译者注

除了加富尔早先在建国方略上的决策造成的影响外，意大利境内的外国势力是让加富尔用公投完成兼并的第二个因素。奥地利军队仍然在意大利一些地区存在，这令组建意大利南方议会所需要的旷日持久的谈判变得更加不现实。奥地利在 1859 年的战败并没有完全将奥地利从 1860 年的意大利政治局势中驱逐出去。正是考虑到这种局势的不稳定，加富尔在 1860 年 10 月看到了完成国家统一的千载难逢的机会。以迪·斯卡拉(Di Scala)的描绘为例："政治争端可能招致外国干预与社会崩溃的威胁，要召开制宪会议简直是天方夜谭。"[104] 再比如，特里维廉一针见血地指出："关于是否无条件并入皮埃蒙特的公投可以在两周内举行，但要是通过议会，这会可能得一直开到议员被奥地利的刺刀驱散为止。"[105] 相较于德国的统一进程，考虑到意大利在欧洲一度处于被占领的地位，意大利的统一过程也就更为微妙和飘忽不定。总的说来，意大利国家统一的内在逻辑，以及它被外国势力统治的历史，使公投变得"虽遗憾却又必要"。这个决定也产生了至关重要的影响。特里维廉写道，即使是从意大利统一的五十年后来看，如果当初是由议会而不是公投来作为批准统一的方式，"那么如今由于过于密切的联合而在实践中产生的弊端很可能会被避免，那些了解意大利南部现状的人对于皮埃蒙特的司法与行政体系在这里的机械套用与僵化而深表遗憾……但这却是意大利为其生存所必需付出的代价"。[106] 正是因为皮埃蒙特缺乏足够的实力来控制未来的意大利疆界内的事态，皮埃蒙特及其君主只好以公投的方式来取得对统一的支持。这个决定对意大利的国运却产生了未曾预料到的关键影响：它为新生的意大利塑造了一个革命神话，皮埃蒙特的政治精英利用了这个革命神话，为这个新生的民族国家建立初期日益扩大的中央集权体制提供正当性。

形成民族国家的第三步：建章立制

在构建意大利民族国家的第三个也是最后一个阶段，皮埃蒙特当局需要面临一系列关键的决策，这将涉及以下的宪制问题：(1)各地区是否应当在议会的上院拥有直接的议会代表；(2)各地区是否应享有任何政策制定或是财政的自主权；(3)新建成的"全国"公共管理机构是否应该为原先的地区的政治人物或是机构留有一定的行政自主空间。

1860年至1865年是意大利创立其领土治理模式的时期，在意大利建立政治体制初期，当政治领袖试图建立新国家体制时，执政的中右翼联盟就有着强烈的共识（当然从今天来看是不可思议的共识），那就是一定形式的地方分权是必要的。不仅是加富尔在1859年至1860年间时常安抚南方的地方领袖，阐明南方在统一后将保留自治权，甚至在1860年事态突变的前后，皮埃蒙特议会中的各个派别都非常严肃地讨论了这个倡议。在左翼阵营里，卡塔内奥和法拉利等知识分子长久以来一直是意大利联邦主义的倡导者，而右翼，也就是权力腹地——皮埃蒙特内政部，先是在明盖蒂的领导下，后又在法里尼的领导下，曾在1860年、1861年与1865年向皮埃蒙特议会提交了分权方案。然而，所有这些计划最终都失败了。

在意大利统一之际，也就是1860年夏季皮埃蒙特征服与兼并意大利南部之前，许多皮埃蒙特的政府官员在意识形态上都有共识，那就是要建立起地方分权的政治秩序，其中"地区"将在国事中发挥重要的正式作用，这也应当成为新成立的意大利王国的重要特征之一。绝大多数政治领袖都拒绝将法国的中央集权制强加于意大利的国情，从右派的加富尔，再到左派的马志尼，众人广泛承认法国的行省体制对于地方分权化的意大利而言是完全不合适的。然而，到了1865年夏天，皮埃蒙特的"中右翼"政府的分权主义思想共识却无法落地为皮埃蒙特领土治理模式的制度变革。事实是，法国的中央集权模式经过了细微却关键的调适后，最终在新统一的整个意大利施行起来。而要理解为什么构建联邦制在国家统一的最后阶段失败，有必要追溯先前的决策是如何塑造了1860年至1865年间为意大利建成联邦政治秩序的努力的命运。

这个问题尤其值得关注，因为自1860年夏季，对于在皮埃蒙特举足轻重的政治家（例如当时的内政大臣法里尼与将来的内政大臣明盖蒂）而言，他们预想中的意大利统一是改革并分散皮埃蒙特高度集权的央地关系的契机。其实早在1860年夏季，也就是加里波第进攻意大利南部以前，法里尼所领导的内政部就意识到，要想成功吸纳新的领土，可能需要进行体制变革。抱着这样的设想，1860年6月24日，皮埃蒙特政府成立了一个由议会与国务委员会成员共同组成的特别委员会，负责起草 1859 年法案的修订案，而 1859 年法案正是皮埃蒙特中央集权的行省体制的基石。依据大臣法里尼在 1860 年 6 月给委员会撰写的备忘录，这个重要的委员会的核心使命就是要在 1861 年 3 月向意大利统一后的第一届议会提交动议。[107]确切的政策目的就是在全国政府与省级政府间建立新的、明确的且有实权的"大区"一级政府。[108]这些新设立的大区与大区总督将保留对辖区内公务员的任命权以及很多其他方面的政策自主权。此外，在 1860 年 8 月的委员会报告中，委员会成员认为，这些新设立的大区绝不是中央政府的"驻地办事处"，而是自治政府，其政务委员会有权对广泛的政策议题进行监管。

即使是在加里波第的远征以及 1860 年 10 月兼并意大利南部之后不久，新任的内政大臣马尔科·明盖蒂依然坚持要求特别委员会须在 1861 年 3 月的意大利议会第一次会议前及时完成立法动议。在委员会的其中一次例会上，明盖蒂宣称："必须组建另一个聚合体，一个比省级政府更大的政治实体，以便政府代表可以在其中安稳地行使我们所指明的权力。"[109]最终委员会满足了明盖蒂的需求并在 1861 年 3 月向议会递交了提案。

但是这份提案以及其他两个附加提案最终都失败了。所有实现地方分权体制的努力最终于 1865 年 3 月 23 日宣告破产。这一天，议会通过了标志着萨贝蒂（Sabetti）所谓的"中央集权制的政府与行政的胜利"的立法。[110]但即使到这个阶段，中央集权制的央地治理模式也并不是不可避免的，1860 年至 1865 年的政治斗争已经证明了这一点。然而，意大利统一以前的社会条件与当前统一进程的结合，似乎使联邦制出现的可能性日益增大。①这其中有两个因素至关重要。首先，由于有建制的地区政治行动者已经在征服与兼并的进程里被剔除出去，因而在 1860 年至 1865 年的关键时期，已经不存在有建制的代表地区利益的反对派来主张对地方的权力让步。其次，意大利南方在统一前就有的管理上的软肋，使皮埃蒙特官员认为中央集权制既是可取的，也是必要的。总而言之，在意大利统一的案例中，既没有产生任何的反对声音，也没有产生有利于联邦制方案的机会。

---

① 原文为"make a federal outcome increasingly likely"，疑是作者笔误。结合上下文意，联邦制出现的可能性应该越来越小。——译者注

结论：民族国家的形成与单一制政体的缔造

如果国家统一标志着意大利政治体制发展的关键节点，那么它最终的实现方式就体现了对前民族国家时期一系列特定的政治条件的应对。更确切地说，要想理解联邦制或是地方分权的政治秩序为什么没有被构建起来，我们不应像当前大多数有关联邦制研究的理论所以为的那样，着眼于社会中的观念、文化，甚至是军事实力的配置。

反之，我们必须着眼于地方政权所继承的基础性能力。我们必须回溯在国家统一以前，各地政权的基础性能力如何。而在意大利，我们已经发现，由于缺乏现代化政府该有的官僚、机构与制度性实践，皮埃蒙特的政治家发现自己在国家统一的每一阶段都会受到中央集权的诱导，不断采取中央集权的国家统一方式：首先，以无条件的征服来结束统一战争，接下来，以公投而非议会辩论来确定统一的条件，最后，就是在不存在地区行为体的情形下建立新秩序。这使皮埃蒙特领导层发现他们已然拥有了一个现成的单一制的与中央集权制的政体，这也就彻底打消了中右翼执政联盟里许多成员渴望建立起统一却又由大区政府组成的联邦制的意大利的念头。

【注释】

［1］引自 Filippo Sabetti, *The Search for Good Government：Understanding the Paradox of Italian Democracy*（Montreal：McGill-Queen's University Press，2000）。

［2］William Riker, *Federalism：Origins，Operation，Significance*（New York：Little，Brown），1964.

［3］尽管"政治发展"的概念拥有广泛的潜在定义，但我在使用这一术语时，主要指的是议会、宪政与行政这三个发展维度，且尤其关注这一概念在 19 世纪欧洲的适用，我大体上借鉴了塞缪尔·亨廷顿在《变化社会中的政治秩序》中给出的经典定义。Samuel Huntington, *Political Order in Changing Societies*（New Haven：Yale University Press，1968），93.

［4］诚如本章将要阐明的，意大利各邦之间差异极大。尽管如奥地利治下的伦巴第-威内托与托斯卡纳这样的邦国有着比其他意大利邦国更高的行政现代化水平，然而由于未能发展出代议制结构以及切实有效的宪政，最终它们甚至阻碍了这些在制度上更为发

达的邦国的制度效力。此外,尽管近来一些重要的学术研究对那不勒斯政治的评价给予了积极修订,然而与德意志南部的巴登或是巴伐利亚相比,那不勒斯政权在制度上依然是无能的。关于对那不勒斯政治的积极评价的有益讨论,例如,参见 Marta Petrusewicz, *Latifundium:Moral Economy and Material Life in European Periphery*(Ann Arbor:University of Michigan Press, 1996); Angelantonio Spagnoletti, *Storia del Regno delle Due Sicilie*(Bologna:Il Mulino, 1997)。

　　[5] 在拉法埃莱·罗马内利关于意大利国家建构的重要作品里,他将这种理想与政治现实间的差距称为"政府自由化方案"的"悖论",参见 Raffaele Romanelli, *Il comando impossibile:Stato e societá nell'Italia liberale*(Bologna:Il Mulino, 1995), 29。

　　[6] 在德国,对大众政治参与的限制是通过联邦制来间接实现的,但在意大利却是通过高度限制性的选举资格来直接限制大众政治参与,参见 Ruth Berins Collier, *Paths toward Democracy*(Cambridge:Cambridge University Press, 1999), 69。

　　[7] 自我强化的反馈过程的概念已经由保罗·皮尔森充分讨论,并且被他应用到了政治学研究里,参见 Paul Pierson, "Increasing Returns, Path Dependence, and the Study of Politics," *American Political Science Review* 94(2000):251—267。关于皮尔森将路径依赖概念化的有益论述,参见 Robert Jervis, "Timing and Interaction in Politics:A Comment on Pierson," *Studies in American Political Development* 14(2000):93—100。

　　[8] 例如,在皮埃蒙特,维克托·伊曼纽尔一世于 1814 年复辟后,拿破仑时期的立法都由一纸法令取消了。所有拿破仑时期任职的公务人员,包括军官,都遭到了清洗。维克托·伊曼纽尔的大臣切鲁蒂(Cerruti)起用了所有拿破仑统治以前的官员,他基于 1798 年的宫廷年鉴,以世袭的方式任命官员,让他们取代在拿破仑统治时期去世的官员。参见 Alberto Aquarone, "La politica legislative della restaurazione nel regno di Sardegna," *Bollettino Storico—Bibliografico Subalpino* 57(1959); 21—50, 322—359。

　　[9] 极其有益的英语概述,参见 Lucy Riall, *The Italian Risorgimento:State, Society, and National Unification*(London:Routledge, 1994), 11—28。

　　[10] "政治发展"与"制度能力"之间的因果联结既基于我自己的实证研究,也基于国家建构的经典文献。政治发展的含义,即立宪、议会与现代行政结构的创设,增强了国家的存在感与合法性,进而提升了国家的辐射范围与效力,这一论述得到了从过去至今的国家建构研究者如马克斯·韦伯和玛格列特·利瓦伊的支持,参见 Margaret Levi, *Consent, Dissent, and Patriotism* (Cambridge:Cambridge University Press, 1997), 200—208。此外,研究 19 世纪欧洲的历史学家也发现,立宪主义倡导者也认为建立代议制机构是成功巩固官僚体系的必要条件。例如,参见 James Sheehan, *German History, 1770—1866*(Oxford:Clarendon Press, 1989), 426。

　　[11] Lucy Riall, *The Italian Risorgimento:State, Society, and National Unification*(London:Routledge, 1994), 11—28.

　　[12] Ibid., 20—21.

　　[13] 有关对于 1848 年前后所有意大利地方邦国行政体制的讨论,参见 Luigi Izzo, *La finanza pubblica:Nel primo decennio dell'unita italiana* (Milan:Dottore a Giuffre Editore, 1962), 3—16。

［14］参见 David Laven，"The Age of Restoration," in John Davis，ed.，*Italy in the Nineteenth Century*(Oxford：Oxford University Press，2000)。

［15］有关1848年前后皮埃蒙特政府各部委设立的讨论，参见 Luigi Izzo，*La finanza pubblica：Nel primo decennio dell'unita italiana*(Milan：Dottore a Giuffre Editore，1962)，3—16。1859年，托斯卡纳政府由8个部门组成，两西西里王国政府由13个部门组成，帕尔马为6个，摩德纳为7个，教皇国为7个，以及皮埃蒙特为8个，参见 Robert Fried，*The Italian Prefects：A Study in Administrative Politics* (New Haven：Yale University Press，1963)，56。

［16］Silvana Patriarca，*Numbers and Nationhood：Writing Statistics in Nineteenth-Century Italy*(Cambridge：Cambridge University Press，1996)，85—121.

［17］对意大利统一前各邦国行政体系最好的英语作品，参见 Robert Fried，*The Italian Prefects：A Study in Administrative Politics*，21—63。如表5.1所示，托斯卡纳、摩德纳、伦巴第-威尼托以及皮埃蒙特等邦国拥有发展最为良好的行政体系。

［18］有关这部分的杰出阐述，参见 Evan Lieberman，"Payment for Privilege? Race and Space in the Politics of Taxation in South Africa and Brazil," Ph. D. diss.，Department of Political Science，University of California，Berkeley，2000。

［19］Luigi Izzo，*La finanza pubblica：Nel primo decennio dell'unita italiana*(Milan：Dottore a Giuffre Editore，1962)，3—4.

［20］例如，参见菲利普·卡多瓦(Filippo Cordova)在1860年12月23日致加富尔的有关西西里公共财政形势的报告，Filippo Cordova，"Relazione del signo Filippo Cordova del 23 dicembre 1860 trasmessa dal Luogotenente generale nelle provincie siciliane al presidente del Considlio dei ministri," *Carteggi di Cavour：La liberazione del Mezzogiorno e la formazione del Regno d'Italie*，vol.4(Bologna，1861)，doc. no.2811，p.130。

［21］对意大利各邦国税政系统以及各邦税务人员数量系统的摘要，参见 Luigi Izzo，*La finanza pubblica：Nel primo decennio dell'unita italiana*(Milan：Dottore a Giuffre Editore，1962)，513—521。

［22］关于这点，既可以参见新理性主义者玛格列特·利瓦伊的研究(Margaret Levi，*Consent，Dissent，and Patriotism*)，也可以参见新国家主义者彼得·埃文斯的研究[Peter Evans，*Embedded Autonomy：States and Industrial Transformation*(Princeton：Princeton University Press，1995)]。

［23］尽管并未穷尽这一概念，但汲取、强制与规制确实概括了19世纪现代政府最基本的工作。查尔斯·蒂利的《对欧洲国家生成历史的反思》(Reflections on the History of European State-Making)一文里有"汲取、强制与控制"的类似用法，我的三个概念在此基础上进行了微调，参见 Charles Tilly，ed.，*The Formation of Nation States in Western Europe*(Princeton：Princeton University Press，1975)，50。

［24］在以"征税能力"为焦点的国家能力测量里，学者时常讨论不同类型的税收(直接或间接)，以试图评估国家能力的程度。例如，参见 Evan Lieberman，"Payment for Privilege? Race and Space in the Politics of Taxation in South Africa and Brazil," Ph. D. diss.，Department of Political Science，University of California，Berkeley，2000；Margaret Levi, *Of Rule and Revenue* (Berkeley and Los Angeles：University of California Press，1988)。因为数据有限，我采用的是人均公共收入这一公认的更为粗略的测量标准。

　　[25] 我对征兵率的测量遵循了其他学者的做法，即以士兵占男性总人口比重作为征兵率的粗略测量指标。例如，参见 Margaret Levi, *Consent，Dissent，and Patriotism* (New York：Cambridge University Press，1997)。

　　[26] 詹姆斯·希恩写道："对于那些为'官僚制国家'(*Beamtenstaat*)奠定基础的官员看来，对国家而言，没有比教育更重要的使命了。就如同征兵与征税一样，教育也是国家向公民赋予的新权利、施加的新义务之一。"(James Sheehan, *German History*，*1770—1866*，435)

　　[27] 对于意大利各邦国"国家能力"分值不均可能只是反映了各地区社会经济结构潜在差异的批评，我们的效度测试证明情况并非如此。例如，具有启发性的是，地区人均国内生产总值与我每一个衡量制度能力的标准之间的相关性非常的低，这也表明意大利各邦国的制度能力并不能简单地反映潜在的社会经济差异，而是有其自身的概念权重。

　　[28] 有关其他欧洲民族国家 19 世纪公共财政收入占国民生产总值的比重数据，参见 Peter Flora et al., *State，Economy，and Society in Western Europe*，*1815—1975：A Data Handbook*，2 vols. (Frankfurt：Campus Verlag, 1983)。应当指出，现有这些有关公共收入的数据完全是以"民族国家"为案例构建的，其中并不包括意大利或是德意志的地区邦国。从这个意义来看，我的数据对已有的研究做出了贡献。

　　[29] 参见 Luigi Izzo, *La finanza pubblica：Nel primo decennio dell'unita italiana* (Milan：Dottore a Giuffre Editore, 1962)，12—16。

　　[30] Charles Tilly, Louise Tilly and Richard Tilly, *The Rebellious Century*，*1830—1930* (Cambridge：Harvard University Press, 1975)，124.

　　[31] James Sheehan, *German History*，*1770—1866*.

　　[32] Robert Fried, *The Italian Prefects：A Study in Administrative Politics*，52.

　　[33] Alberto Caracciolo, *Stato e societa civile* (Turin：Giulio Einaudi, 1960)，119.

　　[34] James C. Albisetti, "Julie Schwabe and the Poor of Naples," paper prepared for presentation at the International Standing Conference for the History of Education (ISCHE) XXIII, Birmingham, England, July 12—15, 2001, 2.

　　[35] 例如，参见 G. John Ikenberry, *After Victory：Institutions，Strategic Restraint，and the Rebuilding of Order after Major Wars* (Princeton：Princeton University Press, 2001)；Jay Winik, *April 1865：The Month That Saved America* (New York：HarperCollins, 2001)；Herbert Bix, *Hirohito and the Making of Modern Japan* (New York：HarperCollins, 2000)。

　　[36] 关于数据，可参见 J. David Singer and Melvin Small, *National Materials Capabilities Data*，*1816—1985*，Ann Arbor, Mich.：Inter-university Consortium for Political and Social Research, 1993, computer file。

　　[37] 加富尔与法兰西帝国皇帝的协商始于同拿破仑三世的代表科诺博士(Dr. Conneau)持续的通信。关于通信的详情，参见 A. J. Whyte, *The Political Life and Letters of*

Cavour, *1848—1861*（London：Oxford University Press，1930），254。

［38］"Cavour to Victor Emannuel, Baden-Baden, July 24, 1858,"引自 John Santore，*Modern Naples：A Documentary History*（New York：Italica Press，2001），164。

［39］有关条约的文本，参见"Treaty between France and Piedmont, January 1859," in Denis Mack Smith, ed.，*The Making of Modern Italy*，*1796—1870*（New York：Harper and Row，1968），259—260。

［40］对这一时期的加富尔生平最好的三部叙事，可参见 Denis Mack Smith，*Cavour*（London：Weidenfeld and Nicolson，1985），149—176；Rosario Romeo，*Cavour e il suo tempo*（Roma：Laterza，1984）；Luciano Cafagna，*Cavour*（Bologna：Il Mulino，1999）。

［41］John Santore，*Modern Naples：A Documentary History*，163。

［42］1859 年春，在为期两个月的战争爆发后，法国与皮埃蒙特在马真塔（Magenta）与索尔费里诺（Solferino）击败了奥地利，这使得皮埃蒙特处于在外交上能够直接兼并伦巴第的地位。与俾斯麦一样，加富尔首先谋求的是自己国家的扩张，二人在吸纳新的邦国时最核心的考虑也都是国际压力与国际干预的威胁。在意大利的案例里，对伦巴第的直接兼并基于 1859 年 7 月的维罗纳自由镇和议条件中，将伦巴第从法国所有转移至皮埃蒙特的约定。而德意志的案例研究也表明（例如 1866 年的汉诺威），只有当国际势力威胁要进行干预时，是通过征服还是协商来解决国内困境才会变得非常重要，这也使国家的制度能力成为决定其战略的重要因素。

［43］如雷蒙德·格鲁［Raymond Grew，*A Sterner Plan for Italian Unity：The Italian National Society in the Risorgimento*（Princeton：Princeton University Press，1963），96］指出的，相较于其他邦国，托斯卡纳的意大利民族协会的发展不太成功。

［44］"Da Carlo Bon Compagni di Mombello," Doc. 380, March 18, 1859, Florence, in Count Camillo di Cavour，*Epistolario*，vol. 16（January—September 1859）（Firenze：Leo S. Olschki Editore，2000），352.

［45］对拒绝的描述，参见 Count Camillo di Cavour，*Epistolario*，vol.16，352。而有关朱塞佩·多尔菲（Giuseppe Dolfi）领导的激进派与里卡索利领导的"温和派"的地位的描述，参见 Stuart Woolf，*A History of Italy*，*1700—1860*（London：Methuen，1979），450。

［46］"A Carlo Bon Compagni di Mombello," Doc. 780, April 25, 1859, Ministre Sardaigne-Florence, in Count Camillo di Cavour，*Epistolario*，vol.16，619.

［47］可参见詹姆斯·费伦的讨论，James Fearon，"Domestic Political Audiences and the Escalation of International Disputes," *American Political Science Review* 88（1994）：577—592。

［48］"Da Carlo Bon Compagni di Mombello," Doc.800, April 26, 1859, Firenze, in Count Camillo di Cavour，*Epistolario*，vol.16，628—629.

［49］Ibid.

［50］"A Carlo Bon Compagni di Mombello," Doc. 805, Ministre Sarde-Florence, April 27, 1859, in Count Camillo di Cavour，*Epistolario*，vol.16，632—633.

［51］加富尔与他派往其他邦国使节的通信记录，可参见 Count Camillo di Cavour，*Epistolario*，vol.16。

[52] 尽管 1859 年夏秋两季,意大利中部各邦国都支持立即加入皮埃蒙特,但受到拿破仑三世的压力,维克托·伊曼纽尔二世最终还是拒绝了兼并这些地区的提议。

[53] 正如我们将从第六章德国的案例看到的,普鲁士在 1866 年对德意志北部的合并并没有阻碍其在 1871 年与德意志南部的妥协与经由谈判实现和平的结果。

[54] J. A. R. Marriot, *The Makers of Modern Italy* (Oxford: Clarendon Press, 1931), 132.

[55] Crispi, Il Precursore, August 3, 1860, 引自 Denis Mack Smith, *Cavour and Garibaldi: A Study in Political Conflict* (Cambridge: Cambridge University Press, 1954), 37, 50—51。

[56] 参见"Instruzione al conte Ruggero Gabaleone di Salmour, inviato in missione straordinaria presso la corte de Napoli," Doc. 148, Turin, June 1859, in *Il Carteggio Cavour-Salmour*, vol.10 (Bologna: Nicola Zanichelli, 1961a), 221—228;有关萨尔穆尔出访那不勒斯的所有信件与行程安排,参见该文献第 205—311 页。关于加富尔致萨尔穆尔的信来自桑托里的翻译,参见 John Santore, *Modern Naples: A Documentary History*, 166—167。

[57] 引自 J. A. R. Marriot, *The Makers of Modern Italy*, 125—126。

[58] 参见 Angelantonio Spagnoletti, *Storia del Regno delle Due Sicilie* (Bologna: Il Mulino, 1997), 271—306。

[59] 1860 年 5 月,在没有得到皮埃蒙特明确批复的前提下,加里波第单方面地离开皮埃蒙特并征服了西西里,这引发了很多历史学家的讨论。他的动机显然是多方面的,但许多历史学家认为,加富尔在 1860 年 4 月 26 日将加里波第的家乡尼斯割让给法国,是解释加里波第发起进攻动机最合理的动因。关于加里波第更全面的讨论,参见 Lucy Riall, *Sicily and the Unification of Italy: Liberal Policy and Local Power* (Oxford: Clarendon Press, 1998), 76—107。

[60] "Cavour a Nigra," Doc. 823, May 12, 1860, Turin, in *Il carteggio Cavour-Nigra dal 1858 a 1861*, vol.3 (Bologna: Nicola Zanichelli, 1961), 294。

[61] J. A. R. Marriot, *The Makers of Modern Italy*, 132.

[62] 对皮埃蒙特国王与加富尔在这一时期的真实姿态引发了意大利与英语史学界广泛的讨论,参见 Luciano Cafagna, *Cavour*。

[63] Brancato, "L'amministrazione garibaldina," 引自 Lucy Riall, *Sicily and the Unification of Italy: Liberal Policy and Local Power*, 90。

[64] *Atti del governo dittatoriale e prodittatoriale*, 171—318,引自 Lucy Riall, *Sicily and the Unification of Italy: Liberal Policy and Local Power*, 90。

[65] 一个特别能说明问题的事例是,那不勒斯、佛罗伦萨、摩德纳以及帕尔马原先的国家统计局被关闭,这些原独立邦国的政治首都的公务员都被裁撤,而 1861 年 10 月,依据皮埃蒙特的法令,在皮埃蒙特的首都都灵设立了新的中央统计局。对这一案例描述得最好的英语作品为 Silvana Patriarca, *Numbers and Nationhood: Writing Statistics in Nineteenth-Century Italy*, 95。

[66] 尽管"以征服实现统一"的方案是由皮埃蒙特向两西西里王国、摩德纳、帕尔马

以及托斯卡纳等邦国以及教皇国北部省份推进的,不过"以征服实现统一"其实也是这些地区临时领导人推进的,他们认为皮埃蒙特的介入是避免教皇国与奥地利重新对自身建立控制的一种手段。对这些领导者而言,制度上的无能也是驱动力。

[67] Denis Mack Smith, *Cavour and Garibaldi*: *A Study in Political Conflict*, 12.

[68] 依据对此次战争的叙述,正是加里波第创造性地使用了游击战术,才得以确保他面对那不勒斯更强的军力时取得胜利(John Santore, *Modern Naples*: *A Documentary History*)。

[69] 尽管这些说法难以被证实,不过若是仔细审视马志尼的著作就可以发现,所谓的马志尼式"激进"民族主义,通常与加富尔的"务实"民族主义形成对比,其根源在于马志尼对意大利"独立"的渴望。就像 20 世纪后殖民国家的民族主义一样,马志尼的民族主义根植于将"民族"与对"独立"的呼声在思想层面的联结。

[70] 关于后殖民处境与革命意识形态关联的概论,参见 Reinhard Bendix, *Kings or People*: *Power and the Mandate to Rule*(Berkeley and Los Angeles: University of California Press, 1978); Ken Jowitt, *The Leninist Response to National Dependency*(Berkeley: Institute of International Studies, University of California, 1978)。

[71] Denis Mack Smith, *Mazzini*(New Haven: Yale University Press, 1994), 129—130.

[72] 这一解释基于 ibid., 136—138。

[73] Lucy Riall, *Sicily and the Unification of Italy*: *Liberal Policy and Local Power*, 29.

[74] Ibid., 83.

[75] Ibid., 106.

[76] 有关历史上对两西西里王国公共行政部门的处置,参见 Nico Randeraad, *Autorita in cerca di autonomia I prefetti nell'Italia liberale*(Roma: Ministero per i beni culturali e ambientali ufficio per i beni archivistici, 1993), 26—29。

[77] Denis Mack Smith, *Cavour and Garibaldi*: *A Study in Political Conflict*, 47—48.

[78] 这项任务,也就是获取新兼并地区的公众的支持,是民族国家创建过程中的一个普遍特征,每当一个国家要扩张其边界时,都可能采取各种各样的方式来获得支持,这也在一些经典的比较历史分析著作里得到阐发。特里维廉将 1707 年英国北部与南部的联合与意大利北部和南部的联合进行比较,并指出这两个国家领土扩张的不同,大不列颠联合王国的建成是由审慎的外交协定达成的,然而意大利的联合却是公民投票的结果,参见 George Macaulay Trevelyan, *Garibaldi and the Making of Italy*(London: Longmans, Green, 1914), 263。无独有偶,海因里希·特赖奇克将德意志由君主间谈判实现统一与意大利由革命实现统一进行比较,后者在公投里得到了充分的体现,参见 Heinrich Treitschke, *Cavour*: *Der Wegbereiter des neuen Italiens*(Leipzig: Wilhelm Langeweische-Brandt, 1942), 207。

[79] George Macaulay Trevelyan, *Garibaldi and the Making of Italy*, 264.

[80] 斯图尔特·伍尔夫指出:"普遍的民族主义与爱国主义的神话,正是在全民公投

的熔炉里锻制的。"(Stuart Woolf, *A History of Italy*, 1700—1860, 457)

［81］Denis Mack Smith, "Advanced the Southern Question," in Charles F. Delzell, ed., *The Unification of Italy*, 1859—1861: *Cavour*, *Mazzini*, *or Garibaldi*? (New York: Robert E. Krieger, 1965), 67.

［82］这里的讨论中,我将重点放在皮埃蒙特于 1860 年 10 月对两西西里王国的兼并,而不是对意大利中部与北部各邦国的兼并,因为只有在两西西里王国(也就是意大利最大的邦国)与皮埃蒙特之间的争执中,我们可以期待地区主义在领土问题上要求让步,以产生建立联邦制的冲动。多数历史学家认为,两西西里王国与皮埃蒙特在 1860 年 10 月开始达成的协议条款对意大利未来的制度走向具有决定性意义,参见 Denis Mack Smith, "Advanced the Southern Question," in Charles F. Delzell, ed., *The Unification of Italy*, 1859—1861: *Cavour*, *Mazzini*, *or Garibaldi*?, 67. 正如在巴伐利亚这一仅次于普鲁士的最大的德意志邦国,建立联邦制的冲动也是最强烈的。

［83］引自 Denis Mack Smith, *Cavour and Garibaldi*: *A Study in Political Conflict*, 294。

［84］下述关于费拉拉的讨论基于菲利波·萨贝蒂所提供的令人获益匪浅的总结,参见 Filippo Sabetti, *The Search for Good Government*: *Understanding the Paradox of Italian Democracy*, 43—49。

［85］Ferrera, "Brevi note sulla Sicilia," 300—301,引自 ibid.。

［86］Ferrera, "Brevi note sulla Sicilia," 304,引自 ibid., 46。

［87］Ferrera, "Brevi note sulla Sicilia," 304,引自 ibid.。

［88］Denis Mack Smith, *Cavour and Garibaldi*: *A Study in Political Conflict*, 67.

［89］Parlamento Sub-Alpino, *Atti Parlamentari*, Acts of the Seventh Legislature, October 2, 1860.

［90］Ibid.

［91］Ibid.

［92］Denis Mack Smith, *Cavour and Garibaldi*: *A Study in Political Conflict*, 326.

［93］Parlamento Sub-Alpino, *Atti Parlamentari*, Acts of the Seventh Legislature, October 2, 1860.

［94］Ibid.

［95］参见麦克·史密斯的讨论,Denis Mack Smith, *Cavour and Garibaldi*: *A Study in Political Conflict*。

［96］参见 John Davis, *Conflict and Control*: *Law and Order in Nineteenth-Century Italy*(Basingstoke: Macmillan Education, 1988)。

［97］Denis Mack Smith, *Cavour and Garibaldi*: *A Study in Political Conflict*, 344.

［98］这其中最好的记录是由卡米诺·加富尔作品集编撰委员会收集的多卷本的私人与外交信件,参见 Commissione Editrice dei Carteggi Di Camillo Cavour in Count Camillo di Cavour, *Carteggi di Cavour*: *La liberazione del Mezzogiorno e la formazione del Regno d'Italie*, vol.4。

［99］"F. Cordova a Cavour," August 16, 1860, Doc. no.639 in Count Camillo di Cavour, *Carteggi di Cavour*: *La liberazione del Mezzogiorno e la formazione del Regno d'Italie*, vol.4, 94.

［100］ "Persano a Cavour," August 2, 1860, Doc. no. 528 in Count Camillo di Cavour, *Carteggi di Cavour: La liberazione del Mezzogiorno e la formazione del Regno d'Italie*, vol.4, 8.

［101］ "Farini a Depretis," August 17, 1860 Doc. no.647 in Count Camillo di Cavour, *Carteggi di Cavour: La liberazione del Mezzogiorno e la formazione del Regno d'Italie*, vol.4, 99.

［102］ Lucy Riall, *Sicily and the Unification of Italy: Liberal Policy and Local Power*, 84.

［103］ George Macaulay Trevelyan, *Garibaldi and the Making of Italy*, 264.

［104］ Spencer Di Scala, *Italy: From Revolution to Republic* (Boulder, Colo.: Westview Press, 1995), 121.

［105］ George Macaulay Trevelyan, *Garibaldi and the Making of Italy*, 264.

［106］ Ibid.

［107］ 参见 Estratti dai Verbali delle advanze della Commissione Temporare a di Legislazione instituta presso il Consiglio di Stato colla leegga 24. Giugno, 1860,引自 Robert Fried, *The Italian Prefects: A Study in Administrative Politics*。

［108］ Ibid.

［109］ Robert Fried, *The Italian Prefects: A Study in Administrative Politics*, 75.

［110］ Filippo Sabetti, *The Search for Good Government: Understanding the Paradox of Italian Democracy*, 49.

第六章　从强地域忠诚到联邦制国家：以协商实现统一的德国

> 用暴力征服南方的尝试，只会给我们带来意大利南方给它们的国家带来的软肋。
>
> ——奥托·冯·俾斯麦，1866 年[1]

在意大利统一的六年后，德国的国家统一将由两阶段完成：北德意志邦联在 1866—1867 年建立以及德意志帝国在 1870—1871 年建成。如前几章所述，在德意志，支持与反对国家统一的地方力量与意大利极为相似。另一相似之处，也是本章将要阐明的，即德意志的政治精英与知识分子的政治辩论同样是围绕着"中央集权"与"联邦主义"展开的。最终，相较于皮埃蒙特之于意大利其余邦国在军事上的弱势，普鲁士本可以主导一个中央集权式的德意志民族国家的建立，因为普鲁士要实现这一点简直易如反掌。

然而面对这些相似之处，强盛专横如普鲁士却建成了联邦制政体，这无疑凸显了国家建构中意想不到的讽刺：强大的政治核心可以做出让步，而弱小的政治核心反而做不到。可见建成联邦的关键并非取决于政治核心的实力，而是蕴含在将要组成联邦的各次国家政权制度发展水平的差异中。由于德意志各邦国普遍拥有发展良好的国家结构，普鲁士能够采取皮埃蒙特本想采取却无力为之的谈判的或是联邦制的建国策略，这一策略同时旨在应对国家统一需要面临的紧迫的国际与国内困境。

的确，尽管普鲁士与皮埃蒙特的民族国家缔造者面临着极为相似的社会处境，但德国国家统一的制度结果却迥异于意大利。普鲁士构建民族国家的策略产生了明确的联邦制国家而非单一制国家，德意志帝国的联邦制有三个关键的维度：（1）地区政府在中央层面拥有以地域为基础的议会的代表（联邦议会）；（2）地区政府依然维持高度的财政自主权，而帝国依赖各邦国取得财政收入［也就是所谓的"分摊款项（*Matrikularbeiträge*）"体系[1]；（3）地区政府维持对自身行政机构的控制，甚至享有大部分的联邦立法权［该体制被称为"行政联邦制"（*Exekutivföderalismus*）[2]。在德国，尽管此前各自为政的邦国被纳入了一个更庞大的政治体，但依然作为新的联邦政体里重要的正式单元而存续。

论点：以协商实现统一及其制度遗产

为了理解这一与意大利统一形成鲜明对比的建成联邦制的成功案例，我们将又一次回顾大多数学者所强调的意识形态、文化或是权力结构因素分析中的缺陷。尽管这些因素可能在德意志与意大利精英讨论或是考虑政体模式时产生影响，但它们显然不足以确保在意大利建成联邦制。而关键是，正如上一章也已提到的，德国与意大利之间的决定性差异在于，普鲁士从德意志各地方邦国继承的地方政府的基础性能力更高。在国家统一的关键年头，当皮埃蒙特的政治领袖因为其他地方邦国的制度性能力缺失而不得不转向中央集权制时，普鲁士的政治领袖在普鲁士之外的德意志诸邦国所面对的却是制度发达、君主立宪的邦国政府，它们的制度能力更强。因此，普鲁士领导层也就有了可以谈判的伙伴，而且，在国家统一后，中央政府可以成功且轻易地将财政、行政与政权移交给普鲁士之外的其他邦国发达的政权结构。从这个意义来看，皮埃蒙特与普鲁士的主政者都试图寻求阻力最小的国家统一之路，而不是用"征服"来实现中央对周边区域的绝对权力最大化。面对不同的制度环境，普鲁士的政治领袖能够谋划

---

① "分摊款项"体系可以理解为德意志帝国的总体财政是由德意志帝国下的各邦国按一定比例向中央提交资金，这项制度也可以被视为此前"德意志关税同盟"模式在国家统一后的延续。——译者注

全然不同的策略，即以明确的"联邦制"战略来应对相同的国家统一目标，通过将一系列特定的政治行为体、政治规范与正式规则制度化，确保联邦制能在新生的德国扎下根来。

但回过头来，到底为什么普鲁士的政治领袖与普鲁士之外的德意志众诸侯，最终能够在国家统一的大业里采用联邦制的解决方案？普鲁士以外德意志诸邦国成熟的国家结构，使普鲁士内外的政治领袖恰好能够借助统一前的德意志制度格局现成的优势，也就是次国家政权的国家建构要先于国家统一进程，从而留下了政治发达的地方政治体。因此，这些普鲁士以外的邦国其发展完好的国家机构之中的在位者，例如议会与行政部门中的掌权者，他们既有手段也有动机来捍卫他们自己的政治地位，并坚持成为新的民族国家中的正式的政治行动者。此外，德意志各地方邦国拥有的成熟的政权结构，能使俾斯麦同时实现普鲁士的外交与内政目标。首先，俾斯麦意识到法国、英国与奥地利将对一个普鲁士治下的中央集权且强盛的德国感到畏惧，所以他通过保留巴伐利亚、萨克森与符腾堡等邦国的君主来消除这些担忧。[3]但更重要的是第二点，成熟的地方邦国结构使俾斯麦得以推行使加富尔力不从心的内部议程：在现有的各邦国内政结构与君主制下的精英被保留的情况下，通过协商谈判实现统一，以确保国家统一以非革命的与渐进的方式进行。事实上，也正如部分历史学家所言，俾斯麦正是利用这些地方政治精英与制度来阻碍自由民主化变革的进程，他让各邦国的君主继续掌权，将其作为应对强势的民选议会的反制力量。[4]

从这个意义上，联邦制在1860年与1870年德国案例里的成功，不仅仅凸显了文化与意识形态路径在解释联邦制出现时的弱点，而且凸显了经典的赖克式论述里的空白，而他的理论成为当今大多数联邦制研究方法所依据的基础。相比假定政治核心的领导者总是偏好尽可能集权的政治制度，我们发现普鲁士的领导者优先致力于建成联邦制，而地区政府在其中保持着较高的政治权威。这种基于较高制度性能力且发展良好的地方邦国结构，不仅不是约束普鲁士建成普鲁士治下的德意志民族国家的"绊脚石"，恰恰相反，这样完善的地方邦国结构，能使普鲁士的开国元勋在面临一个畏惧普鲁士霸权的国际体系的威胁时，实现他们的统一方案。

本章将承担两个任务：第一，我展现了国家统一前最大的几个德意志邦国制度层面的原始数据，从而概述普鲁士政府经由国家统一从德意志其他地区那里继承的地方邦国结构。在这一部分中，我会强调相较于意大利而言，德国统一前各地方政权拥有的高度的政治发展与政治实力。第二，也就是在本章的第二个部分，我将回溯上一章提出的国家统一的三个阶段在德意志民族国家构建中的呈现，从而展现德意志各邦国所拥有的高度发达的制度性能力如何成功地在国家统一的每个阶段贡献创建联邦政体的机会。通过在统一进程中将特定的政治行为体、政治规范与正式规则制度化，新政体的联邦制得到了保障。这里，我将展现构建民族国家过程中的"正反馈"与"自我强化"产生的动力，在德国国家统一过程里，地区政府的制度能力与自主性实际上得到了增强，而非像意大利那样被进一步削弱，这也使得 19 世纪 70 年代与 80 年代德国进行中央集权化的努力更加困难。

德意志各地区制度性能力的遗产：德国统一前的地方邦国概述（1815—1866 年）

相较于意大利各邦国，拿破仑时期遗留的旨在推翻旧制度的宪制、议会与行政改革，在 1815 年后的德意志各邦国中更完好地被保留了下来。在意大利诸邦国，从伦巴第到皮埃蒙特，乃至两西西里王国，1815 年后旧政权的复辟意味着恢复信奉君权神授的君主、议会制的废除以及对官僚体系的清洗。[5]此外，各邦国除了在 1848—1849 年逢场作戏般地建立议会和立宪外，皮埃蒙特是唯一在 19 世纪 50 年代（也就是统一前的最后十年）依然保有完整的宪法与议会的意大利邦国。

相较之下，大多数的德意志邦国在 1815 年走出拿破仑时代的时候已经进行了制度变革，并正积极开展更进一步的政治发展计划，如制定新宪法、创设议会以及构建现代行政体系。[6]这也是本章要说明的：正是德意志各邦国这些地方层面的制度配置，确保了德国在统一后能够建立起联邦政体。确实，对于德意志地区大多数邦国来说，1815 年旧政权的复辟非但没有削弱拿破仑的改革遗产，反而增强了这些改革，并诞生了一系列政治制度与政治实践。尽管 19 世纪 50 年代一度出现了"反动"时期,但这些成果一直延续到了1866年与1871年的德国统一时期。因此,正如本章的证据要展现的,统一前的德意志各邦国,尤其是德意志西南地区的邦国,都紧密地嵌在德意志社会之中,它们拥有更强的合法性与存在感,也因而具有更强的制度能力,相较于意大利各邦国来说也就更难瓦解。[7]从表6.1中,我们得以窥见即将组成德意志帝国的邦国中最大的几个成员邦国的概况,1871年它们约占全德意志总人口的90%。从表中可以看出它们在国家统一前的最后十年(1855—1865年)的概况。[8]

表6.1　德意志各邦国的制度发展(1855—1865年)

	政权理性化 (是否立宪)	议会发展 (是否有权影响预算)	行政发展 (集中化与部门分化)	政治发展 汇总得分
普鲁士	1	1	2	4
巴伐利亚	2	2	2	6
巴　登	2	2	2	6
符腾堡	2	2	2	6
萨克森	1	1	2	4
梅克伦堡	1	1	1	3
汉诺威	2	1	2	4
库尔黑森	1	1	2	4
拿　骚	1	2	2	5
黑森-达姆施塔特	1	2	2	5

注:本表中,0=不存在,1=存在但有争议,2=存在且有效。数据来源于胡贝尔的分析叙述,参见 Huber, *Deutsche Verfassungsgeschichte Seit 1789*, 182—223。

如表6.1所示,在政治发展的三个维度——立宪、议会与行政上,普鲁士在1866年后接管的除奥地利外的德意志邦联中的9个最大的邦国,在19世纪50年代都拥有宪法、议会以及发达的行政机构,几乎所有的德意志邦国都比对照的意大利邦国有着更高的得分。[9]更关键的是,总的来说,普鲁士与它所继承的各邦之间在政治发展水平上没什么差距。在19世纪50年代,皮埃蒙特是意大利唯一立宪的邦国,但是普鲁士实际上却是全德意志唯一到1848年都没有立宪的大邦国。不过,表6.1也表明,到19世纪50年代中期,包括普鲁士在内所有德意志邦国的宪法都确保了,未经议会批准,"无法可立,无税可征,也无公债可发行"。[10]也就是迪特尔·格林(Dieter Grimm)谈到的,到19世纪50年代,"绝对主义统治已经走到了尽头"。[11]

诚然，德意志各邦国的宪法与议会事实上是内嵌于其君主制的，因此绝不可能是现代议会政治的典范。在德意志各邦国的宪政里，君主确实都居于主导地位，但在各邦国保持独立的最后十年里，各邦国之间其实存在着巨大差异。在巴登、巴伐利亚与符腾堡等最为进步的邦国，甚至是在 19 世纪 50 年代初修订的"反动"宪法里，也对自由派做出了让步，保留了邦国议会对预算与君主立法的否决权。不仅如此，这些议会权利曾在 19 世纪 50 年代末期被频繁地行使。[12]此外，作为公共机关，这三个位于德意志西南地区的邦国政府还会公开发布议会辩论纪要，而新闻媒体则会报道这些文件，可见这三个位于德意志西南地区的邦国政府活跃于公众视野中。[13]

相较之下，在汉诺威、萨克森、黑森-达姆施塔特、拿骚，特别是梅克伦堡这些不那么进步的邦国，君主们又恢复了 1848 年以前的宪法，他们在政治实践中经常无视议会、解散议会，又或是在议会拒绝支持君主提议时要求重新选举。最后，在普鲁士、拿骚、库尔黑森与汉诺威，旷日持久的宪政冲突为整个 19 世纪 50 年代的政治局势定下了基调，即议会与君主围绕着征税与军事预算的设置进行斗争。[14]然而，就算有这样的差异，诚如詹姆斯·希恩所述："带着不同程度的不情愿与自觉，许多德意志地区的保守派已然接受了宪法和议会将继续存在的事实。"[15]

除了根深蒂固的立宪与议会传统外，如表 6.1 所示，德意志各邦国到 19 世纪 50 年代时，基本都经历了相当一致的高水平行政发展。与意大利不同，意大利各邦国的改革在 1815 年后被立即撤销，然而在德意志的许多邦国，君主和他的大臣们继续实施始于 1815 年的集中化与专业化的行政计划。尽管意大利各邦国的行政机构比它们的议会与立宪发展得要好，但跟德意志的邦国比，它们在绝对值上仍差得很远。几乎所有德意志邦国的行政改革，最终都在德意志的各个政治领域里培育了集中化、专门化、职业化与嵌入社会的官僚机构。首先，在所有的德意志邦国，君主及其官员在 1815 年至 1820 年间都建立起了中央集权的省长制度。而在巴伐利亚、巴登与符腾堡等邦国，规模较小的省级行政机构与不断扩张的公务员队伍融合在一起，这些机构并不是独立的地方政府，而是中央集权的手段。[16]虽然普鲁士王国受法国模式的直接影响较小，但在 1806 年战败于拿破

仑后，普鲁士也开展了大规模的行政机关的集中化，并成立了以州政府（Landrat-
samt）为核心的新行政体系。[17]在那些远离法国影响的邦国，如萨克森王国，中
央集权制建立的时间则稍晚。[18]举个例子，即使是萨克森王国在 1831 年推行新
宪法后，仍有一些地区，如上劳西茨地区（Oberlausitz），依然保持着行政自治。不
过，到了 19 世纪 50 年代，虽然改革时代大体上已经结束，但受省长制启发的现
代行政管理的基本模式已经在德意志各邦国建立了起来。

　　其次，德意志各邦国除了追求治理的集中化外，也在寻求行政机构的分化。
传统上，德意志的绝对主义政权几乎将所有的国家职能集中于君主的枢密院[如
"总理事务院"（Generaldirektorium）①]之下。[19]但自 18 世纪末，尤其是 1815 年
后，日益繁杂的社会治理与筹集财政收入的任务给行政人员带来了新的挑战。
基于此，君主们自己创设了新的行政机构，于是在德意志各邦国都出现了大量的
行政机构，以更有效地开展治理。例如，在巴伐利亚、巴登与符腾堡等邦国，甚至
早在 1815 年以前，政治权力就已分散至五个部门——司法部、财政部、内政部、
外交部、教会与学校事务部。[20]而当普鲁士在 1806 年战败后，相似的政府部门
的功能分化也在普鲁士迅速开展。不过，行政职能分化的进程，尤其是建立起对
议会负责的各政府部门的进程，在黑森（19 世纪 20 年代全面开展）、萨克森（1831
年）以及汉诺威（19 世纪 30 年代）等邦国相对缓慢。[21]然而在最关键的税政领
域，几乎所有德意志邦国都早在 1817 年就建立起了独立的财政部。[22]

　　尽管 1848 年以前是立宪、建立议会与行政革新的时期，但 1848 年之后则通常
被历史学家称为"反动"时期，因为这一时期各国的暴力机关都对公共社会与新闻
自由进行了镇压。不仅如此，自 1850 年起，君主们开始随意地解散议会、强行颁布
法令、废除选举法，并取消宪法赋予公民的"基本权利"（Grundrechte）。[23]与意大
利的君主们一样，德意志的君主们也试图回到 1848 年以前的政治状况。在意大
利，这种倒退意味着要回到 1848 年以前既没有立宪，也没有议会的政治安排，但
在德意志地区，这仅仅意味着回到 1848 年以前不那么进步，但依然有宪法与议

---

①　又称为"财政、战争与国土最高总理事务院"，由普鲁士国王腓特烈·威廉一世创立，整合自原有
　　的三个王室机构"战争委员会""王室财政部"与"国土事务院"。这一以腓特烈一世为核心的高度
　　集权的中央行政机构，全称为"General-Ober-Finanz-Kriegs-und Domänen-Directoriu"，简称为
　　"Generaldirektorium"。——译者注

会的政治秩序。确实，尽管19世纪50年代出现了"开倒车"的政治氛围，但在19世纪30年代就已经立宪的德意志邦国里，只有一个邦国在德国1848年革命失败后完全废除了宪法。[24]在这个意义上，1848年以前的议会与行政发展使德意志各邦国在国家统一以前就走在了政治发展的轨道上，确保了宪法、议会与现代行政机构至少存续到了德意志国家统一时期。

但1848年以前的这些邦国结构从何而来？为什么在1848年，德意志这些立宪的邦国就已经与意大利邦国有着如此明显的差异，而在意大利，不设议会的绝对主义统治依然主宰着整个半岛？要回答这些问题，我们就必须研究德意志境内自1815年起的发展状况。确实，表6.1呈现的三个维度，立宪、议会与行政，都反映了德意志各邦宪政发展的两个主要"浪潮"（1815—1820年与1830—1834年）以及宪政倒退的一个主要时期（1849—1851年）的印记。[25]与1815年后意大利在宪政上的贫瘠景象相比，1815年后的德意志在宪政上的生机盎然确保了各邦都有自己的议会。1814年，拿骚公国立宪。[26]1816年，绍姆堡-利珀（Schaumberg-Lippe）、瓦尔代克（Waldeck）与萨克森-魏玛等小邦国立宪。到了1818—1819年，德意志南部的巴伐利亚、巴登以及符腾堡等大邦国也开始立宪，到了1820年，一些较小的如黑森、达姆施塔特这样的邦国也开始立宪。到了1821年，德意志邦联42个加盟邦国中有29个邦国已成为立宪国家。等到了19世纪30年代，库尔黑森以及萨克森与汉诺威这两个保守政权也加入了立宪议会制国家的序列中。[27]与1848年以前德意志各邦国几乎普遍立宪形成鲜明对比的，除了上面提到的普鲁士王室，还有梅克伦堡家族①，他们始终是特立独行且冥顽不化的异端。尽管曾有像哈登贝格（Hardenberg）②这样的改革家向普鲁士王室提交立宪方案，但19世纪20年代，普鲁士的立宪方案屡遭否决。一直到1850年，也就是1848年资产阶级革命以后，普鲁士王室才制定了宪法，确保议会在立法过程中的角色。[28]

但撇开普鲁士不谈，疑问依然存在：为什么在1815年后的几年里，德意志诸

---

① 这里指的是梅克伦堡-什未林与梅克伦堡-施特雷利茨两个邦国，它们是当时德意志最保守的政权之一，在很多制度设计上依然有着中世纪特征，可参见本章注释[9]和注释[24]。——译者注

② 卡尔·奥古斯特·冯·哈登贝格，普鲁士政治家，在任期间推行了许多自由化改革方案，他与普鲁士另一位改革派政治家冯·施泰因男爵共同领导了普鲁士改革运动（也被称为"施泰因-哈登贝格改革"），包括改进军队体系、废除农奴制等。——译者注

邦国开展了如此广泛的立宪、议会与行政改革，但这些却没有在意大利发生？研究这一时期的历史学家通常将注意力集中在德意志民族国家建立以前制度风貌的两个独有的特征上。第一，尽管与意大利诸邦国一样，德意志邦国各自为政，但毕竟所有德意志邦国仍然是松散的德意志邦联的成员，因此它们都受到德意志邦联成立文件第 13 款的约束①，特别是其中含糊不清地规定了所有成员邦国"将拥有……宪法"。[29]然而，德意志邦联作为毫无强制执行力的组织，并不会自然而然推动宪法产生，而邦联的成立文件也没有规定各邦国自身宪法的性质。可见，如德国的宪法史学家认为的，推动立宪的动因是第二个因素，也就是后拿破仑时代的财政需求。[30]例如，1815 年至 1821 年巴伐利亚、巴登与符腾堡的立宪，很大程度上是为了建成能够获取永续岁入的中央集权国家。[31]在巴伐利亚首相蒙特格拉斯（Monteglas）、巴登首相弗里德里希·内本纽斯（Friedrich Nebenius）与符腾堡的改革派官员的领导下，立宪活动与创设议会成为一场"自上而下的革命"，各邦国官僚在其王室的推动下，纷纷开展现代化的体制变革，从而为财政状况拮据且领土不安全程度高的德意志南部各邦国构建更为牢靠的政权根基。正当意大利邦国在 1815 年后财政相对安全、领土边界相对稳定时，德意志各邦国，尤其是德意志西南部的邦国，由于 1815 年后的边界纷争与领土扩张，普遍有着高得多的债务。为了开拓财源以运作一个饱受高额债务束缚的国家机器，德意志邦国的领导者认为立宪与创建议会能够保证以一种"讨价还价"的方式来缓解紧张的征税过程。[32]在巴伐利亚，就跟在其他各邦国一样，成立贵族专属的上院本身就是对取消贵族税收特权的一种"回报"。[33]一言以蔽之，德国在后拿破仑时代面临的独特环境导致了体制变革的发生，这些变革使德意志地区在 1848 年以前就巩固了宪法与议会的地位。[34]

　　统合来看，我们可以发现，在意大利君主复辟的经验中呈现的，是君主专制的复苏伴随着对国家官僚机构的清洗，而德意志各邦国进入复辟时期时，却拥有运转良好的宪法、议会以及日益集中化与专门化的现代官僚行政体系。可以说，德意志各邦国在复辟后的政治发展历程，就如同拿破仑体制在意大利解体的逆

---

①　这里第 13 款出自《德意志邦联宪法》，也就是在 1815 年维也纳会议上，39 个德意志邦国参与并产生的框架性文件。其中第 13 款规定："在所有的邦联成员国里，应当有基于各邦制定的宪法。"——译者注

向过程一样,凸显了现代国家发展的所有三个特性——立宪、议会与行政管理在19世纪的齐头并进。实际上,德意志的改革家、自由派以及当局的支持者自身也都认为上述三个有关国家组织的特征对于延伸其汲取资源、规制社会生活以及为公众提供服务的能力至关重要。[35]在这一时期,宪法(*Verfassung*)与行政(*Verwaltung*)都被认为是巩固国家结构的同一工程的一部分。

表6.2 德意志各邦国的制度性能力(1850—1866年)

	汲取能力 (人均财政收入, 泰勒)	强制能力 (征兵率:士兵占 男性总人口比重)	规制能力 (公路密度:每平方千米 土地上的公路千米数)
普鲁士	5.5	2.2%	66
巴伐利亚	6.1	4.3%	112
巴 登	6.2	1.1%	136
符腾堡	6.0	1.4%	148
萨克森	5.4	2.3%	228
汉诺威	5.2	2.8%	141
库尔黑森	6.0	2.1%	143
达姆施塔特	5.2	2.8%	229
普鲁士与其他邦国均值比	1∶1.04	1∶1.09	1∶2.45

资料来源:邦国财政数据、人口数据与公路密度数据来自 Borchard, "Staatsverbrauch", 42—43, 274;士兵数据来自 Singer and Small, *National Materials Capabilities Data*。

如若这些改革的目的其实是增强国家能力,那么它的效应如何评估?而德意志邦国与意大利邦国又有什么差异?就像第五章说的,宪法、议会与现代行政体系长期以来都被认为能够提高国家的制度绩效。[36]研究国家能力发展史的学者认为,当宪法、议会与行政体系相结合时,能够缔造更为有效的治理模式。在表6.2中,我对德意志各邦国的制度性能力的情况进行了概述,在这里,制度性能力被分解为与上一章所采用的标准相似的三个维度:汲取能力、强制能力与规制能力。尽可能采用与第五章指标相似的目的,是更好地评估各德意志邦国在多大程度上能从其臣民中汲取资源、强制性地组建军队,以及渗透与改造社会。

将表6.2展现的德意志各邦国的数据与第五章提到的意大利各邦国的数据进行对比,有两点较为突出。第一,从制度性能力的绝对值来看,19世纪50年代的德意志邦国要远比意大利的参照对象发达得多。第二,或许对将来德国联邦制发展更重要的是，普鲁士与它在1867年与1871年继承的各邦国之间在制度性能力上的相对差距，比皮埃蒙特与它在1861年继承的各邦国之间的制度性能力差距要小得多。当皮埃蒙特在所有的三个维度的发展水平都是它将要接管的邦国的两倍时，普鲁士接管的邦国事实上比普鲁士自己的制度性能力水平还要高。而在普鲁士的政治精英就国家统一问题展开谈判时，这一制度事实将对他们观念与策略的塑造起至关重要的作用。

首先，就汲取能力而言（这也是国家能力的核心维度之一，包含国家从它的臣民那里获取岁入的能力），在德意志最大的几个邦国里，人均财政收入通常是持平的，这就与意大利有着很大的不同。在意大利，统一发起者（皮埃蒙特）的汲取能力最高，而在德意志，某些最反对国家统一的邦国（巴伐利亚与符腾堡）反而拥有最高的汲取能力。这些人均财政收入的比较①也可能反映了德意志各邦国截然不同的财政管理体系。前面的讨论清楚地表明，19世纪初为应对债务危机而较早建成的财政管理制度，总体而言推动了成熟的国家结构的诞生，尤其是在德意志西南部的议会制立宪邦国中。而本章的核心论点之一，就是与意大利的经历相比，德意志各邦国的汲取能力都很高，且彼此间更为均衡，这在很大程度上解释了为什么在国家统一后，普鲁士让各邦国保留了财政自主权。

其次，如表6.2所示，德意志各邦国的征兵率平均为意大利各邦国的两倍（德意志各邦国为2.5%，而意大利各邦国为1.6%）。这一数据不仅表明德意志邦国拥有更有效的军队建设能力，也反映出德意志各邦国在维持公民秩序方面所具有的强大的强制能力。事实上，教皇国和两西西里王国经常需要外国军队来平息暴力，相比之下，德意志各邦国，尤其是最大的反普鲁士邦国巴伐利亚，拥有维持本国民众稳定的强制能力。[37]最后，也是最重要的，在德意志，普鲁士与它将要兼并的其他邦国在募兵方面有着几乎相同的能力，而不是像我们从意大利的案例中发现的，发起统一的邦国与其他邦国之间存在巨大差距。再者，普鲁士之外的德意志地区较高的基础性能力也为普鲁士的国家统一方案奠定了基础，使普鲁士能更从容地将这一范畴的权力交给这些邦国。

---

① 原文为"rates of revenue per capita"，考虑到表6.2中"汲取能力"的数值采用绝对值，此处应理解为普鲁士与其他德意志邦国的比值。——译者注

最后,回到国家发起社会变革的规制能力,我们发现这里有进一步的证据表明,德意志各邦国都保持着较高的且均衡分布的制度性能力。尽管我们没有足够的小学入学率数据以对意大利与德意志各邦国进行直接比较,但已有的说法证实,与大多数意大利邦国相比,这一时期德意志各邦国的小学教育改革取得了重大成功。[38]当然,为了评估德意志各邦国规制能力的相对水平,我们可以从当时的德国国情中找到更为可靠的替代方案,即各邦国修建公路的能力。从19世纪20年代起,德意志的许多邦国出现了邦国主导的公路修建工程,此外还有覆盖邦国全域的公立学校体系的建立,这些都是具有革命性的社会工程,旨在创建经济上更有活力、联系更为紧密的社会。不仅如此,通过建设学校与修建公路,德意志各邦国的领导者都在试图扩张其对社会的影响力与控制范围。[39]尽管公路建设曾是欧洲国家建构的关键一环,但鲜有对这一社会转型工程何以贯彻的比较研究。[40]与各地区公路密度发展千差万别的意大利相比,德意志诸邦国,除了普鲁士,在19世纪经历了相当均衡的由国家主导的公路建设过程。[41]

由宪法、议会与完善的行政管理体系组成的德意志君主制邦国间均衡发展的结构,也给当时德意志民族国家的缔造者带来了不同的挑战。在与德意志形成对比的意大利,皮埃蒙特领导者要面对的是因缺乏国家能力而处于革命前夕的摇摇欲坠的邦国,而普鲁士的政治领袖在担负国家统一三项任务,即结束统一战争、打造新的政治联合以及为新体制建章立制时,面对的则是截然不同的制度处境。普鲁士的政治领袖面对的是良好发展的邦国结构、即将被制度化的明确的政治行动者,以及一系列政治规范与正式规则,在这一情境下开展国家统一的三项工作的普鲁士,最终产生了联邦政体。让我们汇总来看,对这三项国家统一任务的应对奠定了未来德意志联邦政体的主要轮廓。但是,德意志的制度环境,也就是由枝繁叶茂的议会君主制的政府所主导的德意志邦国,到底如何影响了普鲁士的统一？在这样的情形下,普鲁士的领导者又发现了哪些机会与问题？以及,这种由发达的国家结构所构成的前民族国家时期各邦国的制度图景,是如何转化为构成新的联邦政体根基的行为者、规范与制度的呢？这些都是本章接下来几个部分要探讨的问题,我们将探究1866年至1871年间发生在德意志地区的国家统一的三个阶段,如何将德意志各邦国由松散的联盟转化为一个联邦制的民族国家。

形成民族国家的第一步：终结统一战争

与意大利一样，终结统一战争是德国统一的第一阶段，而当时的实际情形与意大利也基本相似。和 1860 年的皮埃蒙特一样，普鲁士在 1866 年夏初发现自己已经取得了军事胜利，它现在可以提出领土要求，但普鲁士同样在意奥地利与法国对自己的统一方案的看法。不过，普鲁士的政治领袖对它的德意志邻邦，却采取了与 1859 年至 1860 年皮埃蒙特对它的邻邦所施行的不同的策略，普鲁士政治领袖的目的并不是像法国或是意大利那样，建立起一个新的中央集权制的德意志民族国家，因为那首先需要无条件征服德意志全境，并驱逐所有享有主权的君主和他们的行政与议会机构。反之，普鲁士决策层安于学者所说的"协商和平"，也就是在国家建构时进行一系列的让步与妥协。[42] 特别是，以谈判实现和平需包含两个要素：第一，必须直接兼并汉诺威与德意志北部和中部的小邦国，并间接控制萨克森（建成北德意志邦联的基础）；第二，要尽可能地使德意志南部根深蒂固的邦国君主及其国家结构保持独立与完整。这种兼并与妥协并重的双重战略，经由将未来构成德意志邦联的组成邦国（如德意志南部的君主制邦国与萨克森）进行正式的制度化，为德国联邦制的建成奠定基础。

总的来说，本章这一部分的核心论点为：终结统一战争的条件将未来新政体中的主要政治行为体制度化。如果说，意大利的教训是，对其他地区的彻底兼并导致了原有地方君主的覆灭，从而引向了一个更为单一制的政治结构，那么，止步于退让与务实包容的兼并计划，则最可能导向各地方邦国君主制的制度化以及联邦制政体的构建。而迈向这两种不同国家结构的关键的第一步，就是如何终结统一战争。

哪些因素决定了包容是可行的？ 在意大利，彻底的兼并被认为是必要的，然而在德意志，以谈判来终结统一战争的可能性却被认为是一次机会。在意大利统一战争的六年后，普鲁士政府发现自己也处在了同奥地利交战的情形中，它需要与奥地利争夺对德意志各邦国的控制权，并最终建成一个小却统一的德意志国家。与 1860 年的皮埃蒙特领导者一样，普鲁士国王与他的国务顾问在 1866 年

7月也面临着如何结束统一战争的问题。讽刺的是,考虑到最终的结果,威廉一世国王与他亲密的军事顾问起初的计划是,立即推动对巴登、符腾堡与巴伐利亚这三个与奥地利结盟的德意志南部邦国的无条件征服。[43]在1866年7月9日俾斯麦致普鲁士驻法大使的备忘录里,他将此称为"最大化兼并战略"。[44]这与加富尔终结战争的策略有着惊人的相似之处,不仅今天看来如此,就连在1866年的时候,俾斯麦本人也承认并批评普鲁士国王的方案与六年前皮埃蒙特王室那不如人意的方案如出一辙。[45]

考虑到普鲁士在1866年于柯尼希格雷茨(Königgrätzer)对奥作战的速胜①,当时的柏林出现这种氛围并不奇怪:"普鲁士的最高司令部充斥着拿下萨克森与巴伐利亚部分区域的必要性,攥住赖兴贝格(Reichenberg)的波希米亚地区——卡尔斯巴德……又或是兼并其他有吸引力的地区的谈话。"[46]但远比这更令人震惊的(特别是与1860年皮埃蒙特统一意大利的经验相比之后),是俾斯麦表现出的克制。他并没有选择征服奥地利或是德意志南部各邦国,就像他已经很熟悉的皮埃蒙特在1860年的意大利统一里所做的那样,而是选择实施另一种统一方案,也就是直接兼并汉诺威、库尔黑森、拿骚以及法兰克福等地,但保留了巴伐利亚、巴登、符腾堡这些更大的邦国以及奥地利的独立地位。[47]按照俾斯麦的传记作者洛塔尔·高尔(Lothar Gall)的说法,普鲁士在1866年7月的行动"就像在胜利的那一刻撤退"。[48]高尔总结了普鲁士的克制:"在其最伟大的胜利时刻,从传统的绝对主义与军事征服的视角来看,普鲁士君主对自己施加了双重束缚。"[49]更确切地说,在接下来的数周内,俾斯麦自觉地拒绝了最大化吞并路线,而推行了他自己的"最小化吞并战略"。

然而,这种巧妙的包容式建国策略为什么在意大利的情境下如此难以实现,又是什么使其在德意志的经验里得以成功呢?在这种对国家利益(realpolitik)的克制下,埋藏着与意大利经验完全不同的若干要素。第一,战争的偶变性,特别是军事上的误判与信息误报,破坏了普鲁士总参谋长毛奇大胆的合围计划,奥地利军队在1866年7月成功退回了多瑙河外的维也纳,向普鲁士军队抛出了是否

---

① 柯尼希格雷茨战役,国内一般称为"萨多瓦战役",由德国(普鲁士)著名军事家毛奇(老毛奇)指挥,该战役也是第二次王朝战争(即普奥战争)的决定性战役,奠定了普鲁士的军事胜利。——译者注

要继续向维也纳进军的问题。[50]我们可以在一个历史的反事实假设中提问:如果普鲁士的合围计划成功了,那么会导致什么结果? 普鲁士国王所追求的最大化的兼并战略能够实现吗? 军事征服能否赶在法国的干预之前实现?

但是,除了纯粹的偶发性外,第二个因素,也就是俾斯麦希望通过谈判的兼并策略来实现普鲁士在统一的德国里主导地位的愿景,本身就必须被视为一个关键因素。事实上,即使毛奇的合围计划失败了,对最大化兼并战略的追求在当时的政客圈子里仍然有很大的分量。例如,1866 年 6 月 15 日,腓特烈·卡尔亲王①就在致俾斯麦的信里,概述了他设想的进攻萨克森和巴伐利亚的计划。[51]甚至在 1866 年 7 月,战后数周在柏林召开的由国王、将官与俾斯麦参与的军事会议上,众人还在频繁地讨论着将奥地利人赶到匈牙利或君士坦丁堡的计划。[52]在给妻子的信中,俾斯麦认为自己正在做一项"吃力不讨好的工作,就像把水倒进起泡的葡萄酒里一样,我希望让别人明白我们在欧洲并不孤单,我们是与三个憎恶与忌恨我们的大国共存的"。[53]

俾斯麦拒绝在整个德意志地区推行最大化兼并策略,并愿意做出领土让步(尤其是对德意志南部),这使他在事后招致了国内反对者甚至他的亲密战友的批评。总参谋部对此感到异常愤怒,并保证今后再不准政客来插手"专业"事务。[54]而俾斯麦的盟友也质疑他的最小化吞并战略是否明智。俾斯麦信任的普鲁士驻巴伐利亚大使冯·韦特恩男爵(Freiherr von Werthern)为战后与巴伐利亚的谈判进展缓慢而感到沮丧,他在 1868 年私下写信给自己的兄弟时说:"在柯尼希格雷茨战役后,我们居然没有紧接着向慕尼黑与斯图加特②进军,这简直是一种耻辱。"[55]无独有偶,1868 年,普鲁士驻巴黎大使向英国外交大臣克拉伦登伯爵(Lord Clarendon)透露,他对普鲁士在柯尼希格雷茨战役后没有一劳永逸地完成德国的统一而感到遗憾。[56]连德意志民族主义的史学家海因里希·特赖奇克,以及普鲁士的自由派和工人运动的领导者,在盛赞普鲁士兼并了德意志北部各邦国之余,也认为此种战略理应施加于普鲁士以外的所有德意志邦国。[57]

---

①　腓特烈·卡尔,普鲁士亲王,也是普鲁士国王(后来的德意志帝国皇帝)威廉一世的侄子,普鲁士军事家,在三次王朝战争中均有参战。——译者注

②　慕尼黑是当时巴伐利亚的首都,也是巴伐利亚最大的城市。斯图加特则是当时符腾堡的首府。——译者注

1866 年，与皮埃蒙特之于意大利相似的最大化兼并战略，不仅在当时的普鲁士受到了显赫政要的广泛支持，而且是当时最可能奏效的行动方案。

假如其他的政策选项是可行的，那么最小化兼并战略究竟是什么？相比于意大利，为什么它在德国取得了成功？又产生了哪些后果？可以说，三组条约构建了战后"最小化"方案的核心：1866 年 6 月 26 日签署的《尼科尔斯堡预备和约》（the Nikolsburg Preliminary Treaty）、1866 年 8 月 23 日签署的《布拉格和约》（the Prague Peace Treaty）①，以及 1866 年 8 月 13 日至 10 月 21 日，普鲁士与符腾堡、巴登、巴伐利亚、黑森、罗伊斯-长系、萨克森与萨克森-迈宁根七个邦国签署的双边和约。[58]在所有上述的和约里，以及在俾斯麦与战场上的军官互通的备忘录中，普鲁士奉行包容与退让的建国策略以实现俾斯麦所设想的"最小化"战略是清晰可见的。在这之中，有三点很关键：美因河以南的三个德意志南部邦国（巴登、符腾堡与巴伐利亚）将维持"独立"[59]；甚至在六个被直接并入普鲁士的地区（汉诺威、库尔黑森、拿骚、法兰克福、石勒苏益格与荷尔斯泰因）里，所有的中层行政与官吏都将留任，在其他邦国更是如此，用俾斯麦自己的话来说就是，"尽可能少地中断行政管理"[60]；奥地利虽然被迫为战争埋单，但它被允许保持独立完整，作为交换条件，德意志邦联解散，而奥地利从德意志各邦国里自行退场。[61]与皮埃蒙特对意大利南方的征服不同，普鲁士与德意志南部诸邦国的谈判与退让，安排了一场首先以自我克制为标志的和平。[62]

要搞清楚普鲁士没有直接征服奥地利与德意志南部，并对这些战败国进行最大化的或是无条件的兼并，但又确实征服了一些北方邦国的原因，我们显然绝不能援引赖克在 1964 年发表的观点，将其归为普鲁士军事能力的欠缺。第一，就同我们在第一章对意大利与德意志的实力所进行的定量比对所显示的那样，普鲁士是处于当时欧洲第一梯队的军事与政治强国。普鲁士在 1866 年的战争里充分展现了它的军事优势，但它却只选择在德意志北部地区推行军事征服策

① 《尼科尔斯堡预备和约》是在"萨多瓦战役"，即普鲁士军队大胜奥军后，在拿破仑三世的调停下，普奥双方签署的停战协议，主要内容包括奥地利将威尼斯让予意大利，普鲁士保证撤出奥地利领土，奥地利同意建立一个没有奥地利参与的北德意志邦联。《布拉格和约》即普奥之间在普奥战争后正式缔结的和约，除对《尼科尔斯堡预备和约》的内容进行明确外，还包括承认普鲁士获得汉诺威、黑森、拿骚等地，这也为普鲁士完成德国统一奠定了基础。——译者注

略。而皮埃蒙特只是一个相对弱小的第二梯队国家,却最终无条件征服了整个意大利。第二,在普鲁士国内最了解普鲁士是否具备征服德意志南部的军事实力的人,恰恰就是那些主张立即兼并的群体。如果说在仔细观察普鲁士内部那些试图推动征服德意志南部的利益联盟后能发现什么,那就是那些坚信普鲁士在军事上显著优于奥地利的军官制定了入侵多瑙河以外地区的计划,并且非常认真地主张按他们的计划全面侵吞萨克森、德意志南部邦国与奥地利。[63]然而,尽管普鲁士有军事征服的能力,但是在俾斯麦的建议下,普鲁士的领导者并没有严格地按照实力政治来制定战略。

同样,仅着眼于意识形态的影响来对事态进行描述也有问题。俾斯麦在处理与德意志南部各邦国的关系时,确实展现了他卓越非凡的战略眼光。他情愿放弃普鲁士对欧洲与德意志各邦国的传统政策,这使他得到了学者的极大关注,他们将俾斯麦称为"白色革命家"(the White Revolutionary)。[64]更有部分学者将这些让步与随后所有的制度选择都归结为俾斯麦追求个人权力的反映。然而,将最终以谈判解决德国统一问题完全归功于俾斯麦一以贯之又自成一体的意识形态理念,存在两个问题。首先,如果坚持将德国的历史完全视为俾斯麦自己对德国看法的结果,那么我们就会重蹈早期德国历史学的覆辙,即赋予俾斯麦脱离现实的马基雅维利式的远见与自觉,因而过度依赖俾斯麦自己所写的理想化的回忆录,从而忽视真正的政治决断在多大程度上取决于当时的突发事件。[65]其次,甚至更为重要的是,那些坚持认为俾斯麦的意识形态是普鲁士退让的决定因素的说法,则完全忽视了加富尔所面对的事实就跟俾斯麦一样,加富尔也想通过协商方案来终结统一战争。但是,对于19世纪这两位伟大的建国者而言,局势的介入使历史朝着两个不同方向发展了。

虽然我们确实可以将俾斯麦对德国的设想称为"革命性的",但其实他的设想是建立在一系列非常具体的政治现实与情势之上的。俾斯麦将兼并德意志北部和对德意志南部各邦国、萨克森的谈判相结合的现实政治构想,并不是空中楼阁。但是,对俾斯麦的谨小慎微最经典的解释——法国与其他国际势力的关注的影响——又只说出了故事的一部分。尽管俾斯麦明显非常关心外国的看法,但"议和"则代表要在一个双重博弈中同时解决两个不同的目标:第一是外交政策问题,第二则是内政问题。[66]

外交政策的目标非常清晰，即在不引起邻国怀疑的情况下，为普鲁士推行大规模的政治扩张。而讽刺的是，与赖克的理论预期相反，普鲁士作为欧洲一流大国的地位反而令这一任务更困难了，而这也使普鲁士与德意志南部各邦国的议和将成为更为理想的统一路线。[67]确实，就在1866年7月初普鲁士意外取得胜利后，法国当即改变了对普鲁士的政策。1866年7月4日，当普鲁士的胜利似乎已成定局时，拿破仑三世给威廉一世发了一份备忘录，开启了法国在普奥战争中的转向，法国不再保持中立。拿破仑三世在书信开头谨慎地表示："你们的胜利……迫使我背离我此前完全不介入的角色。"[68]在1866年7月4日拿破仑三世发出备忘录之后，法国的对普政策确实发生了变化，拿破仑三世的干预也多了起来，这塑造了通过谈判结束战争的愿望。拿破仑三世坚持让萨克森和美因河以南各邦国维持独立，但他透露了法国同意让普鲁士直接吸纳德意志北部的其他邦国。[69]

但内政方面的目标同样清晰，也就是在开展这一大规模的政治扩张的同时，要保持君主的控制，不引起新占据领土上的抵抗与叛乱。正是这些内政外交问题与德意志南部各邦国发达的国家结构这一制度现实的交织，促使俾斯麦采取了协商的策略。通过让巴伐利亚、巴登与符腾堡的君主留在其位，俾斯麦可以同时实现他内政外交的双重目标。他既可以安抚外国的关切，还可以完成他在新生民族国家实现君主掌权、建立合法性与确保稳定性的抱负。在这里，德意志与意大利的对比就非常明显了。加富尔也寻求国内政局的安定、君主继续掌权以及安抚国际关切，但由于意大利制度能力的薄弱和意大利南部的革命局势，他不得不放弃与那不勒斯王室进行俾斯麦式谨慎的谈判。对加富尔而言，意大利南部的落后的制度发展，意味着他必须放弃谈判策略，来确保皮埃蒙特对事态变化的控制。从这个意义来看，如果仅仅将俾斯麦出了名的谨慎理解为是受制于当时的国际政治，那就低估了俾斯麦和加富尔所面对的任务的艰巨性：要在同时安抚国际关切并保持对国内正在发生的事态把控的情形下，统一他们的新民族国家。

实际上，正是因为内政与对国际形势的考虑休戚相关，因此这也一直是俾斯麦考虑的核心。例如，俾斯麦在1866年7月向法国大使戈尔茨（Goltz）解释他的最小化兼并方案时提到："我认为不太可能去吸纳德意志南部巴伐利亚的天主教元素(因为)……用暴力征服南方的尝试,只会给我们带来意大利南部给它们的国家带来的软肋。"[70]俾斯麦指的"软肋"是什么? 在一个月后的普鲁士议会特别会议上,他概述了普鲁士完全且立即征服全德意志所面对的压力,他拒绝了立即兼并南方的冒进计划,并提出了他自己对于德意志南部的宏大构想。当俾斯麦概述与德意志南部达成协议的三种可能的方式时,意大利的统一经历再一次成为反面教材。在俾斯麦的演讲里,他强调了他在整合德意志南部时的内政考量:

> 一个(方法)是即使面对汹涌的抵抗,特别是来自那些对以前政府感到有责任的公职人员与军官的抵抗,也要让德意志南部与普鲁士完全融合与彻底合并。但普鲁士政府打算用德意志人的方法来克服这些(群体的)困难,那就是对(他们当地的)社情民意的宽容与渐进的濡化,而不是像罗马(意大利)民族的风格那样,一下子就把他们全部解决掉。[71]

俾斯麦与其他的国家领导者一样,担心国家统一这一宏伟事业的完成伴随的是动荡不安的国内形势。再者,同样如其他的领导者那样,俾斯麦会从他认为相似的政治故事里吸取教训。但是,促使俾斯麦采取议和策略的,可不仅仅是组织严密的"地方主义者"对统一建国的抵抗。恰恰相反,俾斯麦试图充分利用即将获得的德意志南部各邦国中治理良好、政治发达、体制有效的现实情况,可以说,俾斯麦在巴伐利亚和德意志南部这些发达的政治结构中看到了一个机会,也就是在新国家建立起一个让同为君主制的各组成邦国得到正式确认并保留自治的领土治理模式,从而实现更大的国家合法性与制度绩效。尘埃落定后——当然是在俾斯麦的回忆录里,他追求谈判的策略具有许多历史学家不屑一顾的后见之明。但俾斯麦会在回顾过去时为他的行为提供连贯的思考框架,这其实并不令人惊讶。不过更引人瞩目的是俾斯麦在 1886 年的夏秋两季的通信,我们可以发现,即使是在和谈的时候,俾斯麦也表明了他认为妥协让步将有利于将来统一的德意志国家的立场。例如,在 1866 年 9 月,在普鲁士与德意志南方各邦国签署最后的条约时,俾斯麦写道:"如果我们现在发起进攻,那么兼并将会被永远视为战争与胜利的后果,也会被视为暴行。"[72]不仅如此,1866 年 10 月,俾斯麦致信普鲁士国王说,不让德意志南部各邦国加入北德意志邦联是有道理的,因为这些邦国在接受这样的倡议时，"只会出于恐惧，而不是出于信念"。[73]

简而言之，我们可以看到，意大利和德意志终结统一战争的经历有着相似的开端，但结果却大相径庭。在上一章里，我们看到，在意大利，加富尔面临的是四分五裂的领土，却没有拥有完善的国家结构的"伙伴"与之协商统一事宜，因此，加富尔必须使他过去的战略进行大转弯，转而彻底消除其他邦国赢弱的领导者。相比之下，俾斯麦既可以从意大利的经验中吸取教训，又面临截然不同的情势，他意识到他有机会和其他紧密嵌入其邦国的政治行为者进行谈判，利用这些地区原有政治制度与官员的连续性，可以避免类似意大利南部的动乱局面的发生。德国的建国轨迹是对早已存在的明确的地区行为者进行制度化的结果，这些地区行为者也就是普鲁士与其他德意志邦国的君主，他们最终将成为在 1866 年至 1871 年间坚持建构联邦制秩序的重要的社会基础。

形成民族国家的第二步：打造政治联合

铸造民族统一的使命将为德国这个新生的民族国家塑造另一种建国神话。与意大利不同，德意志的君主们自身君主地位的稳固以及他们所统治的成熟的邦国，使他们并没有被局势裹挟着去接受不受欢迎的全民公投（这将产生革命性变革的建国神话），而是走上了一条截然不同的打造联合的路径。在普鲁士以外深入人心的立宪君主制邦国为俾斯麦贡献了谈判伙伴，众人得以"自上而下"地建立新的民族国家，在这一过程里，德意志君主将为渐进的、经由外交协商而实现的国家统一进程议定条件。[74]然而在意大利，各种事态的介入迫使皮埃蒙特王室以公投来实现国家统一，从而确立意大利复兴运动的"革命"神话，皮埃蒙特的政治精英或有意或无意地利用这一神话来固化不同的地区承诺，并为新的中央集权制辩护。[75]

相比之下，德意志各邦国的君主不需要诉诸革命修辞，相反，他们可以代表自己邦国的利益行事，以保证在德意志各邦国之间达成精巧的外交协议，而这套协议在很大程度上根植于长期存在的德意志邦联的基准。与其决定性地取代统一前的政治权威模式，德意志的领导者调适并重塑了这些现成的国家结构。确实，因为这些被兼并的邦国的国家结构发展得更完善、更有效，也更难解体，因此各组成邦国之间的"谈判"基准也在国家统一进程里得到强化,并被证明是新的联邦政体得以诞生的关键组成部分。[76]学者总倾向于强调这种以协商实现统一的模式的反民主特质,却忽视了"协商"的概念,而这正是建国的关键。[77]

让北德意志邦联与德意志帝国得以诞生的协议的核心是"契约"(Vertrag)与"邦联"(Bund)的理念,它们代表着对 1867 年以前历史的象征性延续。德国的统一,与其说代表着与国家创立前的历史一刀两断的"革命",又或是冠之如"复兴运动"的神话,不如说是德意志君主们在发展良好的邦国结构的基础上,通过外交协商得出国家统一的条款。因此,德意志各邦国批准兼并的方式即德国宪法学家所称的外交上的"君主契约",或是在一种巴伐利亚的解释里的"君主联邦"(Fürstenbund),甚至是日后许多中央集权论者所说的妥协与讨价还价的实践。[78]

这些君主之间订立的"契约",其真实性质一直是德国宪法史学家争论的焦点。[79]然而,学者对德意志帝国得以建立的竞争性解释,为德意志帝国在它最初的岁月里得以凝聚在一起提供了许多象征性的黏合剂。实际上,正是建立德国联邦制的核心概念——契约、条约与讨价还价——的模糊性,促使它们为新生的民族国家凝聚力贡献一份力量。[80]例如一些"联邦主义"理论家,就倾向于将"帝国"视为"联邦"。抱有上述观点的学者通常来自德意志南部,他们强调自己坚信的 1866—1867 年北德意志邦联以及 1870—1871 年德意志帝国成立的"契约"基础。例如,巴伐利亚学者马克斯·冯·赛德尔(Max von Seydel)等宪法学家就受到了美国州权倡导者约翰·卡尔霍恩(John Calhoun)①的影响,他们坚称德意志帝国是由 23 个独立平等的主权国家之间订立的"契约"产生的,因而可以在任何时候被解散。还有一些相对温和的中央集权论者,如普鲁士学者保罗·拉邦(Paul Laband),尽管他认同新的民族国家政治体是由 23 个独立且平行的邦国领导者的政治决断产生的,但与主张激进邦权论的冯·赛德尔不同,他承认德意志帝国拥有最终权威。然而,即使是对拉邦而言,这种政治模式的优势既不在于"国民议会"(如法国),也不在于"全体国民的君主"(如英国),而是在于德意志帝国的"联邦议会"(Bundesrat),也就是代表着各组成邦国君主的议会之中,学者常

---

① 美国 19 世纪上半叶著名的政治家与政治思想家,曾任美国副总统,是美国著名的州权论者与地方主义者。——译者注

将其称为"某种程度的集体君主制"。[81]尽管德国宪法学界有着这样丰富的争论，但真正引人注目的是贯穿整个德国宪法学界的某种共识：北德意志邦联或德意志帝国并不是"自下而上"或严格意义上地由某位君主"自上而下"建立的，而是在彼此独立的德意志各邦国君主，即非民选领导人之间，经由一系列外交条约建立起来的，这也确立了支撑 19 世纪德国联邦制的协商准则。

事实上，若是我们翻阅历史记录，则可以发现，在 1866 年 8 月 18 日至 1870 年 11 月 24 日期间，由普鲁士国王与其他德意志邦国君主分别签署的八项共同条约，使德意志帝国最终诞生。先从德意志邦国与奥地利的战争开始。1866 年 8 月 18 日，普鲁士国王与德意志北部 16 个邦国的君主签署条约，承诺各邦国间建立"攻守同盟"，以维护新建立的北德意志邦联成员的"独立完整"。而在条约里则包含了两个关键的建国特征：建立北德意志邦联议会的主张，以及宣称各邦国君主同意让他们的军队接受普鲁士王室的统辖。[82]经由这个条约，德意志北部各邦国的君主创设了一个新的政治体，也就是"北德意志邦联"。这一政治体存续了三年，直到与德意志南部各邦国合并为止。该条约还有一项关键性成果，那就是连北方各邦国的君主都被允许参与北德意志邦联新宪法的制宪过程，而由于该宪法在三年后（也就是 1870 年）成为德意志帝国宪法的蓝本，历史学家也往往将 1867 年而非 1871 年视为德国历史的决定性转折。不过这些由谈判协商达成的统一条件在 1870 年至 1871 年间得到了进一步加强，因为彼时的普鲁士国王"以北德意志邦联的名义"，与巴登、黑森、符腾堡与巴伐利亚等邦国的君主签署了另外七个条约。[83]而在普鲁士国王与巴伐利亚国王签署的六个主要条约与一个秘密协议里，每个邦国的君主都同意与德意志联邦的"联合"。

在国家统一谈判后，"外交协商"的理念作为新政治体的立国根基，在 1867 年与 1871 年的新宪法里得到了正式确认，这两部宪法的第一部分，都以"各成员邦国的君主加入永恒的联盟"的声明作为开头。[84]与从来没有宣称国家起源于各邦国的联合，且最终流产的 1849 年宪法①相比，无论是北德意志邦联还是后来

---

① 即《法兰克福宪法》（也被称为《1849 年德意志帝国宪法》或《保罗教堂宪法》），是在 1848 年德意志资产阶级革命期间由法兰克福国民议会制定的宪法，该宪法试图将德意志的邦国、君主制与民主模式相结合，建立起君主立宪的统一德意志国家，但该宪法遭到德意志各邦国（尤其是普鲁士）的反对，因而从未实施。——译者注。

的德意志帝国，其宪法都坚持了将各成员邦国视为更大的政治体的创始成员的重要性，显示了与 1815 年德意志邦联结构的自觉的历史延续。此外，政治领袖寻求的德意志联邦的"契约性"或"外交性"基础，也指向了 1871 年宪法的第 10 条，该条款确保联邦议会的议员享有的是外交豁免权而非议会豁免权，这说得好像他们来自外国一样。最后，新帝国的成员邦国此前驻柏林的外交使节也将继续存在，这进一步证明了这种将联邦的成立视为主权政府间契约的倾向。这一切都表明，新生的邦国联盟在很大程度上将此前的地区行为者制度化，且在很大程度上强调了联邦作为德意志各邦国君主之间"契约"的象征性意义。

　　然而，究竟为什么普鲁士要由一系列条约而非皮埃蒙特那样的"公投"来实现国家统一，并一定要在德国形成这种象征性的"契约"或是"协商"的典范？我要再次声明，这不只是因为构建联邦制的意识形态的信念，也绝不是因为普鲁士无力将其意志施加于其他德意志地区。在德意志，政治领袖面临的是截然不同的制度图景，在这一图景里，德意志邦国不像意大利邦国那样容易解体。而国家统一过程里的"协商性"，受到了被马克斯·韦伯又或是最近的莱茵哈德·本迪克斯（Reinhard Bendix）所拒斥的"封建意识形态"的影响，该观念认为主权在君而非主权在民。[85] 与皮埃蒙特以外的意大利君主的经历形成鲜明对比的，是普鲁士以外的德意志君主仍存在于统一之后，并能够在 1866 年至 1871 年间与普鲁士国王签署协议。尽管在某些情境下，邦国王室的举措需要由议会进行批准，但这一过程的决定性特征是，国家统一是由各个独立的德意志邦国的非民选领导者之间的八个官方条约实现的。在意大利，主权被诠释为属于皮埃蒙特王室，又或者被解读为属于在缺乏协商对象的情况下经由公投决定加入皮埃蒙特的民众，但在德国就完全不一样了，在德国，主权"既不属于统一的德意志人民，也不属于德意志各个邦国的人民，个人化的且暗含主权概念的君主仪式性地召唤了这一实体"。[86]

　　但是为什么这种所谓的封建意识形态在德国而不是在意大利得到了延续？不可否认，加富尔在意大利统一前的最后的日子里，确实在他的君主与那不勒斯君主之间寻求这样一种外交关系。而封建意识形态之所以在德意志的社会环境下更成功地存续下来，是因为德意志各邦国都有稳固的国家结构，它们的君主并没有被赶下台，它们的议会依然在进行立法与预算核算，它们有合法授权的行政官员正为其社会开展现代化改革。在意大利,这些既无议会又无宪政的羸弱不堪的邦国结构在国家统一的时刻到来时就崩溃了,而在德意志,这些议会制、君主制的邦国却是国家统一背后的驱动力,在国家统一的每个阶段都在为统一的条件进行谈判。哪怕 1849 年宪法也保留了许多联邦制的特质,尽管它是革命插曲的产物,而且从德意志君主手中夺过了统一的控制权。[87]但我们还可以在另一个历史反事实里:如果 1849 年的宪法草案获得成功,那么德意志民族国家将保留多少联邦制特征? 首先,基于宪法文本,我们可以看到依据 1849 年宪法,民选议会被赋予了更多权力,而许多基于领地而组成的上议院的权力被废除。其次,尽管 1849 年宪法第 5 将所有未明确授予联邦政府的权利与特权都保留给了各邦国,但 1849 年宪法的一个关键特征就是它保留了联邦政府权利,使其可以在任意时间以修宪的方式变更邦国权利。更切中要害的是,尽管 1849 年宪法是联邦制的,但该宪法的基本理念放弃了君主间订立契约的君主制思想,因而该宪法已经算是德国在 19 世纪最有中央集权制色彩的宪法了。我们可以看到,在 19 世纪 50 年代的"反动"时期变得更为稳固的邦国结构抵抗了它们自己的解体,并使它们成为一种仅能经由各邦国旷日持久的协商才能够被吸纳的主权之源。在 1866 年之后,由于将"契约"与"协商"的规范植入新生的国家结构之中,这几乎确保了新生的德意志民族国家会是联邦制的。

形成民族国家的第三步:建章立制

尽管通过谈判,政治行动者(邦国君主)与政治规范("契约"或"谈判")得以被制度化与正式化,这或许确保了新生的德意志民族国家永远不会成为意大利那样的单一制国家,但仍然有几个问题:哪些因素能够决定到底会建立什么样的联邦结构? 它中央集权的程度将如何? 地方又将保留多大程度的自主权? 此外,德国在建国前就有相对发达的地方邦国结构,这又对建章立制的过程有何影响? 尤其是在制度设计层面,有三个问题至关重要:(1)此前独立的邦国政府,在多大程度上有权通过新统一的国家里以地域为基础的议院获得正式参与国政的权力?(2)地方政府在公共财政上享有多大的自由裁量权? (3)地方政府到底有多大的行政自主权？本章这一部分将从三个关键时期来追溯德意志帝国的制度设计：1866年夏季围绕新宪法的种种倡议进行的政府内部讨论、1866年至1867年秋冬寻求各成员邦国批准的过程，以及1870年至1871年北德意志邦联宪法扩张至德意志南部各邦的过程。到1871年，一种特殊的联邦制形式——"行政联邦制"（*Exekutivföderalismus*）被德意志帝国所采纳，它反映了将国家整合实施于发达的邦国制度所塑造的地方社会环境中的努力。

　　德国宪法发展的第一个时期始于1866年夏季，当时，德意志与奥地利的战争即将结束，这一时期，柏林各政府部门都在讨论关于新宪法的提案。在这个制宪的第一阶段，值得关注的是，无论是主张建立地方分权的国家结构的联邦主义者，还是主张建立中央集权国家的民族自由主义者，都认为在新的德意志帝国创制新的成文宪法的必要性毋庸置疑。所有的参与者都认为，即使新宪法当前只延伸至德意志北部各邦国，也不应该像皮埃蒙特在意大利所做的那样，将普鲁士宪法强加给德意志其他地区，而是有必要制定一部新宪法，以囊括当前德意志已有的立宪的君主制邦国。然而，关键是即使在1866年战争结束后，俾斯麦与普鲁士政府内负责创制北德意志邦联宪法的官员在关于未来德国的制度形态上依然有分歧。同皮埃蒙特一样，普鲁士政府内部也存在各式各样的意识形态立场。持其中一种立场的是俾斯麦的亲密幕僚，如外交部的高级官员洛塔尔·布赫（Lothar Bucher）和罗伯特·海普凯（Robert Hepke），以及马克斯·东克尔（Max Duncker）等其他官员，他们主张建立"单一制"的德意志联邦，且通常是以流产的1849年宪法为基础。[88]这些官员的许多想法受到了德意志民族自由主义运动的启发，他们对德意志四分五裂的割据状态（*Kleinstaaterei*①）以及此前的德意志邦联的无能而感到失望。在法国所推行的举世闻名并卓有成效的中央集权制的单一制国家的模式里，自由民族主义者看到了一个由现代的普鲁士所引领的现代德意志国家的可能样子。此外，他们中的许多人也将整合德意志法律条文的前景视为"国家统一"的代名词。1866年夏季，俾斯麦的幕僚也受到了这种观念

---

①　"*Kleinstaaterei*"为德语词汇，意思近似为"小邦林立"，通常用以描述神圣罗马帝国时期与德意志邦联时期，德意志地区大量中小型邦国、城邦国家、教会公国并立的状态，其中一些政权甚至仅有单个城镇大小，而在王朝继承分割频发的情况下，这些邦国往往由不连续的部分组成，这也是德国统一前德意志地区主要的政治形态。——译者注

的影响,他们开始筹备德意志宪法的草案,并与俾斯麦频繁接触。[89]

这些幕僚的立宪方案很大程度上因人而异,但都有中央集权化的倾向,也就是主张扩展公民权以扩大由选举产生的新的全国立法机构的作用,取代君主制邦国构成的议会。例如,马克斯·东克尔的提案仅赋予各邦国有限的授权,在他的议案里,以地域为基础的议院(在他的草案中被称为"*Bundesversammlung*")所拥有的权威更为有限,以地域为基础的议院并没有发起立法的权力,它们仅拥有批准与不批准立法的权力。[90]此外,东克尔的立宪草案赋予中央政府以征收直接税的权力,而一直以来推行财政分权的德国得到 20 世纪以后才实施这一举措。1867 年 3 月,进步党的自由派领袖本尼迪克特·瓦尔德克博士(Dr.Benedikt Waldeck)更进一步,他表达了民族自由主义者中普遍存有的情绪,即要为新生的德意志国家寻求建立明确的一统(*Einheitsstaat*)组织,从而肢解君主制的"特殊性"与"封建性"的前民族国家时期的邦国。[91]这种中央集权化趋势即使到 1866 年夏秋之际仍然十分强烈。

然而,到了 1866 年 10 月,专门委托马克斯·东克尔起草宪法草案的俾斯麦,却以脱离实际为由拒绝了东克尔广泛中央集权化的提案。要把中央集权模式强加于早已经历了广泛国家建构的地方邦国的前景,给这些主张单一制的思想家带来了挑战。但格哈德·莱姆布鲁赫(Gerhard Lehmbruch, 2002)所谓 1848 年的一统"话语"中的某些关键元素,又给东克尔的草案提供了依据,也为德国联邦制留下了制度遗产。[92]尤其是,德国从 1866 年起推行的"行政联邦制"有两个核心特征:积极有为的国家立法与邦级政府在执法层面的行政主导权相互配合。这种独特的结合,使德国的联邦制有别于 19 世纪美国或瑞士的联邦制,因而被某些学者解读为既要协调德意志各邦国君主及其官僚机构的固有利益,又要协调东克尔等人所强调的一统愿望。[93]此外,1871 年之后德国的联邦制发展同样反映了类似的中央集权冲动。1871 年德意志帝国宪法第 2 条肯定了这种愿景,并规定联邦立法将取代各邦立法。事实上,在整个 19 世纪 70 年代,随着德意志帝国商法典、民法典与刑法典的制定,以及 1877—1879 年联邦法院的组建,帝国议会已成为高度活跃的集立法与司法于一体的机构。[94]同样的,随着俾斯麦式的福利国家的建成,最终出现了所谓的"中央集权的联邦制"。[95]简单来说,尽管东克尔对于德国统一的设想可能在 1849 年与 1867 年被击败,但它并未消失,而是持续塑造着德国的政局。[96]

那么到底东克尔的中央集权制宪法草案是如何被否决，并最终引向一部联邦制宪法的？1866年9月，在结束了动荡不安的夏天后，俾斯麦离开柏林前往波罗的海的鲁根岛，在那里他将审阅他的普鲁士顾问们提出的宪法草案。[97]在这里，普鲁士写上了两道著名的批示，作为1866年与1871年宪法最终版本的基础。[98]尽管学者对于俾斯麦多大程度上在1866年冬季就已经预见了即将和德意志南部统一还各执一词，但这两条批示却表明，甚至在这个早期阶段，实现与德意志南部最终的统一在俾斯麦心中的分量就非常之重，且包容德意志南部各邦国是俾斯麦拒绝东克尔中央集权式立宪草案的主要动机。首先，俾斯麦在批示里写道，东克尔的草案"对于要让德意志南部最终加入而言，过于中央集权制了"。[99]俾斯麦在批示中写道："在形式上，我们不得不更侧重于强调邦国的联盟，但可以在实践上赋予这一形式以更具弹性的、引而不发却能产生深远影响的联邦制国家的特性。"这套说法反映了当代社会科学学者的一种认识，即"路径突破式"制度变革往往需要一种重视路径依赖的修辞策略。其次，俾斯麦认为帝国的"中央权威"不应当是"一个单一的政府部门，而应当是一个由各地方政府的代表组成的联邦议会"，从而显现了他在德意志南部问题上的敏锐性。[100]最后，俾斯麦告诫他的幕僚，一套更有"弹性"的制度是必需的，以尽可能与1866年以前松散的德意志邦联有更大的制度延续性。俾斯麦再一次显现了他对于路径依赖问题的非凡认知，他提到："我们越是将新的制度与旧的形式联系起来，事情也就越好办。"[101]

在1866年秋季结束的制宪第一阶段，各式各样的宪法草案都被纳入考虑。以强调与过去的连续性的修辞策略来论证拟议的宪法改革是合理的，这种不寻常的结合源于德意志制度图景的特殊性，在其中，地区政治行为体与合作规范完好无缺，地方邦国结构发展完善并有效。如意大利之于加富尔，俾斯麦非常了解四分五裂的德国"特殊的"地域主义。不过这种地区性的抵抗推动了德国新宪法的诞生，然而在意大利却徒劳无功，显然这不是因为普鲁士自己军事实力的不足。相反，德意志与意大利的关键性差异在于三个方面：所涉及的政治行为者、支撑制宪议程的政治规范，以及新生的德意志国家批准新宪法面临的制度处境。在意大利，就像上一章提到的，各地方政权在国家统一的进程里就已被抹去，各邦国之间不存在任何能够进行磋商的规范，纯粹是皮埃蒙特的宪法被延伸至意大利的其他地区，以填补那些先天不足、如今已不复存在的政权所留下的制度真空。相比之下，俾斯麦之所以主张制定新的联邦制的宪法，正是因为既有邦国政权已经被纳入国家统一的进程，1866 年结束战争时业已确立了协商的规范，而且德意志各邦国通过其发达的议会与行政机构，早已在教育、宗教、交通与公共财政等领域全面渗透并嵌入其社会。就像其他学者分析的，与其在这些已经存在的机构之上做新的文章，不如直接将权力下放给这些业已存在且有效运作的机构，这样反而是有益的。[102] 随着全国议会的建成，它将制定最终由各邦国去执行的法律，从中我们可以看到，行政联邦制是作为应对德意志国家创建特殊路径的形式而出现的，因为在正式的国家一体化前，各邦国自己的整合就已经出现。

1866 年秋季开启了德国制宪的第二阶段，核心目的是让俾斯麦于 1866 年夏末起草的新宪法方案得到批准。1866 年 8 月普鲁士与德意志北部诸邦国的 15 位君主订立的条约里规定了批准宪法的条件，在这些条约里，普鲁士政府确保，德意志北部多数邦国君主的批准是普鲁士提出的宪法草案得以实施的前提之一。[103] 此后，任何要将宪法延伸至更为地方主义的德意志南部各邦国的做法，都需要得到这些邦国的君主或议会的批准，而事实也确实如此。基于此，俾斯麦会在意德意志其他邦国君主与议会的看法也就不足为奇了。这也包括他自己所在的普鲁士王国，俾斯麦敏锐地感知到，若是建立一个过于"中央集权"的政府，将权力赋予全国性的民选议会而非联邦议会，会被保守的普鲁士领导者视为从普鲁士本身拿走了过多的权力。[104] 普鲁士的政治领袖确信他们将在联邦体制下占据主导地位，因此他们主张对其他邦国进行让步，以建成联邦制的治理结构。正是这样的讽刺，使曼弗雷德·劳（Manfred Rauh）等学者认为，德意志的联邦制纯粹是"普鲁士霸权的遮羞布"。[105] 但也正是这样的讽刺，使德意志其他各邦国的政治领袖认同普鲁士"邦权至上"的论点，即联邦制是维持现有邦国结构完好无损、预防其邦国结构由新的全国性政治体彻底取代的最有效方式。[106]

正是带着这些先发制人的考量，俾斯麦于 1866 年 12 月 15 日在柏林与各邦国君主以及所有德意志邦国的代表举行了一次首脑峰会，以批准他于 1866 年 12 月 13 日在普鲁士枢密院（Kronrat）就已通过的宪法草案。使宪法生效的过程首先需要德意志各邦国君主的批准（最终于 1867 年 2 月完成），其次需要新设立的北德意志民选议会(Reichstag)①的多数批准(最终于 1867 年 4 月完成)。尽管新设立的首届北德意志民选议会要到 1867 年 4 月才举行会议,但实际上,当 1867 年 2 月 7 日的讨论结束之时,北德意志邦联的宪法在德意志各邦国首脑之间近两个月的磋商谈判中已经基本定稿。

一系列象征性的意识形态议题或是务实的议题迅速成为争议点。[107]考虑到创建北德意志邦联的方案要求各成员邦国在其发展史上第一次自愿地将它们长期拥有的主权移交给一个崭新的、未经检验的、更大的"民族国家"实体,那么在 1866 年 12 月 15 日峰会的第一次会议上,各领导者对俾斯麦提出的新宪法表示失望也就不足为奇了。[108]辩论的核心围绕三个关乎联邦制的议题:第一,代表各邦国利益的议院是什么形式的? 俾斯麦提出的联邦议会以神圣罗马帝国时期主导德意志邦国间关系的机构为蓝本。自 1666 年以来,"永久议会"(Immerwährender Reichstag)②就始终是德意志 160 个邦国的代表商讨战争与和平议题的大使集会。1815 年后,德意志邦国数量减少,但"邦联议会"(Bundestag)这种机构形式却依然存在,俾斯麦无疑部分参考了他于 19 世纪 50 年代作为普鲁士驻德意志邦联代表的经历,将其用于新的北德意志邦联,并将其更名为"联邦议会",由此,他也拒绝了仿效英国上议院那样建立"贵族院"的建议。

针对俾斯麦设立联邦议会的提案,首先,一个由小邦国——奥尔登堡、萨克森-科堡、萨克森-魏玛、不伦瑞克与汉堡——组成的同盟正式提出要以英国模式里更为传统的上议院来取代联邦议会,以保证普鲁士不会支配它。[109]其次,即使接受了联邦议会的提案,小邦国的领导者也对"联邦议会"与"民选议会"之间的权力均衡提出异议,他们一再坚称"联邦议会"的权力过大,会导致一个由普鲁士主导的民族国家的出现。[110]最后一个争议点事关联邦议会的席位分配,鉴于普鲁士拥有全德意志三分之二以上的人口,它将基于人口基数在议会中占据主

① 北德意志邦联与后来成立的德意志第二帝国的立法机构由"Bundesrat"与"Reichstag"构成,前者多指基于邦而设立的"联邦议会"(也译作"联邦参议院"),后者则多指民选产生议会(多译为"国会""帝国议会"等)。——译者注

② "永久议会",英文作"Permanent Diet"或"Perpetual Diet of Regensburg",是神圣罗马帝国时期重要的制度形式,原为神圣罗马帝国的协商机构,投票权重基于所拥有的帝国领土面积。1663 年,为应对奥斯曼帝国的威胁,各领地成员于雷根斯堡(Regensburg)召集会议并自此从未解散,因而后发展为德意志邦国的"永久集会"。——译者注

导地位。为了在梅克伦堡、萨克森与黑森等大邦国的邦权至上论以及小邦国的中央集权偏好之间"踩钢索"，俾斯麦的解决方案是给予小邦国更多的代表席位，但让普鲁士以及其他几个大邦国拥有最多的席位。在经过各邦国代表的谈判后，联邦议会自此建立，并保障了所有邦国的领导者都能够在联邦立法事务里起着直接且关键的作用。[111]

核准宪法过程里的第二个争议点是各邦国应当享有多大程度的行政自主权。在辩论中，不伦瑞克与汉堡等邦国表示不愿意放弃对其邮政系统的控制权。而魏玛、迈宁根、利普-代特莫尔德、阿尔藤堡、科堡与罗伊斯等邦国的领导者则发现将他们的军队与普鲁士军队合并的条件过于严苛。各邦国都谋求维护其地区的行政自治，而俾斯麦与普鲁士的谈判代表对此乐于接受，因为他们意识到，让步能使普鲁士在其对内的行政生活里获得更大的自主权。[112]尽管普鲁士可能主导全国层面的政策，但大多数政策领域的管理仍由邦级政府来负责。

第三，公共财政体系应当如何来组织？由于各邦国都已经有了运行良好的税收管理制度，从头开始施行一个新的"全国性"或"联邦性"的税收管理模式并没有多大意义。新的北德意志邦联将基于各邦国的规模，通过各邦国的捐赠来获得资金。梅克伦堡家族在与普鲁士代表的双边谈判里坚持梅克伦堡将不会被要求加入德意志关税同盟的所有条款。同样，作为汉萨同盟城市的汉堡与不来梅也坚持要求额外的财政拨款，因为它们并不是德意志关税同盟的成员。简而言之，几乎每个邦国在每个议题里都有自己不同的立场，因为各邦国政府都希望在新的政治体里保障自己的利益。

而要想在15个利益彼此冲突的邦国政府里寻求共识，就必须做出尽可能多的让步，包括对某些邦国做出特别的公共财政安排；并在联邦议会里给予某些邦国比原本计划更多的代表席位。但最终，这些修正依然留下了完好无缺的联邦制结构，并进一步加强了联邦制下各邦国关系中的外交谈判与协商的要素，这些要素慢慢地将在德意志的政治制度里被制度化。而俾斯麦在这些旷日持久、激烈又充满冲突的谈判中成功地创建了一个联邦制结构，依照某些说法，俾斯麦展现了他"在缔造国家的艺术上的无与伦比的成就"。[113]拟定的宪法最终得到各邦国代表的一致通过，而在首届民选议会里，它在几乎不作修订的情况下再次得到了批准。到1867年4月，新的北德意志邦联作为联邦制政体成立，并为1871

年联邦制的德意志帝国的建立奠定了基础。[114]

结论

　　一个确定无疑的联邦制的德意志民族国家的建立,且其下所有的成员邦国(1)有权通过联邦议会进入全国性政治体制中,(2)拥有公共财政领域高度的自由裁量权,以及(3)维持其行政自主权,可以说是由特定的前民族国家时期的制度环境产生的直接结果,在这一环境下,德国的组成邦国在统一前就已经拥有了宪法、议会与发达的行政机构。而在最实际的层面,发展良好的邦国结构为普鲁士提供了可供谈判的伙伴,普鲁士可以与它们签订统一协议,还可以在国家统一后将权力下放给它们。换言之,正是这种预先就已存在的制度土壤转化为联邦制的民族国家,因为正是在这样的制度环境下,国家统一才得以通过君主之间谨慎却渐进的协商过程来实现,而无需通过征服或是直接的兼并,后者将导致德意志地区出现更中央集权的国家,甚至单一制国家。

　　然而"以谈判实现统一"究竟是如何促成德国的联邦制的呢? 正是因为谈判本身包含了一组特定的行为者、规范与正式规则,它们作为谈判过程的内在组成部分,保障了德国的联邦制。而在通过谈判来实现统一的情况下,那些构成德国统一前政治权威模式的行为者、行为规范与正式规则,既没有被全盘抛弃,也没有一成不变。作为替代,旧权威模式里的某些特征得以保留,某些被改动,而另一些则回炉重造。尤其是,既有的地方君主继续掌权,邦国间长期存续的外交协商规则得到增强,新制定的典章制度既保障了地方邦国在新的政治建构过程中维持在公共财政、行政与政治层面的自主,又为从零开始的国家整合留有空间。因而我们发现,1867 年与 1871 年以后联邦制在德国出现的方式,挑战了我们通常以为的建国决定时刻的制度构建方式。联邦制不是与过去一刀两断,它既是新的正式制度多层次的产物,也是长期存在的行为体与规范的产物,这也产生了19 世纪德国联邦制最核心的奇异之处。与标志着同一时期意大利国家统一的宪法的延续性相比,就所涉及的行为体、机构与政治规范而言,1815 年至 1871 年间从德意志邦联到德意志帝国的转变,其特征就是与过去的一切有着明显的延续性。然而,这种与过去的延续性以及联邦制本身之所以可能,仅仅是因为它伴随着同过去一刀两断的新宪法的诞生,也就是通过谈判为德国制定一部没有历史先例的新宪法。

从这个意义来看,德国的国家结构之所以以联邦制的形式出现,并非大多数联邦制理论所认为的,完全因为德意志社会里固有的文化的、意识形态的,甚至地缘权力结构的特征,也并非许多历史学家暗示的,仅因为俾斯麦的先见之明。相反,联邦制的产生基于特定的逻辑,也就是统一前的邦国结构,而联邦制也是特殊的国家形成路径的结果,即国家建构必须先于国家统一。这种国家形成与民族国家的构建的次序建立起联邦制的机制,就是本章所明确的多层次的制度变迁过程。正是因为早在德意志民族国家形成之前,国家建构就已经在地区层面完成了,因而这些旧的地区行为体可以用一套老的规范来制定新的规则,从而诞生了极为独特的"行政联邦制"政体。

【注释】

[1] Otto von Bismarck, "Konzept eines Erlasses an Goltz-Paris: Instruktion für Haltung zu Frankreich-Bundesreform oder Annexionen, Minimal- und Maximalprogramm," July 9, 1866, in Eberhard Scheler, ed., *Werke in Auswahl*, vol.3(Stuttgart: W. Kohlhammer Verlag, 1965), 755.

[2] 当时的一些批评和部分当代学者都指出,尽管存在着这些巨大的联邦制的让步,但是普鲁士作为其中最大的邦国,其实是可以主导全国层面的联邦事务。然而,依然值得注意的是,联邦议会不仅是作为各邦国可以抵制立法的潜在否决点而创设的,更重要的是,联邦在1871年建立后,由于预见到各邦国可能的抵制,普鲁士也经常约束自己,这更使联邦议会成为事实上针对普鲁士权力的否决点。有关此类案例的说明,可以参见玛格丽特·安德森对于普鲁士在19世纪90年代政变计划的论述,参见 Margaret Anderson, *Windthorst: A Political Biography*(New York: Oxford University Press, 1981)。

[3] 关于普鲁士在这一时期所面临的国际体系较为有益的英文概述,参见 A.J.P. Taylor, *The Struggle for Mastery in Europe, 1848—1918*(Oxford: Oxford University Press, 1971), 131—200。

[4] 例如,参见 Manfred Rauh, *Föderalismus und Parlamentarismus im Wilhelmischen Reich*(Düsseldorf: Droste Verlag, 1973), 48。

[5] 参见本书第五章,其中有关于这些变迁更全面的讨论。

[6] 诚如本书第五章所述,我的分析遵循塞缪尔·亨廷顿的指引,关注宪政、议会与行政结构的发展,将其视为"政治发展"的核心维度。关于我对政治发展概念更详细的讨论,参见本书第五章。

[7] 有关我提出的"更强的"合法性、存在感以及制度能力的主张，是与同一时期的意大利诸邦国进行具体比较后得到的结论。但我们也必须注意，不应夸大德意志的宪政传统。这里必须的是，德意志各邦国的宪法制度跟美国或是法国极为不同，因为德意志各邦都维系了学者所谓的"二元结构"，也就是既保留了"君主原则"（*monarchische Prinzip*），即主权在君，而不是主权在民，同时在受规则约束的宪法制度范围内允许议会参与（*parlamentarische Mitentscheidung*）。这样的宪法在多大程度上不只是绝对主义统治的"障碍"，一直是人们争论的焦点。有关这些问题的讨论，参见 Dieter Grimm, *Deutsche Verfassungsgeschichte*, *1776—1866*（Frankfurt am Main：Suhrkamp, 1988），110—122；Ernst Rudolf Huber, *Deutsche Verfassungsgeschichte Seit 1789*, vol. 3（Stuttgart：W. Kohlhammer Verlag, 1963），3—26。

[8] 我对人口的估算来自 Karl Borchard, "Staatsverbrauch und Öffentliche Investitionen in Deutschland, 1780—1850," dissertation, Wirtschafts und Sozialwissenschaftlichen Fakultät, Göttingen, 1968, 91—93。我排除了德意志邦联里其余的 10％的人口，因为这些人口分布在 25 个微型邦国里，不可能收集到证据。但鉴于 10 个最大的邦国占德国总人口的 90％，我相信我的分析无论是在方法还是实质上都是稳健的。

[9] 梅克伦堡是个例外，因为它的宪法属于前绝对主义式的，而且很大程度上也被学者视为前现代国家式的。有关这一点，可以看后文的描述。

[10] Reinhard Mussgnug, "Die rechtlichen und pragmatischen Beziehungen zwischen Regierung, Parlament, und Verwaltung," in Kurt Jeserich, Hans Pohl and Georg-Christoph von Unruh, eds., *Deutsche Verwaltungsgeschichte*, vol. 2（Stuttgart：Deutsche-Verlags Anstalt, 1983），96.

[11] Dieter Grimm, *Deutsche Verfassungsgeschichte*, *1776—1866*（Frankfurt am Main：Suhrkamp Verlag, 1988），112.

[12] Ernst Rudolf Huber, *Deutsche Verfassungsgeschichte Seit 1789*, vol. 3, 190.

[13] Reinhard Mussgnug, "Die rechtlichen und pragmatischen Beziehungen zwischen Regierung, Parlament, und Verwaltung," in Kurt Jeserich, Hans Pohl and Georg-Christoph von Unruh, eds., *Deutsche Verwaltungsgeschichte*, vol. 2, 97.

[14] Thomas Nipperdey, *Germany from Napoleon to Bismarck*, *1800—1866*（Princeton：Princeton University Press, 1996），600.

[15] James Sheehan, *German History*, *1770—1866*（Oxford：Clarendon Press, 1989），717.

[16] Eckhardt Treichel, "Restaurationssystem und Verwaltungsmodernisierung," in Hans-Peter Ullmann and Clemens Zimmermann, eds., *Restaurationssystem und Reformpolitik：Süddeutschland und Preussen im Vergleich*（Munich：R. Doldenbourg Verlag, 1996），68, 76—77.

[17] Georg-Christoph von Unruh, "Preussen：Die Veränderungen der Preussischen Staatsverfassung durch Sozial- und Verwaltungsreformen," in Kurt Jeserich, Hans Poh and Georg-Christoph von Unruh, eds., *Deutsche Verwaltungsgeschichte*, vol. 2（Stuttgart：Deutsche Verlags-Anstalt, 1983），435—469.

[18] Karlheinz Blaschke, "Königreich Sachsen und Thüringische Staaten," in Kurt Jeserich, Hans Poh and Georg-Christoph von Unruh, eds., *Deutsche Verwaltungsgeschichte*, vol.2, 617.

[19] 关于将融合在一起的总理事务院转变为部长制体系的过程,参见 Frank-Ludwig Knemeyer, "Beginn der Reorganisation der Verwaltung in Deutschland," in Kurt Jeserich, Hans Poh and Georg-Christoph von Unruh, eds., *Deutsche Verwaltungsgeschichte*, vol.2, 122—123。

[20] Eckhardt Treichel, "Restaurationssystem und Verwaltungsmodernisierung,"in Hans-Peter Ullmann and Clemens Zimmermann, eds., *Restaurationssystem und Reformpolitik*: *Süddeutschland und Preussen im Vergleich* (Munich: R. Doldenbourg Verlag, 1996), 67.

[21] Karlheinz Blaschke, "Königreich Sachsen und Thüringische Staaten," in Kurt Jeserich, Hans Poh and Georg-Christoph von Unruh, eds., *Deutsche Verwaltungsgeschichte*, vol.2, 652; Thomas Klein "Königreich Hannover," in Kurt Jeserich, Hans Poh and Georg-Christoph von Unruh, eds., *Deutsche Verwaltungsgeschichte*, vol.2, 678—714.

[22] Walther Hubatsch, "Aufbau, Gliederung und Tätigkeit der Verwaltung in den deutschen Einzelstaaten," in Jeserich, Pohl and von Unruh, *Deutsche Verwaltungsgeschichte*, 181—184.

[23] 有关 19 世纪 50 年代"反动"时期的镇压政策的回顾,参见 Hans-Ulrich Wehler, *Deutsche Gesellschaftsgeschicht*: *Von der Deutschen Doppelrevolution bis zum Beginn des Ersten Weltkrieges*, vol.3(Munich: C.H. Beck'sche, 1995), 197—220. 还可以参见 Theodore Hamerow, *Restoration, Revolution, and Reaction* (Princeton: Princeton University Press, 1958)。

[24] 在 1849 年后的复辟时期废除了宪法的只有两个最为保守的邦国——梅克伦堡-什未林与梅克伦堡-施特雷利茨,它们都回到了 18 世纪的政治形态。

[25] "立宪浪潮"这一概念,取自 Dieter Grimm, *Deutsche Verfassungsgeschichte*, *1776—1866*(Frankfurt am Main: Suhrkamp Verlag, 1988), 71。

[26] 接下来对德意志邦国宪政发展的概述,取自 Michael Stolleis, *Public Law in Germany*, *1800—1914*(New York: Berghahn, 2001), 163—164。

[27] 德国的宪法史学家通常将这一时期的宪法与议会分为两大类。在德意志西部地区,如巴伐利亚、巴登与符腾堡,由于拿破仑的入侵扰乱了旧的邦国,这里的宪法往往是进步的,它们由官员制定以巩固邦国权力。在这些邦国,尤其是巴登:(1)所有符合经济门槛的公民都有权投票选举下议院代表,(2)两院制议会代表的是整个邦国的利益而非特定地位群体的利益,(3)宪法保障公民基本权利(*Grundrechte*)。相较之下,在德意志北部与中部地区,拿破仑的间接统治使旧的社会秩序保持不变,例如在两个梅克伦堡邦国,老式(*altständisch*)的宪法依然是保守的文本,旨在捍卫旧的社会秩序。在这些宪法里:(1)议会的两院代表的是特定的社会阶层,(2)选举权仅限于有特定社会地位群体,(3)并没有规定公民的基本权利。

[28] 然而,如表6.1里普鲁士的得分所示,普鲁士宪法本身就是一个被争论甚至争执的对象,它并不像普鲁士自由派希望的那样有效,并最终引发了自由派与保守派之间深刻的宪法冲突。关于普鲁士宪法最终引发宪法冲突的有益论述,参见 Eugene Anderson, *The Social and Political Conflict in Prussia*, *1858—1864*(Lincoln:University of Nebraska, 1954), 176—240。

[29] Wolfgang Siemann, *Vom Staatenbund zum Nationalstaat*, *Deutschland 1806—1871*(Munich:Verlag C.H Beck, 1995), 29.

[30] 这项论点由汉斯-彼得·乌尔曼强有力地提出,参见 Hans-Peter Ullmann, Staatsschulden und Reformpolitik. Die Entstehung moderner öffentlicher Schulden in Bayern und Baden, 1780—1820, vol.2(Göttingen:Vandenhöck und Ruprecht, 1986);Hans-Peter Ullmann and Clems Zimmermann, *Restaurationssytem und Reformpolitik:Süddeutschland und Preussen im Vergleich*(Munich:Oldenbourg Verlag, 1996)。

[31] Elisabeth Fehrenbach, "Bürokratische Reform und gesellschaftlicher Wandel:Diebadische Verfassung von 1818," in Ernst Otto Bräunche and Thomas Schnabel, eds., *Die Badische Verfassung von 1818*(Ubstadt-Weiher:Verlag Regionalkultur, 1996), 13.

[32] 实际上,无论是定量的还是定性的证据都支持这样的论点,也就是制度改革反映了德意志各邦国的财政状况。首先,平均来看,即使是到了1851年,德意志15个最大的邦国的总预算中的16%都为公共债务所消耗,而与之相对的,意大利各邦国中只有皮埃蒙特在同年达到了这个债务水平,这使德意志邦国更迫切地需要开展制度改革以发展国家能力。其次,那些较早就立宪的邦国往往债务也很高。最后,大量的历史证据表明,国家的君主与精英们提出宪法与建立议会,正是为了缓解税收的攫取过程。德意志邦国的数据,参见 Karl Borchard, "Staatsverbrauch und Öffentliche Investitionen in Deutschland, 1780—1850," dissertation, Wirtschafts und Sozialwissenschaftlichen Fakultät, Göttingen, 1968, table 20. 意大利邦国的数据,参见 Shepard B. Clough, *The Economic History of Modern Italy*(New York:Columbia University Press, 1964), 43; G. Felloni, "La spese effettive e il bilancio degli stati sabaudi dal 1825 al 1860," in *Archivio Economico dell'Unificazione Italiana*, ser.1, vol.9(1959), 5。

[33] 这一论断,来自 Bernhard Löffler, *Die Bayerische Kammer der Reichsräte*, *1848—1918*(Munich:C.H. Beck, 1996)。

[34] 尽管我强调的是1815年以后的时期,不过麦克·沃克(Mack Walker)在他的著作里提出一个重要观点,也就是德国这种宪政以及地方层面的制度发展有更古老的根源,可以追溯至神圣罗马帝国时期的特殊构造,参见 Mack Walker, *German Home Towns:Community*, *State*, *and General Estate*, *1648—1871*(Ithaca:Cornell University Press, 1971), 12—26.

[35] James Sheehan, *German History*, *1770—1866*, 439.

[36] 参见本书第五章的引用。

[37] 这一发现也确证了理查德·蒂利所表明的19世纪德意志公民骚乱的地区分布,见其所撰写的"德国",参见 Charles Tilly, Louise Tilly and Richard Tilly, *The Rebellious Century*, *1830—1930*(Cambridge:Harvard University Press, 1975), 191—238。

[38] 例如，詹姆斯·希恩写道：“对于为‘官僚制国家’（*Beamtenstaat*）奠定基础的官员而言，没有比教育更重要的国家使命了。与兵役和税收一样，教育也是国家向其国民传达并强加的新权利与义务之一。”(James Sheehan, *German History*, *1770—1866*, 435)

[39] 关于这一时期全德意志公务员的社会转型目标的讨论，参见 ibid.。

[40] 此处最具意义的例外，参见 Eugen Weber, *Peasants into Frenchmen*: *The Modernization of Rural France*, *1870—1914*（Stanford：Stanford University Press, 1976），195—220。还可参见杰弗里·赫布斯特对于非洲国家建构的关键著作。关于公路密度作为衡量国家效能的系统性与比较性的讨论，参见 Jeffrey Herbst, *States and Power in Africa*: *Comparative Lessons in Authority and Control*（Princeton：Princeton University Press, 2000），84—87。

[41] 有关19世纪早期德意志国家建构的尝试，还可以参见 Karl Borchard, "Staatsverbrauch und Öffentliche Investitionen in Deutschland, 1780—1850," dissertation, Wirtschafts und Sozialwissenschaftlichen Fakultät, Göttingen, 1968, 273。

[42] “以协商促和平”的概念借用自 Lothar Gall, *Bismarck*: *The White Revolutionary*（London：Allen and Unwin, 1986），307。

[43] 对于国王态度的讨论，参见 Gordon Craig, *The Politics of the Prussian Army*, *1640—1945*（New York：Oxford University Press, 1955），198。

[44] “最大化兼并策略”的概念来自俾斯麦在1866年7月9日写给他驻法大使（戈尔茨）的备忘录，参见 Otto von Bismarck, *Werke in Auswahl*, 755。

[45] Ibid.

[46] Gordon Craig, *The Politics of the Prussian Army*, *1640—1945*, 199.

[47] 有关对这些邦国进行直接兼并的条款，参见 Ernst Rudolf Huber, ed., *Dokumente zur Deutschen Verfassungsgeschichte*, vol.2（Stuttgart：W. Kohlhammer, 1964），217。

[48] Lothar Gall, *Bismarck*: *The White Revolutionary*, 307.

[49] Ibid.

[50] 对战争的技术、战术与战略特征的讨论，参见 B. H. Liddell Hart, "Armed Forces and the Art of War：Armies," in J.P.T. Bury, ed., *The New Cambridge Modern History*, vol.10, *The Zenith of European Power*, *1830—1870*（Cambridge：Cambridge University Press, 1960），305—11, 324—25。更近期的陈述，参见 Geoffrey Wawro, *The Austro-Prussian War*: *Austria's War with Prussia and Italy in 1866*（Cambridge：Cambridge University Press, 1997）。

[51] "Prince Friedrich Karl to Bismarck, June 15, 1866," in J. A. Ford, ed., *The Correspondence of William I and Bismarck*, vol.2（New York：Frederick A. Stokes, 1903），131.

[52] Gordon Craig, *The Politics of the Prussian Army*, *1640—1945*, 200.

[53] Ibid.

[54] Ibid., 204.

[55] 引自 Irmgard von Barton, *Die preussische Gesandtschaft in München als Instrument der Reichspolitik in Bayern von den Anfängen der Reichsgründung bis zu*

Bismarcks Entlassung (Munich：Neue Schriftenreihe des Stadtsarchivs München, 1967)，
12—13。

[56] 引自 Gordon Craig, *The Politics of the Prussian Army*，*1640—1945*，202。

[57] Rudolf Ullner, "Die Idee des Föderalismus in Jahrzehnt derdeutschen Einigung-
skriege," *Historischen Studien* 393(1965)：102—103.

[58] 有关这些条约的内容，参见 Ernst Rudolf Huber, ed.，*Dokumente zur Deutschen
Verfassungsgeschichte*，vol.2(Stuttgart：W. Kohlhammer Verlag, 1964)，212—220。

[59]《布拉格和约》(1866 年 8 月 23 日)第 4 条，来源参见 Ernst Rudolf Huber, ed.，
Dokumente zur Deutschen Verfassungsgeschichte，vol.2(Stuttgart：W. Kohlhammer Ver-
lag, 1964)，218。

[60] Otto von Bismarck, "Schreiben an die Oberbefehlshaber der preussischen Trup-
pen. Richtlinien für die Verwaltung der besetzten Länder, Berlin, June 19, 1866," in
Werke in Auswahl，739—740. 关于批准兼并这些邦国的普鲁士立法文本，参见 "Gesetz
Betreffend die Vereinigung," September 20, in Ernst Rudolf Huber, ed.，*Dokumente zur
Deutschen Verfassungsgeschichte*，vol.2，217。

[61]《布拉格和约》(1866 年 8 月 23 日)第 4 条，自 Ernst Rudolf Huber, ed.，*Doku-
mente zur Deutschen Verfassungsgeschichte*，vol.2，218。

[62] 诚然，这种谈判协商式的解决方案中的重要例外就是普鲁士在战后对汉诺威、
库尔黑森、拿骚以及法兰克福市全面且彻底的兼并。有关普鲁士议会对于此类全面兼并
的讨论内容，参见 Ernst Rudolf Huber, ed.，*Dokumente zur Deutschen Verfassungsge-
schichte*，vol.2，215。我自己对此的讨论，可见后文。

[63] 普鲁士在 1866 年对奥地利的军事优势一直是许多历史研究的主题。大多数学
者认为，普鲁士的动员优势以及对后膛枪而非前装枪的使用提供了关键的战术优势，这也
造成了奥地利士兵的三倍的伤亡，参见 B. H. Liddell Hart, "Armed Forces and the Art of
War：Armies," in J.P.T. Bury, ed.，*The New Cambridge Modern History*，vol.10，*The
Zenith of European Power*，*1830—1870*，325。对于横跨多瑙河的军事计划的讨论，参
见 Gordon Craig, *The Politics of the Prussian Army*，*1640—1945*，202—203。

[64] 参见 Lothar Gall, *Bismarck*：*The White Revolutionary*。

[65] 早期历史学研究传统的例子可以从特赖奇克的经典著作里读到，参见 Heinrich
Treitschke, *History of Germany in the Nineteenth Century*，trans. Eden Paul and Cedar
Paul(London：Jarrold and Sons, 1918)。

[66] 国内与国际政治交叉的双重博弈的概念最初由罗伯特·帕特南提出，参见
Robert Putnam, "Diplomacy and Domestic Politics：The Logic of Two-Level Games," *In-
ternational Organization* 42(1988)：427—460。

[67] 不仅俾斯麦担心法国会怎么看待他的举动，而且换个角度来说，法兰西皇帝确实
也在 1867 年会见了巴伐利亚君主，他警告巴伐利亚不要与普鲁士交往过密，这也使这一
外交政策问题更加突出。另外，巴伐利亚与两西西里王国也不同，两西西里王国除了依靠
奥地利的支持来维持其腐朽的政权外别无他法，但是巴伐利亚还有一个现实的"退出"选
择，因为法兰西皇帝向巴伐利亚国王提议，可以组建一个由德意志南部各邦国组成的南方

联邦,作为法国的保护国而存在。

［68］"Kaiser Napoleon III an Konig Wilhelm I," Paris, July 4, 1866, no.174, in the collection of primary documents in Hermann Oncken, ed., *Die Rheinpolitik Kaiser Napoleons III von 1863—1870: Nach den Staatsaken von Österreich, Preussen, und den süddeutschen Mittelstaaten*, vol.1(Stuttgart: Deutsche Verlags-Anstalt, 1926), 302.

［69］尽管萨克森被并入了北德意志邦联,但仍被保留了下来,而汉诺威则是被完全兼并,这可以用两个因素来解释。首先,汉诺威有着更大的战略与地理重要性,因为它能使普鲁士将西部与东部连接起来,形成一处"立得住的领土"。关于这一点更多的详情,参见 Stewart Stehlin, *Bismarck and the Guelph Problem*, *1866—1890*(The Hague: Martinus Nijhoff, 1973), 34—41。而第二个萨克森与汉诺威迥异的命运的原因是相较于汉诺威,萨克森的独立同时被法国与奥地利所坚持。参见 correspondence "Graf Goltz an Bismarck," July 23, 1866, no.224, in Oncken, Die Rheinpolitik, 372—375;相关讨论还可参见 Stewart Stehlin, *Bismarck and Guelph Problem*(The Hague: Martinus Nijhoff, 1973), 40—41。

［70］Otto von Bismarck, memo to Goltz, *Werke in Auswahl*, 755.

［71］Otto von Bismarck, "Rede in der Kommissionssitzung des Abgeordnetenhauses zur Beratung einer Adresse an den Konig vom 17.8 1866," in *Werke in Auswahl*, 799.

［72］Otto Becker, *Bismarcks Ringen Um Deutschlands Gestaltung*(Heidelberg: Quelle und Meyer, 1958), 174.

［73］Ibid.

［74］正是这种对于"自下而上"的国家统一的不信任,导致普鲁士国王弗里德里希·威廉四世拒绝了法兰克福议会 1848—1849 年向其抛出的统一德意志的王冠。托马斯·尼佩代写道,普鲁士国王"被上帝的恩典所赋予的地位所熏陶",拒绝了 1848 年议会的王冠倡议,认为这是一个"由泥土与黏土粘成的议会王冠",是一个"人们想把我和 1848 年革命拴在一起的狗项圈"(Thomas Nipperdey, *Germany from Napoleon to Bismarck*, *1800—1866*, 587)。

［75］这里借用了组织理论的见解,即认为联盟与网络围绕着组织符号联合起来,并产生解释性框架,参见 James March and Johan Olsen, *Rediscovering Institutions: The Organizational Basis of Politics*(New York: Free Press, 1989);有关这一思想的应用,参见 Christopher Ansell, "Symbolic Networks: The Realignment of the French Working Class, 1887—1894," *American Journal of Sociology 103*(1997):359—390。

［76］格哈德·莱姆布鲁赫等人认为,这些谈判与妥协的规范起源于俾斯麦宪法,并持续影响着今天德国联邦制的形态,参见 Gerhard Lehmbruch, *Parteienwettbewerb im Bundesstaat*, 2nd ed.(Opladen:Westdeutscher Verlag, 1998);Gerhard Lehmbruch, "Der unitarische Bundesstaat in Deutschland: Pfadabhängigkeit und Wandel," Max-Planck-Institut für Gesellschaftsforschung Discussion Paper No.02/2, 43—46。

［77］事实上,一种常见但缺乏证据的解释是,俾斯麦有先见之明,因此 1867 年宪法与 1871 年宪法的整个复杂结构的设计,包括在联邦议会、帝国议会、普鲁士君主以及普鲁士邦议会里的权力分配,都是为了确保他的个人权力。尽管这种不同寻常的宪法的建制

在实际上可能赋予了俾斯麦权力，但如果假设制度本身的起源就反映了这样的意图，那就是一个错误。有关假设制度的绩效用以解释其起源的这种广泛的分析性错误的讨论，可参见 Paul Pierson, *Politics in Time：History，Institutions，and Social Analysis*（Princeton：Princeton University Press，2004）。

[78] Erich Kaufmann, *Bismarcks Erbe in der Reichsverfassung*（Berlin：Springer，1917）。

[79] 有关这些辩论的大致内容，参见 Ernst Rudolf Huber，ed.，*Dokumente zur Deutschen Verfassungsgeschichte*，vol.2，673—680；Peter Caldwell，*Popular Sovereignty and the Crisis of German Constitutional Law*（Durham：Duke University Press，1997），25—30；Stefan Oeter，*Integration und Subsidiarität im deutschen Bundesstaatsrecht：Untersuchungen zu Bundesstaatstheorie unter dem Grundgesetz*（Tübingen：Mohr Siebeck，1998），44—52。

[80] 在这个意义上，"契约"或"合同"的概念可以被视为"精心设计的守则"，其含义是开放性的，当然相较于"限制性守则"而言少了些情感效力，但在将不同的利益结合在一起这一点上更为有效。有关它们之间区别的讨论，参见 Mary Douglas，*How Institutions Think*（Syracuse：Syracuse University Press，1986），22；Christopher Ansell，"Symbolic Networks：The Realignment of the French Working Class，1887—1894，" *American Journal of Sociology 103*（1997）：362—363。

[81] Peter Caldwell，*Popular Sovereignty and the Crisis of German Constitutional Law*，26.

[82] 和约的内容，参见 Ernst Rudolf Huber，ed.，*Dokumente zur Deutschen Verfassungsgeschichte*，vol.2，224—225。

[83] 有关这些和约的内容，参见 ibid.，258—276。

[84] 有关 1867 年宪法与 1871 年宪法的讨论，基于胡贝尔所用的宪法文本，参见 Ernst Rudolf Huber，ed.，*Dokumente zur Deutschen Verfassungsgeschichte*，vol.2，227—240，289—305。

[85] Max Weber，*Economy and Society*，vol.3（New York：Bedminster Press，1968），1104—1109；Reinhard Bendix，*Kings or People：Power and the Mandate to Rule*（Berkeley and Los Angeles：University of California Press，1978），230.

[86] Peter Caldwell，*Popular Sovereignty and the Crisis of German Constitutional Law*，26.

[87] 1849 年宪法的完整文本，参见 Ernst Rudolf Huber，*op.cit.*，（1961），vol.1，304—326（本书参考文献中只列出了胡贝尔著作的第二卷）；有参考价值的相关英语文献，参见 Hans Boldt，"Federalism as an Issue in the German Constitutions of 1849 and 1871，" in Hermann Wellenreuther，ed.，*German and American Constitutional Thought*（New York：Berg，1990），260—278。

[88] Otto Becker，*Bismarcks Ringen Um Deutschlands Gestaltung*，211—224.

[89] 例如，可以参见这些顾问的回忆录：Max Duncker，*Politischer Briefwechsel aus Seinem Nachlass*（1923；Osnabrück：Biblio Verlag，1967）。

[90] 马克斯·东克尔倡导的宪法全文转载于 Heinrich Triepel，"Zur Vorgeschichte

der Norddeutschen Bundesverfassung," in Heinrich Triepel, ed., *Festschrift Otto Gierke zum Siebzigsten Geburtstag* (Weimar: Harmann Boehlaus [Böhlaus?] Nachfolger, 1911), 631—641。

[91] Reichstag des Norddeutschen Bundes, *Verhandlunden des Reichstages des Norddeutschen Bundes*, March 9, 1867, 107—109.有关 1867 年以来帝国议会所有会议的完整合集,参见 http://mdz.bib-bvb.de/digbib/reichstag。

[92] Gerhard Lehmbruch, "Der unitarische Bundesstaat in Deutschland: Pfadabhängigkeit und Wandel," Max-Planck-Institut für Gesellschaftsforschung Discussion Paper No.02/2, 2002, 28.

[93] Ibid., 35.

[94] Thomas Nipperdey, *Deutsche Geschichte, 1866—1918* (Munich: C. H. Beck Verlag, 1992), 182—183.

[95] "中央集权的联邦制"的概念取自 Konrad Hesse, *Der unitarische Bundesstaat* (Karlsruhe: C.F. Miller, 1962)。尽管这些发展表明政治巩固的进程,但应当注意的是,在 19 世纪 80 年代,帝国结构仍然在一定程度上不确定,因为当时有传言认为俾斯麦在考虑发动一场政变,取消现有的宪法结构,然而其实这一想法从未产生过。更详细的讨论,参见 John Röhl, "Staatsstreichplan oder Staatssstreichbereitschaft? Bismarcks Politik in der Entlassungskrise," *Historische Zeitschrift* 203(1966):610—624。

[96] 这一点对于理解制度发展具有更广泛的意义,且这一点与凯瑟琳·特伦的重要洞见——"政治不比市场,这里的失败者不一定会消失"相呼应,参见 Kathleen Thelen, "How Institutions Evolve: Insights from Comparative Historical Analysis," *Studies in American Political Development* 14(2000):106。

[97] Lothar Gall, *Bismarck: The White Revolutionary*, 316.

[98] 关于这些指令的内容,参见 Otto von Bismarck, *Die Gesammelten Werke*, vol.6, (Berlin: O. Stollberg, 1924), no.615, October 30, 1866, and no.616, November 19, 1866。

[99] 许多学者,例如胡贝尔,在引用这句话的时候都没有提及其出处,参见 Ernst Rudolf Huber, *Deutsche Verfassungsgeschichte Seit 1789*, vol.3(Stuttgart: W. Kohlhammer Verlag, 1963), 649—650。这句话最初出现在俾斯麦的著作集中,参见 Bismarck, *Die Gesammelten Werke*, no.615, October 30, 1866。

[100] Lothar Gall, *Bismarck: The White Revolutionary*, 317.

[101] Erich Brandenburg, *Die Reichsgründung* (Leipzig: Quelle und Meyer, 1923), 219.

[102] 其他邦国的许多议员与官员也认可这种逻辑,以保全他们的政策管辖权。1867 年,巴伐利亚爱国党领导人约尔格(Jörg)着眼于德意志北部的宪法,设想了巴伐利亚被吸纳后的未来。约尔格在巴伐利亚议会的一次特别会议上最清楚地表达了这种情绪:"如果诸位看一下(北德意志宪法)的第 3 条和第 4 条,你会问:'还有什么能留在我们家里? 邮政、电报、铁路、水路、社会政策与民事诉讼,我们为之奋斗、消耗了大量时间与金钱的领域,在(北德宪法之下)都会被浪费掉。'"参见巴伐利亚议会记录:Bayern Landtag,

Verhandlungen der Bayerischen Kammer der Abgeordneten，October 18，1867，KDA，
2:61。

[103] 对于了解这一进程动态的有所助益的概述,参见 Erich Brandenburg, *Die Reichsgründung*，215—216。

[104] Lothar Gall, *Bismarck: The White Revolutionary*，318.

[105] Manfred Rauh, *Föderalismus and Parlamentarismus im Wilhelmischen Reich* (Düsseldorf: Droste, 1973)，47.

[106] Peter-Christian Witt, *Die Finanzpolitik des Deutschen Reiches von 1903 bis 1913*(Lübeck: Matthiesen, 1970)，17.

[107] 下文对 1866 年 12 月至 1867 年 2 月间的谈判的讨论,基于 Otto Becker, *Bismarcks Ringen Um Deutschlands Gestaltung*，290—371。

[108] Ibid.，291—292。

[109] Hans-Otto Binder, *Reich und Einzelstaaten während der Kanzerschaft Bismarcks: 1871—1890*(Tübingen: Mohr, 1971)，48.

[110] Otto Becker, *Bismarcks Ringen Um Deutschlands Gestaltung*，357.

[111] 有关联邦议会 58 个席位的分配,是以 1815 年德意志邦联的对应机构——联邦议会为蓝本的。在北德意志邦联与德意志帝国的宪法里,所有成员邦国获得的席位与 1815 年一致,不过有两个主要的例外。因为普鲁士在 1866 年兼并了数个德意志北部的邦国,因而普鲁士拥有了更多的议席,而作为 1871 年巴伐利亚与普鲁士协商的组成部分,巴伐利亚也获得了额外的议席。尽管从人口来看,普鲁士占了德意志帝国的绝大多数人口,但是就联邦议会席位来看却并非如此。一部分学者准确强调了普鲁士的"霸权",指出如果普鲁士愿意,它可以依靠小邦国来保证多数。然而,其他学者也注意到其实普鲁士在实践中并不愿意求助于这些小邦国。关于这些议题的讨论,参见 Gerhard Lehmbruch, "Der unitarische Bundesstaat in Deutschland: Pfadabhängigkeit und Wandel," Max-Planck-Institut für Gesellschaftsforschung Discussion Paper No.02/2，2002，40—46。

[112] Otto Becker, *Bismarcks Ringen Um Deutschlands Gestaltung*，290—371.

[113] Ibid.，369.

[114] 1870 年至 1871 年,普法战争爆发时,涉及德意志南部各邦合并的谈判也为德意志联邦制度的集权化改革提供了机会。实际上,即便是到了这时候,较小的邦国也在努力用一个类似于参议院的上院来取代联邦议会(Hans-Otto Binder, *Reich und Einzelstaaten während der Kanzerschaft Bismarcks: 1871—1890*，50)。不过这些集权化的努力也失败了,1870 年至 1871 年德意志帝国的建立只是加强了 1867 年宪法中的协商与联邦制特征。实际上,由于德意志南部对北德意志宪法的批评与抵制,北德意志邦联对南部各邦国,特别是巴伐利亚做出了特别的让步,给予了它们著名的"特殊权利",也就是额外的公共财政与行政自主权。Karl Bosl, "Die Verhandlungen über den Eintritt der süddeutschen Staaten in den Norddeutschen Bund und die Entstehung der Reichsverfassung," in Theodor Schieder, ed., *Reichsgründung 1870/71*(Stuttgart: Seewald Verlag, 1970)，148—163。

第七章 结论:19 世纪以及之后的联邦制与制度建构

　　推动这项研究开展的疑惑蕴含在两个国家统一的历史之中:为什么普鲁士这个军事强国,能够对德意志南部邦国做出让步以建立联邦制国家,而弱得多的皮埃蒙特,却选择征服意大利南部邦国来建立单一制国家?

　　出于如下原因,这个极为具体的经验难题已被证明是重新思考联邦制起源的卓有成效的起点。首先,意大利与德国,作为欧洲较晚才统一的两个重要的平行案例,最终出现了截然不同的制度结果。其次,正如本研究所表明的,这两个案例共享着一组在国家统一以前的文化与历史上的相似性,这些相似之处可能会让我们期望它们本应当在国家统一后产生相似的制度结果。但是,更重要的是,意大利与德国的案例之所以成为一组有益的比较对象,还在于它们直接违背了赖克提出的联邦制理论的直观期望,这一理论假定,除非存在势均力敌的军事力量的约束,否则建构新政体的政治中心总是会倾向于建立单一制政体以完成国家整合的任务。

　　当我们更细致地研究普鲁士为什么会为了建立联邦而让步,而皮埃蒙特却没有这么做的困惑时,我们会发现案例中实际的制度结果并不单纯反映了大人物的"凝结的品位"(congealed tastes),又或是他们的意图与制度设计。[1]为什么?因为首先,不管是德国还是意大利,尽管那些政治核心的建国精英是目标驱动的,他们是有意图的行为者,但他们在设计政治制度时,其实同时有多个不断转换的,甚至有时相互矛盾的目标。政治领导层不仅关心要如何在国际舞台上最大化地展现军事实力、实现国家统一,并确保君主能对正在发生的事态保持控制,他们还要关注国内治理,尤其是要维持新统一国家的社会稳定。因此,普鲁士与皮埃蒙特领导层在考虑采用哪种广泛的制度"方案"时,他们的行动与建国方略不仅受到军事与安全威胁的影响,而且受到各自国家统一发展道路上所面临的内部治理结构的影响。

特别在国家统一之际,如果在国家形成前就已经存在有效的地区政治体制,那么政治领袖并不会将这些制度视作他们权力的束缚,反而会将其视为在避免社会动荡的基础上快速实现国家统一的可行之法。因而我们从这两个案例里获得的教训是,如果已经存在有效运作的地方政治体制,那么联邦制会被视为实现国家统一的阻力最小的路径。在这个意义上,这两个特殊的案例倒转了传统观念里联邦制产生的因果关系:联邦制并不是迫不得已时的次优方案,相反,联邦制只有在可行之时才能建立,而单一制反而是迫不得已时的次优选择。

考虑到通常来看,学者常由于聚焦性的双案例比较研究的自身局限性对其产生怀疑,因此上述结论在多大程度上能够对传统的联邦制起源理论进行修正?这一结论在其他国家里适用性如何? 本章将表明,经由一些微调,本书提出的以邦国为中心的论点强调了一组为传统理论所忽视的因素,而这些因素可以对德国与意大利以外的许多案例进行合理解释。在下文里,我首先将总结本研究中核心的理论创新。其次,通过将本书的论点扩展至 17 个更广泛的国家,我将完善与检验我的论点。最后,也就是在本章末尾,我将阐明本书的论述可能给制度变革理论带来的更广泛的影响。

总结中心论点:供给侧的联邦制理论

由于频繁用来解释联邦制起源的各式理论通常并没有经过严格或系统的实证检验,因而,以往被称为"理论"的东西实际上只是一套直觉上很有吸引力,但有缺陷的命题,它们将分析上应当独立的问题混为一谈。以赖克的论点为例,创建联邦的动机是外部安全威胁的存在,这个论点可能会告诉我们许多政治统一的原因,却无法告诉我们新政体将产生某种具体政治制度(单一制或联邦制)的原因，尽管它声称可以。类似地，近来也有观点认为，建立联邦的目的在于从更大规模的经济一体化区域中获益，这或许也能回答"为什么会统一？"的问题，却同样不能告诉我们有关"为什么要统一成联邦？"的答案。[2]一言以蔽之，学者有一种倾向，即误以为国家统一的原因就是建立联邦制的原因。

正是考虑到这种区别，本研究回答了两个不同的问题。第一，为什么不同国家（或邦国）会选择加入或合并为一体，形成更大的政治单位？第二，为什么在形成更大的政治单位时，它们有时会组成联邦，有时又会建成单一制国家？本书的第二章、第三章与第四章回答了第一个问题。我认为，国家统一是由经济动机与政治动机驱动的，这些动机塑造了政治扩张与中央集权的主导精神，而这正是欧洲民族主义时代的标志。而在新马克思主义者与国家中心论者之间，关于国家形成原因的长期争论尽管已经产生了丰硕的成果，但最终却转移了视线。国家中心论者所认为的政治家为攫取岁入以支持军队的安全考量，与新兴商业阶层的经济动机都推动了国家统一。诚如第二章、第三章和第四章所言，问题在于国家中心论者与马克思主义者所强调的上述两个因素的各自分量与它们的相互作用。[3]

本书的核心论点（即在第五章与第六章中阐明的），集中在第二个问题上。也就是在何种条件下，联邦制会成为政治精英在寻求与整合经济和政治上四分五裂的领土时的政治统一方案？而要解释为什么新生政体会采用联邦制，学者通常会采用读者如今已非常熟悉的三种看法中的其中之一，乍一看，这三种观点不仅符合逻辑，而且似乎能找到一些零散的支持。例如，本书提到的第一个主张，即文化或经济上高度分裂的社会可能会产生联邦国家，这在瑞士或是印度这样的国家里似乎是解释得通的，因为这两个联邦制国家都有高度分裂的社会。类似地，关于第二个主张——当政治精英在意识形态上致力于建成联邦国家时，联邦制就能建成——当我们注意到 1787 年美国的开国元勋或是任何为新国家制定联邦宪法的联邦主义者的呼声之时，似乎也能为其找到一些证据。[4]最后也是影响最广泛的主张，那就是与那些实力强大的发起统一的政治核心比，军事上薄弱的中央权力倾向于与地方就联邦制进行"协商"与"交易"，这似乎也能解释澳大利亚、瑞士与美国这样的联邦国家。

尽管存在差异，但上述理论要么将联邦制描绘为一个次优选择，当薄弱的中央权力因软弱而无法将权威渗透到不服从于它之处时,就会选择联邦制,要么认为一旦政治领导层在意识形态上倾心于联邦制的制度设计,联邦制就会自然建成。本书的一个核心发现就是,上述两种描述都有缺陷,因为它们假定制度会天衣无缝地契合政治家的远见卓识。首先,它们假设中央权力总是倾向于采取最大化地加强对地方军事控制的统一策略,并且只有在军力不济以至于无法进行直接统治时,才会妥协并采用间接统治的形式。而这忽视了大量的经验证据,也就是哪怕在军事上远强于那些不服中央的地区时,政治领袖也时常选择联邦制。其次,若是认为意识形态上倾向于联邦制就会建成联邦制的国家结构,那么就是过于专注制度建构中的"需求侧"。一个只关注政治家怎么想的制度构建理论必然无法让人信服,当政治家试图将其计划转变为实际的制度,也就是在创建制度之时,现实将会复杂得多。本书的研究发现,在这种制度创建的时刻,最具决定性的因素是那些已然存在的地区政治制度的"供给",它们塑造了哪些制度创建的策略既是可行的,也是可取的。最简单地说,要想建成联邦制而不是单一制,不仅要有建立联邦制的需求,还要有成熟的地区政治制度的供给,这意味着地方有较高的制度性能力,既可以与政治核心商谈政体创建的条件,还可以在政体建成后开展治理。而在表7.1里,我展现了上述论点在适用于本书两个个案时的主要脉络。

如表7.1所示,尽管有着相似的意识形态偏好,但本书论证了联邦制在德国建成而在意大利失败关键的"背景"因素,也就是德国与意大利在国家统一之前诸邦国共存时期的发展不均衡的遗产,它们反映了国家统一与政治发展的不同次序。组成德国的邦国在国家统一以前就完成了国家建构与政治发展,并留下了一批高度发展的邦国,而构成意大利的邦国却没有在国家统一前完成国家建构与政治发展,最终留下了一批无议会、无宪法,也无有效行政机构的绝对主义邦国。因此,皮埃蒙特所要继承的,是这些既没有宪法,也没有议会,还只有部分现代化国家行政机构的羸弱的绝对主义邦国。相较之下,普鲁士则继承了一批更具渗透力(尽管是非自由主义的)、制度完善且运行良好的地方邦国,它们有宪法、有议会,并有发展完善且高度功能分化的行政机构。此外,本书的研究还发现,现有证据显示,皮埃蒙特所合并的意大利邦国在开展现代化治理,如征税、征兵与教育方面的制度性能力方面,远逊色于六年后普鲁士所统一的德意志各邦国。

表 7.1　研究发现：从强地域忠诚到两种不同的制度结果

	国家形成的联邦制路径	国家形成的单一制路径
1. 政体形成时刻的条件	**1. 高度发展的地区制度性能力** 议会 宪法 公共行政体系	**1. 欠发展的地区制度性能力** 无议会 无宪法 弱公共行政体系
2. 统一策略	**2. 以协商实现统一**	**2. 以征服实现统一**
3. 制度变迁过程	**3. 层叠** 保留旧的政治行为体 增强旧的规范 从头开始建章立制	**3. 转换** 剔除旧的政治行为体 创新新规范 延伸现有规制
4. 结果	**4. 地方分析的联邦制国家**	**4. 中央集权的单一制国家**

　　因此，表 7.1 里的第二步表明，在这两个原本相似的案例里，国家统一却是以不同的方式推进的。在国家统一之际（1859—1860 年），皮埃蒙特的领导者与除皮埃蒙特外的其他邦国的临时领导者，尽管心向"分权"，却还是只能直接兼并意大利中部与南部地区，也就是我所称的"以征服实现统一"。当面对新兼并地区制度上的无能与内政上的不稳定时，这种"以征服实现统一"的策略集中了政治权威。考虑到要确保地缘政治地位与维持君主控制的局面，皮埃蒙特以外正在崩溃与经历革命的邦国并不是有前途的合作伙伴。确实，既有的制度积弊在要做决断的决定时刻产生了一种自我强化（中央集权化）的动力，从而进一步削弱了意大利各地区政府开展现代化治理的能力，如社会规制、征税与维持社会稳定等。到了 1865 年，皮埃蒙特的军队与官员遍布整个意大利，最终使建立联邦制的前景变得越来越不可行，也越来越不可能。在革命"神话"大义的支持下，以及在皮埃蒙特宪法延展至其他意大利地区的帮助下，以征服实现统一的策略最终推翻了已有的政治精英与结构，而意大利高度限制性的公民权利确保了君主的控制。

　　相较之下，普鲁士的领导者在面对德意志南部发达且"现代化"的邦国时，就可以在 1866 年与 1871 年实现全德意志的"以协商实现统一"，还可以将大量的政务移交给拥有较强制度能力的、预先存在的议会君主制的政府，而所有这些也产生了一种自我强化的动力，从而使地区政府在联邦制的德意志帝国里享有更大的制度自主性。因此,不仅是组织完善的邦国议会能够代表普鲁士以外的邦国与普鲁士就国家统一进行谈判,甚至普鲁士领导者还可以将权力下放给实际上比普鲁士更能对地区进行有效治理的邦国。鉴于确保巴伐利亚和其他德意志大邦国将在战时向普鲁士提供军队与资源的正式协定已经签订,在这些地区开展间接统治对普鲁士而言是阻力最小的路径。尽管已有的联邦制理论可能会说,普鲁士作为军事强国,本应寻求"权力最大化"的策略来建成单一制国家,但由于整个德意志地区都存在实力极强的议会君主制政府,这就改变了德国的统一方针,确保在国家统一的决定时刻诞生的是联邦制国家。在这种情况下,在位的政治精英继续留任,而各邦国领导者之间长期存在的"协商"规范得到了增强,并且一部为这些仍然存续的地区结构留有空间的新宪法得以制定。总的来说,我们看到,联邦制在意大利与德国的不同命运是由其国家统一前的制度遗产所决定的:在全国性政权建立以前,运作良好的地区政府已然存在,所以联邦制就这样产生了。

从上述有关联邦制起源的供给侧论证里,我们还可以获得两个更具推广性的论点。首先,政治家虽然都是目的导向的,但他们往往有多个目的,并不总像许多联邦制理论所假定的那样,只追求在短时间里实现中央政权在军事上相较于地方政权的最大化。相反,建国精英往往愿意去走阻力最小的国家统一之路,以间接的联邦制来换取国家统一,但这一前提是地方政权已经能够有效地征税与募兵,并能维持其内政秩序。其次,单纯地削弱中央权力并不会加强地方权力,就算权力下放可能是由联邦制带来的,但建成联邦制的原因却并不在此。试图下放权力的努力只可能在已建立起具有高度制度性能力的地方政府的情况下奏效,否则中央的政治领袖将不得不出面介入,来接管无法有效治理的失败的地方政府。在这个意义上,建成联邦政体的最大威胁就是缺乏基本治理能力的地方政府,这些政府的无能会招致中央政权的单方面干预,来将一系列中央集权的病症制度化,而这将破坏联邦政体的可持续性。[5]

超越 19 世纪? 基于当代 17 个欧洲民族国家的证据来完善论点

本书所提出的以邦国为中心的联邦制起源与发展理论,解释了 19 世纪意大利与德国的政治发展,但正如本书的第一章就明确指出的,我有意在这两个案例里保持"意识形态"这一变量不变,即皮埃蒙特与普鲁士的开国元勋在意识形态上都致力将建成联邦政体作为其制度目标。因此,以下问题仍未得到解答:当意识形态不一致时会发生什么? 或者更确切地说,本书论述所强调的两个因素,联邦主义的意识形态与强大的地区制度,在更广泛及更多样化的案例里又是如何交互作用的? 最后,我们又该如何评估此处提出的论断能够在多大程度上超越本书结构化与聚焦性的比较?[6]

如果我们系统地研究一下当代西欧 17 个最大的民族国家,那么我们会发现,本书的论点在经过一些细微但重要的改进后,确实相当有解释力。[7]参照近来其他一些有影响力的做法,这里采用 J. 丹尼斯·德比希尔(J. Denis Derbyshire)与伊恩·德比希尔(Ian Derbyshire)的编码方式,将西欧 17 个最大的民主国家编码为联邦制或单一制。[8]表 7.2 中列出的每一个民族国家都基于其当前的联邦制得分,被进行了二分编码。但关键是我们对潜在原因的探究聚焦于一组历史原因上。为什么? 如第二章所指出的,在 20 世纪 90 年代,评判一个民族国家是否为联邦制的最关键指标,就是在其立宪的首部宪法里规定的制度形式。事实上,这种在过去与现在之间建立起来的惊人的相关性,突出了建国决定时刻对当代政治制度性质持续造成的因果影响。再者,它迫使我们去探寻在国家立宪时刻,具体是哪些因素塑造了如今的制度结果。

表 7.2　1996 年西欧的 18 个案例

国家案例	制度形式	国家案例	制度形式
奥地利	联邦制	意大利	单一制
1993 年前的比利时	单一制	荷　兰	单一制
1993 年后的比利时	联邦制	挪　威	单一制
丹　麦	单一制	葡萄牙	单一制
芬　兰	单一制	西班牙	单一制
德　国	联邦制	瑞　典	单一制
希　腊	单一制	瑞　士	联邦制
冰　岛	单一制	英　国	单一制
爱尔兰	单一制	法　国	单一制

与现代民族国家立宪相关的哪些"历史"因素能够解释表 7.2 中所提出的领

土治理模式的差异? 而本书论点里对立宪时的地区制度的供给侧的关注,与本书重点比较里另一保持不变的因素——意识形态,又是如何交互的? 换言之,当存在联邦主义的意识形态而缺乏地区制度时,在其他社会环境里会如何? 当联邦主义的意识形态存在,但地区制度却缺失的时候又会如何?① 我们如何确证我的论点,即这两个因素都是必要却非充分的,在更广泛的情境中如何起作用? 在表7.3 里,我概述了两个自变量(强联邦主义的意识形态与运行良好的地区制度)所有可能的逻辑组合,并评估了哪些组合能证实理论,而哪些组合会证伪理论。[9]

表 7.3　可能的组合范围

情境	强意识形态	强地区制度	联邦制	证实/证伪
1	是	是	是	证实
2	是	是	否	证伪
3	是	否	是	证伪
4	是	否	否	证实
5	否	否	否	证实
6	否	否	是	证伪
7	否	是	否	证实
8	否	是	是	证伪

以这一方式陈列逻辑可能性的好处是,我们可以具体阐明在何种情形下本书的理论会被证实或证伪,当然这是一种在定性分析中不太常见的尝试。首先,当分析的案例符合情境 1、情境 4、情境 5 与情境 7 时,本书理论预期就得到证实。例如,当存在强联邦主义意识形态,也有强大的地区制度,我们将得到联邦制的政治结构(情境 1),这将成为本书提出的主要理论框架的确切证据。类似地,如果我们发现案例在建国决定时刻既没有较强的联邦主义意识形态,也没有强有力的地区制度,且最终没有建成联邦政体的话(情境 5),那么同样证实了理论假设。最后,如果我们发现案例里的意识形态与地区制度缺少其一,且也无联邦政体的话(情境 4 与情境 7),那么本书理论同样得到证实。

反之,我们也可以具体陈列理论预期被证伪的条件。例如,当我们发现两个自变量都存在,但联邦制却未能扎根的案例时(情境 2),这就是理论被证伪的证

① 原文如此,考虑上下文语义重复,此处疑为笔误。——译者注

据。同样，如果我们发现两个因素都不存在，但联邦制却成功建立了（情境 6），那么这也表明本书的论断关注了错误的自变量。最后，如果任一因素不存在，但联邦政体还是出现（情境 3 与情境 8），那么理论也会被证伪。简而言之，我们发现，依据国家组建时的意识形态与地区制度的配置情形，采用联邦制来构建国家应当是可预期的。而这两个变量又是如何成立的呢？在表 7.4 里，我将总结基于对二手文献的回顾得出的大致结论。

表 7.4　结论总结

情境	强意识形态	强地区制度	联邦制	民族国家与建国年份	证实/证伪
1	是	是	是	奥地利（1920 年） 德　国（1871 年） 瑞　士（1848 年）	证实
2	是	是	否	无案例	
3	是	否	是	无案例	
4	是	否	否	意大利（1861 年） 荷　兰（1814 年）	证实
5	否	否	否	法　国（1791 年） 芬　兰（1917 年） 冰　岛（1944 年） 爱尔兰（1937 年） 瑞　典（1809 年） 葡萄牙（1822 年） 挪　威（1905 年） 1993 年前的比利时（1831 年）	证实
6	否	否	是	1993 年后比利时（1831 年）	证伪
7	否	是	否	丹麦（1849 年） 西班牙（1812 年） 英　国（1707 年）	证实
8	否	是	是	无案例	

如表 7.4 所显示的，在更多的国家里，本书拟定的理论框架获得了证实性证据。这些西欧最大的民族国家依据其首部宪法制定时的情形被编码。除了 1993 年后的比利时这一关键的例外，其他案例证明了政治行为者的意图以及他们在设计国家体制时所面临的相重叠的制度图景的重要性。[10] 更确切地说，我们发现在 18 个案例中的 17 个里，要么没有在意识形态上有着联邦主义信念的政治

家,要么没有有效的地区制度,这使得联邦制从未在其中建立。此外,在其中5
个关键的国家(情境1与情境4),无论政治中心的军事力量如何,政治家意识形
态上都倾向于设计联邦制,而非单一制。从这个意义上来看,认为政治家在缺乏
能对抗其军事力量的情形下总是倾向于"征服"地方的假设,既没有经验上的有
效性,也缺乏解释力。

　　但是,最终最能说明问题的是情境1与情境4里五个国家的不同命运。在
这五个国家里,都存在建立联邦制的意识形态的信念。不过,在情境1里的三个
国家——奥地利(1920年)、瑞士(1848年)与德国(1871年),制度设计者在制宪
时刻面临的是这样一幅制度图景,即国家结构已经在地区层面实现了政权的理
性化与巩固。[11]相比之下,情境4里的两个案例——意大利(1861年)与荷兰
(1815年)①面对着的则是一系列既无宪法又无议会、既不发达也不稳固的邦
国。[12]尽管两组国家整合不同的前民族国家时期邦国的任务相似,但每组国家
的内部结构在制度理性化程度与稳固程度上却各有不同。[13]正因此,国家统一
在这两组国家里沿着不同的轨迹进行:在一组国家中,联邦制是可行的;而在另
一组国家中,联邦制方案被放弃,取而代之的是单一制政体。

　　简而言之,从西欧17个最大的民族国家之中,我们看到以邦国为中心的联
邦制起源分析具有相当强的解释力,它关注政治家动机以及他们所面临的制度
约束。尽管大多数有关解释联邦制起源的理论都假定了强势的政治家的意图与
他们设计的制度之间相得益彰的"契合"关系,但更多的跨国案例在很大程度上
证实,面临无可奈何的局势,政治家会调整他们的战略。不过关键的是,西欧国
家这一更大样本也证明,真正的制约因素并非中央权力军事上的弱势,而是地区
政体缺乏有效的内部治理能力。无论是国家统一前人口稀疏、落后的意大利南
部邦国,抑或是后拿破仑时代人口稠密且富饶的荷兰省份,本书的研究意外地发
现了一个为传统联邦制起源理论所忽视的相似的动态过程:在地区治理能力欠
发达的情形里,即使是最坚定的联邦主义者的抱负也会破产。

---

①　近代历史中,荷兰在1814年3月29日(Grondwet van den Staat der Verëenigde Nederlanden)与
　　1815年8月24日(Grondwet voor het Koningrijk der Nederlanden or Loi fondamentale du
　　Royaume des Pays-Bas)都颁布了宪法,但作者在上下文使用的年份均为"1814年",此处疑为作
　　者笔误。——译者注

更多的启示与结论

　　本书所研究的两个案例——德国与意大利的最终创建，标志着欧洲历史的一个转折点，即"在明确界定的、固定的且互斥的领土上进行合法支配的权力"，最终决定性地取代了更为古老的、重叠的且多元化的政治结构。[14]并且，国家统一也代表这两个新国家基本国体被创建的时刻。本书的核心目的在于窥探新生民族国家对内主权的塑造过程。在探讨这一问题时，我重点关注的是国家统一的制度动因。新政体是如何建章立制的？为什么联邦制在某些情境下是政治统一的方式，但在另一些情况里则不是？

　　我给出的答案与现有理论背道而驰，通过强调成功创建联邦制国家所必须具备又常被忽视的制度结构，这项研究加深了我们对于联邦制从何而来的理解。常见的假设是，制度发展是有序的、自成一体的国家结构的展开，它只是反映了置身其中的政治家对一系列短期问题的"最佳"解决方案。而我给出的关于德国、意大利以及更广泛的西欧国家的解释，则关注国家结构发展过程，与这一传统观点相左。我在本书中表明，当设计新的政治体制时，政治行动者时常发现他们会受到预先存在的规范与正式制度组成的复杂网络的制约，这使他们需要进行不同形式的调适，比如，有时需要在旧的行动者与规范之上设置新规则与新体制的层级，有时又需要将旧的规制与体制转变，使其服务于新目的。[15]

　　实际上，本书的核心发现之一，就是政治体制的具体发展模式往往会使政治行动者无法做出理想的制度选择。例如，如果地区政府早在受宪法保护的全国性政权机构诞生之前就完成了国家结构的理性化与整合，那么联邦制就会成为建立国家对内主权的可行路径，而相比之下，如果经历了理性化与整合的地区政体在全国性的宪政政权诞生前要么被解体，要么没有发展，那么联邦制就会被视为国家统一方案里的不可行之路。一言以蔽之，本书的发现提出了一个有关联邦制的理论，既关注富有雄心壮志的政治行动者的多个短期动机，也关注他们在设计或重新设计政治体制时所面临的深层次的制度遗产。而只有经由对国家内部不同领域何时或如何发展进行研究,我们才能真正理解为什么国家会呈现如此广泛且不同的制度形式。

【注释】

[1]"凝结的品位"一词引自 William Riker, "Implications from the Disequilibrium of Majority Rule for the Study of Institutions," *American Political Science Review* 74 (1980):432。

[2] 经济规模越大,则联邦制越可能出现的论点,源自 Chad Rector, "Federations in International Politics," Ph. D. diss., Department of Political Science, University of California, San Diego, May 2003。

[3] 这套关于经济与政治动机之间的关联的论断更适用于欧洲情境。某些拉丁美洲政治学者提出了更令人信服的论断,即这种关系在不同的时空维度会有所不同。有关讨论欧洲中心论的国家建构模式在拉丁美洲的局限性的出色论述,参见 Sebastian Mazzuca, "Southern Cone Leviathan," manuscript, University of California, Berkeley, 2002。

[4] 基于美国的对联邦制辩论的精彩论述,参见 Calvin Jillson, *Constitution Making: Conflict and Consensus in the Federal Convention of 1787* (New York: Agathon Press, 1988)。

[5] 从这一理论里还可能产生一个可能的研究议程,就是当欧盟的规模扩张至政治上弱得多的中东欧国家时,我们可以观察类似的动态变化在欧盟内部发展的情况。关于欧盟扩张最好的讨论之一,参见 Wade Jacoby, "Tutors and Pupils: International Organizations, Central European Elites, and Western Models," *Governance* (2001):169—200。如果说欧盟南扩对其而言是一个教训的话,那么吸纳更弱小的国家将可能导致欧盟开始直接干预这些国家特定政策领域的管理。关于这一动态在南欧如何发生的讨论,参见 Chris Ansell, Keith Darden and Craig Parsons, "Dual Networks in European Regional Development Policy," *Journal of Common Market Studies* 35(1997):347—375。

[6] 这一分析在我过去的研究中得到了更好地展开,其中还评估了不同的竞争性假设,参见 Daniel Ziblatt, "The Federal-Unitary Divide," Harvard University Center for European Studies Working Paper, 2005。

[7] 本节所采用的方法借用自 Charles Ragin, *The Comparative Method* (Berkeley and Los Angeles: University of California Press, 1987);同时,直接参考了 Chris Ansell and Arthur Burris, "Bosses of the City Unite! Labor Politics and Political Machine Consolidation, 1870—1910," *Studies in American Political Development* 11(1997):1—43。

[8] J. Denis Derbyshire and Ian Derbyshire, *Political Systems of the World* (New York: St. Martin's Press, 1996), 5.有关最新的同样采用这种联邦制数据进行跨国分析的研究,参见 Evan Lieberman, "Payment for Privilege? Race and Space in the Politics of Taxation in South Africa and Brazil," Ph. D. diss., Department of Political Science, University of California, Berkeley, 2000, 340—342。

[9] 用于对每一个案进行编码的二手文献将会在附录 B 里依照国别列出。首先,最

关键的是对"建国日"的额外限制条款。就如同书中将德国的 1871 年与意大利的 1861 年视为建国时刻一样,我将"建国时刻"定义为政体的发展时期,其间,现代国家首部成文宪法得到批准。当然,在某些案例里,指定建国时刻要比其他案例更为困难。关于这个指定时间的步骤,可以参见附录 B。其中尤其值得提及的就是英国,它是持续演化且从未制定成文宪法的案例。在这里,我选择 1707 年作为英国的建国时刻,因为英格兰在这一年对苏格兰的吸纳,即"联合王国"的诞生本可能产生某种形式的联邦制。关于苏格兰在英国宪政史中角色的讨论,参见 Linda Colley, *Britons: Forging the Nation, 1707—1837* (New Haven: Yale University Press, 1992)。

[10] 1993 年后的比利时是目前唯一的例外,因为它是为已然存在的政体重新制宪的案例,而非首次立宪的案例。而想了解比利时自 1945 年以来制度变革轨迹,可以参见 John Fitzmaurice, *The Politics of Belgium: A Unique Federalism* (Boulder, Colo.: Westview Press, 1996)。

[11] 在这些案例里,大多数成员邦国都拥有自己的议会、宪法与行政机构。关于这些案例更为详细的叙述,详见附录 B。关于这些案例的文献,参见 Thomas Maissen, "The 1848 Conflicts and Their Significance in Swiss Historiography," in Michael Butler, Malcolm Pender and Joy Charnley, eds., *The Making of Modern Switzerland, 1848—1998* (London: Macmillan, 2000), 3—34; Wilhelm Brauneder, *Deutsch-Österreich 1918* (Vienna: Amalthea, 2000)。

[12] 在意大利,精英间对联邦制的广泛支持已经得到证明。但值得关注的是 1798 年的荷兰,当时,主要的政治行为者间关乎尼德兰联省共和国关键且严肃的政治辩论正在开展。关于这些辩论,参见 J. Roegiers and N.C.F. van Sas, "Revolution in the North and the South, 1780—1830," in J.C.H. Blom and E. Lamberts, eds., *History of the Low Countries* (New York: Berghahn, 1999), 278—282。

[13] 尽管无论是意大利还是荷兰的组成邦国,都没有发展完好的内部结构,但在这两个案例里,国家生成的轨迹依然是不同的。在意大利,除皮埃蒙特以外的独立邦国从没有形成理性化的政治机构,而在荷兰,尼德兰联省共和国行之有效且根深蒂固的省治传统在 1798 年至 1815 年间被拿破仑极具侵略性的统治给摧毁了。关于荷兰的案例,参见 ibid.。

[14] John Ruggie, "Territoriality and Beyond: Problematizing Modernity in International Relations," *International Organization* 47(1993):151.

[15] 我这里对"层级"与"转变"这两个词的运用是基于对其原表述的完善,原表述来自 Kathleen Thelen, "How Institutions Evolve: Insights from Comparative Historical Analysis," *Studies in American Political Development* 14(2000):226—228。

附　录

附录 A　国家统一前的德意志与意大利邦国 （19 世纪 50 年代和 60 年代）

本附录讨论了第二章分析中的概念化与概念测量的问题,以及相关的数据及数据来源。我将首先讨论因变量,接着讨论解释变量。

因变量:邦国对国家统一的支持度

邦国对国家统一的支持度主要捕捉了意大利与德意志有据可查的 24 个地方邦国的政治领袖对国家统一所展现出的态度偏好与政治行动。对意大利各邦国进行赋值的时间范围为国家统一前的十年(1850—1860 年)。而在德国,我也对国家统一前的十年(1860—1870 年)各邦国政治领袖的态度偏好与政治行动进行编码。我对 20 个地区中的每一个地区都基于其对国家统一的态度偏好,用定序尺度进行编码:1=敌意,2=抵制,3=支持,4=发起。

我的数据主要来源于对所要研究的 24 个地方邦国的德语、意大利语与英语的二手文献进行的广泛查阅。编码主要基于各邦行政长官(君主或执政官)对两个具体问题所采取的立场,这两个问题是:(1)各地区主要的民族主义组织兴起的状况;(2)对于明确实现"国家"政治与经济统一倡议。这里主要依靠二手资料里对政治领袖的态度偏好与政治行动进行评估,这些评估通常通过(1)各邦国政治领袖之间的通信往来,或(2)各邦国政治领袖在首脑峰会又或是领导人正式会议上的立场来表示。诚然，有些政治领袖可能会转变他们的立场，或是发表自相矛盾的陈述、采取自相矛盾的立场，这造成了一些信度与效度的问题。同样，无论再怎么广泛选用二手文献，仍然会面临所有历史分析都逃不过的选择偏误问题。为了克服这一潜在的方法论缺陷，我将尝试用以下方法：(1)尽可能广泛地选择材料来源；(2)通过第三章与第四章展示的定性材料来检验第二章里定序测量的效度。

24 个德意志与意大利邦国在因变量上的数据与赋值

1. 巴伐利亚(赋值＝1)。关于巴伐利亚对国家统一的敌视抵制的有益讨论，参见 Hans Rall, "Die politische Entwicklung von 1848 bis zur Reichsgründung 1871," in Max Spindler, ed., *Handbuch der Bayerischen Geschichte*, *1800—1870*, vol.4(Munich：C. H. Beck'sche Verlagsbuchhandlung, 1974), 228—282。关于巴伐利亚于 1866 年 5 月 10 日调兵对抗普鲁士的讨论，参见 Hans Rall, "Die politische Entwicklung von 1848 bis zur Reichsgründung 1871," in Max Spindler, ed., *Handbuch der Bayerischen Geschichte*, *1800—1870*, vol.4, 259。关于普鲁士以及巴伐利亚和普鲁士之间立宪发展及其关系，参见 Ernst Rudolf Huber, *Deutsche Verfassungsgeschichte Seit 1789*, vol. 3 (Stuttgart：W. Kohlhammer Verlag, 1963), 531—542。有关巴伐利亚政府的反国家统一政策，参见 Ernst Rudolf Huber, *Deutsche Verfassungsgeschichte Seit 1789*, vol.3, 392。巴伐利亚对德意志邦联展现出来的独立倾向，始于 1859 年召开的维尔茨堡会议，参见 Ernst Rudolf Huber, Deutsche Verfassungsgeschichte Seit 1789, vol.3(Stuttgart：W. Kohlhammer Verlag, 1963), 402.

2. 奥尔登堡(赋值＝3)。通常而言，在整个 19 世纪 50 年代和 60 年代，奥尔登堡大公都因其对普鲁士的"小"德意志方案的公开支持而被称为"德国的大公"(Nationale Fürst)，参见 Otto Becker, *Bismarcks Ringen Um Deutschlands Gestaltung*(Heidelberg：Quelle und Meyer, 1958), 358。不过近来也有学者提供了略有不同的说法，即强调奥尔登堡大公对"德意志民族协会"所采取的严厉政策，例如，参见 Albrecht Eckhardt, "Der konstitutionelle Staat(1848—1918)," in Albrecht Eckhardt, ed., *Geschichte des Landes Oldenburg*：*Ein Handbuch* (Oldenburg：Heinz Holzberg Verlag, 1988), 333—402。而要想了解奥尔登堡政府，尤其是它

在 1859 年至 1863 年间对民族主义运动"言行不一"更详细的叙述,还可参见 Peter Klaus Schwarz, *Nationale und Soziale Bewegung in Oldenburg im Jahrzehnt von der Reichsgründung*(Oldenburg: Heinz Holzberg Verlag, 1979), 43—65。

3. 汉诺威(赋值＝2)。关于格奥尔格国王在 1859 年以后对"德意志民族协会"与全部的民族主义议程的敌对,参见 Margaret Anderson, *Windthorst: A Political Biography*(New York: Oxford University Press. 1981), 66。对于"德意志民族协会"采取的具体政策,参见 ibid., 79—82。关于对普鲁士的消极抵抗的讨论,参见 ibid., 98。关于汉诺威政府针对"德意志民族协会"所采取的额外严厉的司法举措,参见 Ernst Rudolf Huber, *Deutsche Verfassungsgeschichte Seit 1789*, vol.3, 392。

4. 不来梅(赋值＝3)。关于对不来梅市政府与"德意志民族协会"之间关系的讨论,参见 Herbert Schwarzwälder, *Geschichte der Freien Hansestadt Bremen*, vol.2(Bremen: Verlag Friedrich Röver, 1976), 274。要了解不来梅市长杜克维茨(Duckwitz)在 1863 年法兰克福君主会议上对普鲁士立场的共情,参见 ibid., 276。而不来梅代表在巴登-巴登会议上对普鲁士议程的支持,也可参见 ibid., 276—277。

5. 巴登(赋值＝3)。有关巴登领导层的态度偏好与具体行动,尤其是弗里德里希大公 1865 年在一个"民族主义且自由主义的邦国"里登基后,在 1859 年 11 月的维尔茨堡会议上表达的对普鲁士的"小德意志"方案的支持,参见 Harm-Hinrich Brandt, *Deutsche Geschichte, 1850—1870. Entscheidung über die Nation*(Stuttgart: Kohlhammer, 1999), 131。关于 19 世纪 60 年代,"自由主义"偏向的政府部门倡导以自由市场为导向,呼吁加强德意志各邦国之间的贸易关系,洛塔尔·高尔对此进行了记录,参见 Lothar Gall, *Der Liberalismus als regierende Partei. Das Grossherzogtum Baden zwischen Restauration and Reichsgründung*(Wiesbaden: F. Steiner, 1968), 180。关于巴登统治者是如何同情"德意志民族协会"的讨论,参见 Ernst Rudolf Huber, *Deutsche Verfassungsgeschichte Seit 1789*, vol.3, 392。

6. 魏玛-萨克森(赋值＝3)。关于魏玛-萨克森的卡尔·亚历山大大公(Grand Duke Carl Alexander)对国家统一的态度与行动,布兰特将其描述为"民族主义且自由主义",参见 Harm-Hinrich Brandt,*Deutsche Geschichte*,*1850—1870. Entscheidung über die Nation*,131。也可参见恩斯特二世公爵(Duke Ernst II)的回忆录:Herzog von Sachsen-Coburg-Gotha,*Aus meinem Leben und aus meiner Zeit*,vol.3(Berlin:Verlag von Wilhelm Herz,1889),275—545。

7. 科堡-萨克森(赋值=3)。关于科堡-萨克森公爵恩斯特二世对国家统一的态度与行动,布兰特将其描述为"民族主义且自由主义",参见 Harm-Hinrich Brandt,*Deutsche Geschichte*,*1850—1870. Entscheidung über die Nation*,131。还可以参见 Herzog von Sachsen-Coburg-Gotha,*Aus meinem Leben und aus meiner Zeit*,vol.3,275—545。关于该公国领导层对"德意志民族协会"的同情,参见 Ernst Rudolf Huber,*Deutsche Verfassungsgeschichte Seit 1789*,vol.3,392。

8. 符腾堡(赋值=2)。有关符腾堡在 1866 年德意志邦联会议上反普鲁士的投票,参见 Ernst Rudolf Huber,*Deutsche Verfassungsgeschichte Seit 1789*,vol.3,541。1864 年以前,威廉国王的统治带有鲜明的反民族主义与反普鲁士的色彩,1864 年以后,卡尔国王也是如此。不过,这两位领袖都没有带头,而是选择遵循巴伐利亚的立场。关于符腾堡政府反对"德意志民族协会"政策的讨论,参见 Ernst Rudolf Huber,*Deutsche Verfassungsgeschichte Seit 1789*,vol.3,391—392。

9. 库尔黑森(赋值=2)。库尔黑森公爵弗里德里希·威廉尽管并不像黑森-达姆施塔特的政治领袖那样属于"保守的邦权主义者",但他却比黑森、拿骚等邦国的领导层更支持"邦权"。在大多数重要的关键投票时刻,库尔黑森领导层都支持奥地利与巴伐利亚松散的邦联概念,而不是普鲁士领导的民族国家。数十年间,库尔黑森的政治一直由哈森普夫卢格(Hassenpflug)主宰,尤其是在 19 世纪 50 年代,哈森普夫卢格一直监管着一套激烈的反普鲁士政策。虽然在 19 世纪 60 年代,这些政策被普鲁士驯服,但库尔黑森依然是国家统一的"消极抵抗者"。参见 Hans-Werner Hahn,*Wirtschaftliche Integration im 19. Jahrhundert:Die hessischen Staaten und der Deutsche Zollverein*(Göttingen:Vandenhöck und Ruprecht,1982),285;Nicholas Martin Hope,*The Alternative to German Unification:The Anti-Prussian Party,Frankfurt,Nassau,and the Two Hessens,1859—1867*(Wiesbaden:F. Steiner Verlag,1973)。关于对"德意志民族协会"镇压政策的概述,参见 Ernst Rudolf Huber,*Deutsche Verfassungsgeschichte Seit 1789*,vol.3,392。

10. 石勒苏益格-荷尔斯泰因(赋值＝2)。关于这两个地区对普鲁士领土兼并的抵抗,参见 Ernst Rudolf Huber, *Deutsche Verfassungsgeschichte Seit 1789*, vol.3, 593—594。

11. 黑森-达姆施塔特(赋值＝3)。关于对有关黑森-萨姆施塔特领导层,尤其是大臣达尔维克(Dalwigk)在 19 世纪 60 年代普鲁士与奥地利之间竞争所采取的立场的详细回顾,参见 Hans-Werner Hahn, *Wirtschaftliche Integration im 19. Jahrhundert: Die hessischen Staaten und der Deutsche Zollverein*, 277—306。黑森-达姆施塔特的领导层是三个黑森邦国里"最特殊的",尤其是在面对扩张的普鲁士领导的"关税同盟"方面,参见 ibid., 298。关于黑森-达姆施塔特对"德意志民族协会"采取的严厉政策,参见 Ernst Rudolf Huber, *Deutsche Verfassungsgeschichte Seit 1789*, vol.3, 392。

12. 拿骚(赋值＝3)。尽管拿骚通常反对普鲁士的计划,并经常对在 19 世纪 60 年代抵抗普鲁士的奥地利与巴伐利亚抱有同情,但大多数说法都认为,拿骚的领导层小心地将其偏好从"邦权主义"转移到了支持更大的小德意志统一方案上。例如,在 1862 年 8 月,尽管黑森-达姆施塔特大公与库尔黑森公爵拒绝普鲁士发起的与法国建立更紧密关系的提议,但是拿骚公爵却接受了条约,作为"对普鲁士一种友好的姿态"(Hans-Werner Hahn, *Wirtschaftliche Integration im 19. Jahrhundert: Die hessischen Staaten und der Deutsche Zollverein*, 290)。这种"姿态"是拿骚对普鲁士"国家"统一方案所采取的友好立场的一个典范。

13. 汉堡(赋值＝3)。参见 Detlef Rogosch, *Hamburgim Deutschen Bund 1859—1866: Zur Politik eines Kleinstaates in einer mitteleuropaischen Föderativordnung*(Hamburg: R. Kramer, 1990)。

14. 普鲁士(赋值＝4)。普鲁士从 19 世纪 50 年代末到 1871 年致力于重组德意志邦联、排除奥地利,以形成一个由普鲁士主导的明确的小德意志"民族国家"实体,关于这一过程的最佳讨论之一,参见 Helmut Böhme, *Deutschlands Weg Zur Grossmacht*(Cologne: Verlag Kiepenheuer, 1966)。还可以参见 Otto Becker, *Bismarcks Ringen Um Deutschlands Gestaltung*, 68—81。

15. 萨克森(赋值＝2)。关于萨克森试图禁止德意志民族协会活动的讨论,参见 Ernst Rudolf Huber, *Deutsche Verfassungsgeschichte Seit 1789*, vol.3,

391—392，401。有关1840年德意志邦联改革失败后，由萨克森外交部长博伊斯特（Beust）推动的积极反普鲁士政策的讨论，参见 ibid.，409—410。

16. 梅克伦堡-什未林（赋值＝2）。有关这两个梅克伦堡邦国对于普鲁士统一计划不断转变的抵抗的最佳讨论，参见 Otto Vitense, *Geschichte von Mecklenburg*（Gotha：Friedrich Andreas Perthes, 1920）。有关它们在关税同盟形成初期表现出的不情愿，参见 ibid.，480—481。关于两个梅克伦堡邦国在普鲁士-荷尔斯泰因战争（1863—1864年）中表现出来的中立态度以及由大臣德尔增（Derzen）制定的政策的讨论，参见 ibid.，481。最后，对于普鲁士与什未林间就潜在进行战争动员对抗奥地利的谈判，菲滕斯（Vitense）指出，什未林政府在1866年3月的一次会议上宣布，它没有针对普鲁士的"对抗"（*feindseliges*）计划，但也不倾向于加入普鲁士对抗奥地利的计划（ibid.，483）。总之，什未林对普鲁士的立场相当矛盾。

17. 梅克伦堡-施特雷利茨（赋值＝2）。按照菲滕斯在《梅克伦堡的历史》（*Geschichte von Mecklenburg*）第485页中的说法，相比于梅克伦堡-什未林，施特雷利茨政府在弗里德里希·威廉的领导下，表现出了更为强烈的对普鲁士的抵制，但是同什未林一样，施特雷利茨在1866年的普奥战争中站在了普鲁士一边。菲滕斯的研究还注意到了梅克伦堡的贵族对同奥地利作战持批评态度，因为不少贵族子弟都在奥地利军中服役（ibid.，486）。

18. 皮埃蒙特（赋值＝4）。在所有的描述里，皮埃蒙特在意大利国家统一里扮演了决定性的发起者角色。不仅意大利统一这件事本身就说明了这一点，而且皮埃蒙特议会中的自由派-保守派联盟在整个意大利的政治领导层展现出了对国家统一最大的热忱。相关的具体研究，参见 Denis Mack Smith, *Italy：A Modern History*（Ann Arbor：University of Michigan Press, 1969），17—25。

19. 两西西里王国（赋值＝1）。皮埃蒙特国家统一计划最大的反对者依然是那不勒斯王室，尽管其频繁地与皮埃蒙特结盟，但拒绝了任何形式的统一方案。与教皇国一道，两西西里王国也是皮埃蒙特扩张主义军事上的主要反对者。有关加里波第对两西西里王国发起的进攻以及后者的应对，参见 Denis Mack Smith, *Cavour*（London：Weidenfeld and Nicholson, 1985），209—235。

20. 托斯卡纳（赋值＝2）。"自由主义"的利奥波德大公始终有奥地利军队的支持，直到其统治后期。不过当奥地利军队离开托斯卡纳后，加富尔开始寻求建立皮埃蒙特与利奥波德治下的托斯卡纳之间的协作。但是,因为托斯卡纳大公坚定地拒绝加入由皮埃蒙特领导的反奥地利同盟,这些尝试最终在 1859 年 3 月宣告失败。在此之后,加富尔开始转向做里卡索利以及其他亲民族主义贵族的工作。参见 William Keith Hancock, *Ricasoli and the Risorgimento in Tuscany* (London: Faber and Gwyer, 1926), 190—192, 196—200。关于托斯卡尔对于皮埃蒙特统一方案应对的讨论,参见 J.A.R. Marriott, *The Makers of Modern Italy* (Oxford: Clarendon Press, 1931), 116—117。

21. 摩德纳(赋值＝2)。作为奥地利在意大利扶持的政权,显然摩德纳只会是国家统一的反对者。但是,迥异于教皇国与两西西里王国的领导层,弗朗西斯五世与摩德纳的领导层只是消极地等着奥地利来保护他们,且当奥地利被击败以后,摩德纳高层马上逃离了自己的领地。参见 Hanns Faber, *Modena-Austria: Das Herzogtum und das Kassereich von 1814 bis 1867* (Frankfurt am Main: Peter Lang, 1996), 197—207。

22. 帕尔马(赋值＝2)。关于将帕尔马政策取向评价为"犹豫不决",以及帕尔马女公爵对皮埃蒙特与加富尔方案的态度偏好的讨论,参见 J. A. R. Marriott, *The Makers of Modern Italy*, 115。

23. 伦巴第(赋值＝3)。因为伦巴第-威尼托当时处于奥地利的直接统治下,所以要对伦巴第进行编码就显得比较困难,因为难以明确到底应该对哪一个领导层进行编码。不过,当我们仔细阅读二手文献后,我们所看到的景象是伦巴第的政治精英,尤其以米兰为中心,对皮埃蒙特的国家统一方案(特别是对意大利中北部地区的统一)表现出了高度赞同,他们将此视为驱逐奥地利统治的路径。相关的具体例子,参见 Denis Mack Smith, *Cavour*, 167。

24. 教皇国(赋值＝1)。有关皮埃蒙特的领导层,尤其是教皇庇护九世与他的首相贾科莫·安东内利(Cardinal Giacomo Antonelli)如何抵制皮埃蒙特的国家统一邀约的讨论,参见 Frank Coppa, *Cardinal Giacomo Antonelli and Papal Politics in European Affairs* (Albany: State University of New York, 1990), 115—127。当皮埃蒙特国王维克托·伊曼纽尔二世于 1859 年提出从教皇国手里"购置"罗马涅地区时,他的提议遭到了庇护九世的拒绝。类似地,以维持教皇权威为条件,来换取皮埃蒙特军队驻扎于罗马涅区的提议——这类交易极可能在德意志邦国间发生——也被断然拒绝。要了解征服教皇国过程里所遇到的强有力的军事抵抗，可以参见 John Mack Smith, *Victor Emanuel, Cavour, and the Risogimento* (London：Oxford University Press，1971)，237；Frank Coppa, *Cardinal Giacomo Antonelli and Papal Politics in European Affairs*，120—121。对这一事件细致入微又十分经典的描述，参见 Raffaele De Cesare, "The Holy See Prepares for Defense," in Raffaele De Cesare, *The Last Days of Papal Rome* (Boston：Houghton Mifflin，1909)，268—278。

自变量

地区经济现代化水平

"地区经济现代化水平"的概念指的是德国与意大利统一前各地区经济商业化的发展程度。要检验这一概念，我选用了最佳的也是最新的对德国与意大利统一前的十年中各地区的人均国内生产总值估算。其中意大利的数据来自 Alfredo Giuseppe Esposto, "Estimating Regional per Capita Income：Italy，1861—1914," *Journal of European Economic History* 26(1997)：589。由于只能找到省级层面的德国数据，我将省级数据整合为邦国数据，并依据各省人口来估算每个邦国的人均国内生产总值。关于省级人均国内生产总值数据，参见 Harald Frank, *Regionale Entwicklungsdisparitäten im deutschen Industrialisierungsprozess，1849—1939* (Münster：Lit Verlag，1996)，appendix 8，p.30。

邦国规模

此处分析所用的"邦国规模"一词，指的是国家统一前各邦总体规模以及对其总财政预算的评估。其中，意大利的数据取自 Luigi Izzo, *La finanza pubblica：Nel primo decennio dell'unita italiana* (Milan：Dott. A. Giuffre-Editore，1962)；德国的数据取自 Karl Borchard, "Staatsverbrauch und Öffentliche Investitionen in Deutschland 1780—1850," dissertation，Wirtschafts-und Sozialwissenschaftlichen Fakultät，Göttingen，1968。

附录 B　关于西欧 17 个最大的民族国家联邦制起源的数据

本附录总结了第七章中所进行的跨国分析所使用的指标、数据及其来源。案例范围包括西欧 17 个最大的国家。

编码程序包含三个步骤。首先，我采用由丹尼斯·德比希尔与伊恩·德比希尔撰写的国家概况手册，参见 J. Denis Derbyshire and Ian Derbyshire, *Political Systems of the World*, 2nd ed. (New York：St. Martin's Press, 1996)。为了测量的可靠性，我也采用由约埃尔·克里格编写的国家概括手册进行了一些编码，参见 Joel Krieger, ed., *The Oxford Companion to Politics of the World*, 2nd ed. (Oxford：Oxford University Press, 2001)。其次，我将因变量编码为要么是联邦制，要么是单一制，借鉴了邓尼斯·德比希尔与伊恩·德比希尔的作品，参见 J. Denis Derbyshire and Ian Derbyshire, *Political Systems of the World*, 2nd ed., 5。最后，为了对自变量进行编码，我再次使用了国家概况手册（例如 J. Denis Derbyshire and Ian Derbyshire, *Political Systems of the World*, 2nd ed.；Joel Krieger, ed., *The Oxford Companion to Politics of the World*, 2nd ed.），而当数据不可用时，我采用了下文里列出的二手数据。

第一个自变量——"较强的联邦主义意识形态"，被编码为二分类变量（即"存在"与"不存在"）。关于这个变量，我在查阅二手文献时采用的指标有以下两个。(1)在宪法通过的决定性年份，是否至少存在一个主张建立联邦制的主要政党？(2)在同时期是否曾提出过联邦制宪法草案？如果两个答案中有一个是"是"，那么该案例就会被编码为拥有较强的联邦主义意识形态。第二个变量——"地区议会",同样被编码为二分类变量:在立宪时刻,该国的组成邦国里是否存在议会? 如果这个问题的答案为"是",那么该案例则被编码为有发达的地区制度。

奥地利

首次制宪:1920 年。

强联邦主义意识形态:有。

地区议会:有(诞生于 1861 年)。

数据来源:Herbert Schambeck, *Föderalismus und Parlamen-tarismus in Österreich* (Vienna:Verlag der Österreichischen Staats-druckerei, 1992)。

比利时

首次制宪:1831 年。

强联邦主义意识形态:无。

地区议会:无。

数据来源:J.C.H. Blom and E. Lamberts, eds., *History of the Low Countries* (New York:Berghahn, 1994); E. H. Kossman, *The Low Countries*, *1780—1940* (New York:Oxford University Press, 1978)。

丹麦

首次制宪:1849 年。

强联邦主义意识形态:无。

地区议会:有(1830 年出现省级议会)。

数据来源:W. Glyn Jones, *Denmark:A Modern History* (London:Croom Helm, 1986)。

芬兰

首次制宪:1917 年。

强联邦主义意识形态:无。

地区议会:无。

数据来源:Osmo Jussila, *From Grand Duchy to Modern State:A Political History of Finland since 1809*(London:Hurst,1999)。

法国

首次制宪:1791 年。

强联邦主义意识形态:无。

地区议会:无。

数据来源:Samuel Scott and Barry Rothaus,eds.,*Historical Dictionary of the French Revolution,1789—1799*(Westport,Conn.:Greenwood Press,1985);Suzanne Berger,*The French Political System*(New York:Random House,1974)。

德国

首次制宪:1871 年。

强联邦主义意识形态:有。

地区议会:有(至少始于 1815 年)。

数据来源:James Sheehan,*German History,1770—1866*(Oxford:Clarendon Press,1989)。

希腊

首次制宪:1829 年。

强联邦主义意识形态:无。

地区议会:无。

数据来源:Richard Clogg,*A Concise History of Greece*(Cambridge:Cambridge University Press,2002);Richard Clogg,ed.,*Balkan Society in the Age of Greek Independence*(Totowa,N.J.:Barnes and Noble,1981)。

冰岛

首次制宪:1944 年。

强联邦主义意识形态：无。

地区议会：无。

数据来源：Byron Nordstrom, *Scandinavia since 1500*（Minneapolis：University of Minnesota Press，2000）；Gunnar Karlsson, *History of Iceland*（Minneapolis：University of Minnesota Press）。

爱尔兰

首次制宪：1937 年。

强联邦主义意识形态：无。

地区议会：无。

数据来源：John Ranelagh, *A Short History of Ireland*，2nd ed.（Cambridge：Cambridge University Press，1994）。

意大利

首次制宪：1861 年。

强联邦主义意识形态：有（1848 年及之后）。

地区议会：无（除皮埃蒙特外）。

数据来源：Lucy Riall, *The Italian Risorgimento：State，Society，and National Unification*（London：Routledge，1994）。

荷兰

首次制宪：1814 年。

强联邦主义意识形态：有（1798 年辩论）。

地区议会：无。

数据来源：J. C. H. Blom and E. Lamberts, eds., *History of the Low Countries*；E. H. Kossman, *The Low Countries，1780—1940*。

挪威

首次制宪：1905 年。

强联邦主义意识形态:无。

地区议会:无。

数据来源:Nordstrom, Byron Nordstrom, *Scandinavia since 1500*。

葡萄牙

首次制宪:1822 年。

强联邦主义意识形态:无。

地区议会:无。

数据来源:Douglas Wheeler, *Historical Dictionary of Portugal*(London: Scarecrow Press, 1993); R. A. H. Robinson, *Contemporary Portugal: A History*(London: Unwin, 1979)。

西班牙

首次制宪:1812 年。

强联邦主义意识形态:无。

地区议会:有。

数据来源:Robert Kern, *A Historical Dictionary of Modern Spain*, *1700—1988*(New York: Greenwood Press, 1990); Raymond Carr, *Spain*, *808—1975*(Oxford: Clarendon Press, 1982)。

瑞典

首次制宪:1809 年。

强联邦主义意识形态:无。

地区议会:无。

数据来源:Byron Nordstrom, *The History of Sweden*(Minneapolis: University of Minnesota Press, 2002); Nordstrom, Scandinavia since 500; Nils Stjernquist, "The Creation of the 1809 Constitution," in teven Koblik, ed., *Sweden's Development from Poverty to Affluence*, *750—1970*(Minneapolis: University Minnesota Press, 1975)。

瑞士

首次制宪：1848 年。

强联邦主义意识形态：有。

地区议会：有（瑞士 25 个州中的 16 个设立）。

数据来源：Georges Andrey, "Auf der Suche nach dem neuen Staat, 1798—1848," in Beatrix Mesner, ed., *Geschichte der Schweiz und der Schweizer*, 2nd ed.(Basel：Helbing and Lichtenhahn, 1983)；Thomas Maissen, "The 1848 Conflicts and Their Significance in Swiss Historiography," in Michael Butler, Malcolm Pender and Joy Charnley, eds., *The Making of Modern Switzerland*, *1848—1998*(London：Macmillan, 2000), 3—34。

英国(联合王国)

首次制宪：1707 年。[1]

强联邦主义意识形态：无。

地区议会：无（苏格兰有独立的议会）。

数据来源：Linda Colley, *Britons：Forging the Nation*, *1707—1837* (New Haven：Yale University Press, 1992)；W. A. Speck, *A Concise History of Britain*, *1707—1975*(Cambridge：Cambridge University Press, 1993)。

【注释】

[1] 尽管英国宪法具有不断演变且不成文的特质，但我们还是选择了 1707 年，因为就同本书选择意大利的 1861 年与德国的 1871 年一样，英国的 1707 年代表在领土上合并（苏格兰）的时间，从而产生了现代的英国政体。也可参见本书第七章注释[9]的讨论。

参考文献

Afonso, Jose, and Luiz de Mello. "Brazil: An Evolving Federation." Paper presented to the Conference on Fiscal Decentralization, International Monetary Fund, Fiscal Affairs Department, November 20–21, 2000.

Albisetti, James C. "Julie Schwabe and the Poor of Naples." Paper prepared for presentation at the International Standing Conference for the History of Education (ISCHE) XXIII, Birmingham, England, July 12–15, 2001.

Anderson, Eugene. *The Social and Political Conflict in Prussia, 1858–1864.* Lincoln: University of Nebraska Press, 1954.

Anderson, Margaret. *Windthorst: A Political Biography.* New York: Oxford University Press, 1981.

Andrey, Georges. "Auf der Suche nach dem neuen Staat, 1798–1848." In Beatrix Mesner, ed., *Geschichte der Schweiz und der Schweizer.* 2nd ed. Basel: Helbing and Lichtenhahn, 1983. 527–637.

Ansell, Christopher. "Symbolic Networks: The Realignment of the French Working Class, 1887–1894." *American Journal of Sociology* 103 (1997): 359–90.

Ansell, Chris, and Arthur Burris. "Bosses of the City Unite! Labor Politics and Political Machine Consolidation, 1870–1910." *Studies in American Political Development* 11 (1997): 1–43.

Ansell, Chris, Keith Darden, and Craig Parsons. "Dual Networks in European Regional Development Policy." *Journal of Common Market Studies* 35 (1997): 347–75.

Applegate, Celia. *A Nation of Provincials: The German Idea of Heimat.* Berkeley and Los Angeles: University of California Press, 1990.

Aquarone, Alberto. "La politica legislative della restaurazione nel regno di Sardegna." *Bollettino Storico-Bibliografico Subalpino* 57 (1959): 21–50, 322–59.

Arrow, Kenneth. *Social Choice and Individual Values.* New Haven: Yale University Press, 1951.

Assante, Franca. "Le trasformazioni del paesaggio agrario." In Angelo Massafra, ed., *Il mezzogiorno preunitario: Economica, societa, e istituzioni.* Bari: Dedalo, 1988. 29–53.

Bairoch, Paul. *Révolution industrielle et sous-développement.* Paris: Societe d'edition d'enseignement superieur, 1963.

Barzini, Luigi. *The Europeans.* New York: Penguin, 1983.

Bayerische Zeitung, January 20, 1867, Bayerisches Hauptstaatsarchiv, Munich, Abteilung 1.

Bayern Landtag. *Verhandlungen der Bayerischer Kammer der Abgeordneten*, 1866–1867. Bayerisches Hauptstaatsarchiv, Munich, Abteilung 2, Neuere Bestände 19./20. Jahrhundert.

Becker, Otto. *Bismarcks Ringen Um Deutschlands Gestaltung.* Heidelberg: Quelle und Meyer, 1958.

Bednar, Jenna. "Formal Theories of Federalism." *Newsletter of the Comparative Politics Section, American Political Science Association* 11, no. 1 (2000): 19–23.

Bendix, Reinhard. *Kings or People: Power and the Mandate to Rule.* Berkeley and Los Angeles: University of California Press, 1978.

———. *Max Weber: An Intellectual Portrait.* Berkeley and Los Angeles: University of California Press, 1977.

Berger, Suzanne. *The French Political System.* New York: Random House, 1974.

Bermeo, Nancy. "The Merits of Federalism." In Nancy Bermeo and Ugo Amoretti, eds., *Federalism and Territorial Cleavages.* Baltimore: Johns Hopkins University Press, 2004. 457–82.

Best, Heinrich. *Interessenpolitik und nationale Integration 1848/1849. Handelspolitische Konflikte im frühindustriellen Deutschland.* Göttingen: Vandenhöck und Ruprecht, 1980.

Biefang, Andreas. *Politisches Bürgertum in Deutschland, 1857–1868. Nationale Organisationen und Eliten.* Düsseldorf: Droste Verlag, 1994.

Binder, Hans-Otto. *Reich und Einzelstaaten während der Kanzerschaft Bismarcks: 1871–1890.* Tübingen: Mohr, 1971.

Binkley, Robert. *Realism and Nationalism, 1852–1871.* New York: Harper and Row, 1935.

Bismarck, Otto, Furst von. *Die Gesammelten Werke.* Vol. 6. Berlin: O. Stollberg, 1924.

———. *Werke in Auswahl.* Ed. Eberhard Scheler. Vol. 3. Stuttgart: W. Kohlhammer Verlag, 1965.

Bix, Herbert. *Hirohito and the Making of Modern Japan.* New York: HarperCollins, 2000.

Blaschke, Karlheinz. "Königreich Sachsen und Thüringische Staaten." In Kurt Jeserich, Hans Pohl, and Georg-Christoph von Unruh, eds., *Deutsche Verwaltungsgeschichte.* Vol. 2. Stuttgart: Deutsche Verlags-Anstalt, 1983. 608–45.

Blom, J.C.H., and E. Lamberts, eds. *History of the Low Countries.* New York: Berghahn, 1994.

Böhme, Helmut. *Deutschlands Weg Zur Grossmacht.* 1966; Cologne: Kiepenheuer und Witsch, 1972.

Boix, Carles. "Setting the Rules of the Game: The Choice of Electoral Systems in Advanced Democracies." *American Political Science Review* 93 (2000): 609–24.

Boldt, Hans. "Federalism as an Issue in the German Constitutions of 1849 and 1871." In Wellenreuther, Hermann, ed., *German and American Constitutional Thought.* New York: Berg, 1990. 260–78.

Borchard, Karl. "Staatsverbrauch und Öffentliche Investitionen in Deutschland, 1780–1850." Dissertation, Wirtschafts und Sozialwissenschaftlichen Fakultät, Göttingen, 1968.

Bosl, Karl. "Die Verhandlungen über den Eintritt der süddeutschen Staaten in den Norddeutschen Bund und die Entstehung der Reichsverfassung." In Theodor Schieder, ed., *Reichsgründung 1870/71.* Stuttgart: Seewald Verlag, 1970. 148–64.

Bowring, John. *Report on the Statistics of Tuscany, Lucca, the Pontifical, and the Lombardo-Venetian States, with a Special Reference to Their Commercial Rela-*

tions. Presented to Both Houses of Parliament by Command of Her Majesty. London: Clowes and Sons, 1837.

Brandenburg, Erich. *Die Reichsgründung*. 2nd ed. Vol. 2. Leipzig: Quelle und Meyer, 1923.

Brandt, Harm-Hinrich. *Deutsche Geschichte, 1850–1870. Entscheidung über die Nation*. Stuttgart: Kohlhammer, 1999.

Brauneder, Wilhelm. *Deutsch-Österreich 1918*. Vienna: Amalthea, 2000.

Brose, Eric Dorn. *German History, 1789–1871*. Providence: Berghahn, 1997.

Bull, Hedley. *The Anarchical Society: A Study of Order in World Politics*. New York: Columbia University Press, 1977.

Burgess, Michael. "The European Tradition of Federalism: Christian Democracy and Federalism." In Michael Burgess and A. G. Gagnon, eds., *Comparative Federalism and Federation*. Toronto: University of Toronto Press, 1993. 138–53.

Cafagna, Luciano. *Cavour*. Bologna: Il Mulino, 1999.

———. "La questione delle origini del dualismo economico italiano." In Luciano Cafagna, ed., *Dualismo e sviluppo nella storia d'Italia*. Venice: Marilio, 1989. 187–217.

Caldwell, Peter. *Popular Sovereignty and the Crisis of German Constitutional Law*. Durham: Duke University Press, 1997.

Caracciolo, Alberto. *Stato e società civile*. Turin: Giulio Einaudi, 1960.

Cardoza, Anthony. *Agrarian Elites and Italian Fascism: The Province of Bologna, 1901–1921*. Princeton: Princeton University Press, 1982.

———. *Aristocrats in Bourgeois Italy: The Piedmontese Nobility, 1861–1930*. Cambridge: Cambridge University Press, 1997.

Carr, Raymond. *Spain, 1808–1975*. Oxford: Clarendon Press, 1982.

Cavour, Count Camillo di. *Carteggi di Cavour: Il carteggio Cavour-Salmour*. Vol. 10. Bologna: Nicola Zanichelli, 1961.

———. *Carteggi di Cavour: Il carteggio Cavour-Nigra dal 1858 a 1861* Vol. 3. Bologna: Nicola Nicola Zanichelli, 1961.

———. *Carteggi di Cavour: La liberazione del mezzogiorno e la formazione del regno d'Italie*. Vol. 4. Bologna: Nicola Zanichelli, 1961.

———. *Epistolario*. Vol. 16 (January–September 1859). Firenze: Leo S. Olschki Editore, 2000.

Chubb, Judith. *Patronage, Power, and Poverty in Southern Italy: A Tale of Two Cities*. Cambridge: Cambridge University Press, 1982.

Clogg, Richard. *A Concise History of Greece*. Cambridge: Cambridge University Press, 2002.

———, ed. *Balkan Society in the Age of Greek Independence*. Totowa, N.J.: Barnes and Noble, 1981.

Clough, Shepard B. *The Economic History of Modern Italy*. New York: Columbia University Press, 1964.

Colley, Linda. *Britons: Forging the Nation, 1707–1837*. New Haven: Yale University Press, 1992.

Collier, David. "Letter from the President: Comparative Methodology in the 1990s." *APSA-Comparative Politics Newsletter* 9, no. 1 (1998): 1–5.

Collier, David, and Robert Adcock. "Measurement Validity: A Shared Standard for Qualitative and Quantitative Research." *American Political Science Review* 95 (2001): 529–46.

Collier, David, and James E. Mahon. "Conceptual Stretching Revisited: Adapting Categories in Comparative Analysis." *American Political Science Review* 87 (1993): 845–55.

Collier, Ruth Berins. *Paths toward Democracy.* Cambridge: Cambridge University Press, 1999.

Collier, Ruth Berins, and David Collier. *Shaping the Political Arena: Critical Junctures, the Labor Movement, and Regime Dynamics in Latin America.* Princeton: Princeton University Press, 1991.

Confino, Alon. "Federalism and the Heimat Idea in Imperial Germany." In Maiken Umbach, ed., *German Federalism: Past, Present, and Future.* London: Palgrave, 2002. 70–90.

———. *The Nation as a Local Metaphor: Württemberg, Imperial Germany, and National Memory, 1871–1917.* Chapel Hill: University of North Carolina Press, 1997.

Coppa, Frank. *Cardinal Giacomo Antonelli and Papal Politics in European Affairs.* Albany: State University of New York, 1990.

Craig, Gordon. *The Politics of the Prussian Army, 1640–1945.* New York: Oxford University Press, 1955.

Croce, Benedetto. *A History of Italy, 1871–1915.* Oxford: Clarendon Press, 1929.

———. *Storia d'Italia dal 1871 al 1915.* Bari: G. Laterza, 1928.

Davis, John. *Conflict and Control: Law and Order in Nineteenth-Century Italy.* Basingstoke: Macmillan Education, 1988.

———. "The South, the Risorgimento, and the Origins of the Southern Problem." In John Davis, ed., *Gramsci and Italy's Passive Revolution.* New York: Barnes and Noble, 1979. 67–103.

De Cesare, Raffaele. *The Last Days of Papal Rome.* Boston: Houghton Mifflin 1909.

de Figueiredo, Rui, and Barry Weingast. "Self Enforcing Federalism." Manuscript, Hoover Institution, 2002.

de Rosa, Luigi. *Iniziative e capitale straniero nell'industria metalmeccanica del mezzogiorno, 1840–1904.* Naples: Giannini, 1968.

Derbyshire, J. Denis, and Ian Derbyshire. *Political Systems of the World.* 2nd ed. New York: St. Martin's Press, 1996.

Di Scala, Spencer. *Italy: From Revolution to Republic.* Boulder, Colo.: Westview Press, 1995.

Diefendorf, Jeffry M. *Businessmen and Politics in the Rhineland, 1789–1834.* Princeton: Princeton University Press, 1980.

Douglas, Mary. *How Institutions Think.* Syracuse: Syracuse University Press, 1986.

Duchacek, Ivo. *Comparative Federalism: The Territorial Dimension of Politics.* New York: Holt, Rinehart, and Winston, 1970.

Dumke, Rolf. "Anglo-deutscher Handel und Freuhindustrialisierung in Deutschland, 1822–1865." *Geschichte und Gesellschaft* 5 (1979): 175–200.

———. *German Economic Unification in the Nineteenth Century: The Political Economy of the Zollverein.* Munich: University of the Bundeswehr, 1994.

Duncker, Max. *Politischer Briefwechsel aus Seinem Nachlass.* 1923; Osnabrück: Biblio Verlag, 1967.

Eckhardt, Albrecht. "Der konstitionelle Staat (1848–1918)." In Eckhardt, Albrecht, ed., *Geschichte des Landes Oldenburg: Ein Handbuch.* Oldenburg: Heinz Holzberg Verlag, 1988. 333–402.

Eisenhart, Rothe von, and A. W. Ritthaler, eds. *Vorgeschichte und Begründung des Deutschen Zollvereins 1815–1834.* Berlin: Verlag von Reimar Hobbing, 1934.

Ertman, Thomas. *Birth of the Leviathan: Building States and Regimes in Medieval and Early Modern Europe.* Cambridge: Cambridge University Press, 1997.

Esposto, Alfredo. "Estimating Regional Per Capita Income: Italy, 1861–1914." *Journal of European Economic History* 26 (1997): 585–604.

Evans, Peter. *Embedded Autonomy: States and Industrial Transformation.* Princeton: Princeton University Press, 1995.

Evans, Peter, Dietrich Rueschemeyer, and Theda Skocpol, eds. *Bringing the State Back In.* Cambridge: Cambridge University Press, 1985.

Faber, Hanns. *Modena-Austria: Das Herzogtum und das Kassereich von 1814 bis 1867.* Frankfurt am Main: Peter Lang, 1996.

Fay, Gisela. *Bayern als grösster deutscher Mittelstaat im Kalkel der fränzosischen Diplomatie und im Urteil der Französischen Journalistik, 1859–1866.* Munich: Stadtarchivs München, 1976.

Fearon, James. "Domestic Political Audiences and the Escalation of International Disputes." *American Political Science Review* 88 (1994): 577–92.

Fehrenbach, Elisabeth. "Bürokratische Reform und gesellschaftlicher Wandel: Die badische Verfassung von 1818." In Ernst Otto Bräunche and Thomas Schnabel, eds. *Die Badische Verfassung von 1818.* Ubstadt-Weiher: Verlag Regionalkultur, 1996. 13–24.

Felloni, G. "La Spese Effettive e Il Bilancio degli Stati Sabaudi dal 1825 al 1860." In *Archivio Economico dell'Unificazione Italiana,* ser. 1, vol. 9 (1959): 1–78.

Fischer, Wolfram. *Wirtschaft und Gesellschaft im Zeitalter der Industrialisierung.* Göttingen: Vandenhöck und Ruprecht, 1964.

Fitzmaurice, John. *The Politics of Belgium: A Unique Federalism.* Boulder, Colo.: Westview Press, 1996.

Flora, Peter, et al. *State, Economy, and Society in Western Europe, 1815–1975: A Data Handbook.* 2 vols. Frankfurt am Main: Campus Verlag, 1983.

Ford, J. A., ed. *The Correspondence of William I and Bismarck.* Vol. 2. New York: Frederick A. Stokes, 1903.

Frank, Harald. *Regionale Entwicklungsdisparitäten im deutschen Industrialisierungsprozess, 1849–1939.* Münster: Lit Verlag, 1996.

Fried, Robert. *The Italian Prefects: A Study in Administrative Politics.* New Haven: Yale University Press, 1963.

Friedrich, Carl. *Trends of Federalism in Theory and Practice.* New York: Praeger, 1968.

Gall, Lothar. *Bismarck: The White Revolutionary.* London: Allen and Unwin, 1986.

―――. *Der Liberalismus als regierende Partei. Das Grossherzogtum Baden zwischen Restauration and Reichsgründung.* Wiesbaden: F. Steiner, 1968.

Gall, Lothar, and Dieter Langewiesche, eds. *Liberalismus und Region*. Munich: R. Oldenbourg Verlag, 1995.

Garman, Christopher, Stephen Haggard, and Eliza Willis. "Fiscal Decentralization: A Political Theory with Latin American Cases." *World Politics* 53 (2001): 205–34.

Gellner, Ernest. *Nations and Nationalism*. Oxford: Oxford University Press, 1983.

Gerschenkron, Alexander. *Economic Backwardness in Historical Perspective*. Cambridge: Harvard University Press, 1962.

Gibson, Edward L., and Tulia Falleti. "Unity by the Stick: Regional Conflict and the Origins of Argentine Federalism." In Edward L. Gibson, ed., *Federalism and Democracy in Latin America*. Baltimore: Johns Hopkins University Press, 2003. 226–54.

Gould, Andrew C. "Conflicting Imperatives and Concept Formation." *Review of Politics* 61 (1999): 439–63.

Gourevitch, Peter. *Politics in Hard Times*. Ithaca: Cornell University Press, 1986.

Gramsci, Antonio. *Prison Notebooks*. New York: Columbia University Press, 1992.

Greenfeld, Liah. *Nationalism: Five Roads to Modernity*. Cambridge: Harvard University Press, 1992.

Greenfield, Kent. *Economics and Liberalism in the Risorgimento: A Study of Nationalism in Lombardy, 1814–1848*. Baltimore: Johns Hopkins Press, 1965.

Grew, Raymond. "How Success Spoiled the Risorgimento." *Journal of Modern History* 34, no. 3 (1962): 239–53.

———. *A Sterner Plan for Italian Unity: The Italian National Society in the Risorgimento*. Princeton: Princeton University Press, 1963.

Grimm, Dieter. *Deutsche Verfassungsgeschichte, 1776–1866*. Frankfurt am Main: Suhrkamp, 1988.

Haas, Ernst. *Nationalism, Liberalism, and Progress*. Ithaca: Cornell University Press, 1997.

Hahn, Hans-Werner. *Wirtschaftliche Integration im 19. Jahrhundert: Die hessischen Staaten und der Deutsche Zollverein*. Göttingen: Vandenhöck und Ruprecht, 1982.

Hamerow, Theodore S. *Restoration, Revolution, and Reaction*. Princeton: Princeton University Press, 1958.

———. *The Social Foundations of German Unification, 1858–1871*. Princeton: Princeton University Press, 1969.

Hancock, William Keith. *Ricasoli and the Risorgimento in Tuscany*. London: Faber and Gwyer, 1926.

Hansen, Hal. "Caps and Gowns." Ph.D. diss., University of Wisconsin–Madison, 1997.

Hart, B. H. Liddell. "Armed Forces and the Art of War: Armies." In J.P.T. Bury, ed., *The New Cambridge Modern History*. Vol. 10, *The Zenith of European Power, 1830–1870*. Cambridge: Cambridge University Press, 1960. 302–30.

Hechter, Michael. *Containing Nationalism*. Oxford: Oxford University Press, 2000.

Henderson, W. O. *The Zollverein*. Cambridge: Cambridge University Press, 1939.

Herbst, Jeffrey. *States and Power in Africa: Comparative Lessons in Authority and Control*. Princeton: Princeton University Press, 2000.

Herrigel, Gary. *Industrial Constructions: The Sources of German Industrial Power.* Cambridge: Cambridge University Press, 1996.

Hesse, Konrad. *Der unitarische Bundesstaat.* Karlsruhe: C. F. Miller, 1962.

Hintze, Otto. "The State in Historical Perspective." In Reinhard Bendix, ed., *State and Society: A Reader in Comparative Political Sociology.* Berkeley and Los Angeles: University of California Press, 1968. 154–69.

Hobsbawm, E. J. *The Age of Revolution: Europe, 1789–1848.* London: Weidenfeld and Nicolson, 1962.

Hope, Nicholas Martin. *The Alternative to German Unification: The Anti-Prussian Party, Frankfurt, Nassau, and the Two Hessens, 1859–1867.* Wiesbaden: F. Steiner Verlag, 1973.

Howard, Marc Morje. "The Weakness of Postcommunist Civil Society." *Journal of Democracy* 13, no. 1 (2002): 157–69.

Hubatsch, Walter. "Aufbau, Gliederung und Tätigkeit der Verwaltung in den deutschen Einzelstaaten." In Kurt Jeserich, Hans Pohl, and Georg-Christoph von Unruh, eds., *Deutsche Verwaltungsgeschichte.* Vol. 2. Stuttgart: Deutsche Verlags-Anstalt, 1983. 166–98.

Huber, Ernst Rudolf. *Deutsche Verfassungsgeschichte Seit 1789.* Vol. 3. Stuttgart: W. Kohlhammer Verlag, 1963.

———, ed. *Dokumente zur Deutschen Verfassungsgeschichte.* Vol. 2. Stuttgart: W. Kohlhammer Verlag, 1964.

Huntington, Samuel. *Political Order in Changing Societies.* New Haven: Yale University Press, 1968.

Ikenberry, G. John. *After Victory: Institutions, Strategic Restraint, and the Rebuilding of Order after Major Wars.* Princeton: Princeton University Press, 2001.

Izzo, Luigi. *La finanza pubblica: Nel primo decennio dell'unita italiana.* Milan: Dottore a Giuffre Editore, 1962.

Jacob, Herbert. *German Administration since Bismarck.* New Haven: Yale University Press, 1963.

Jacoby, Wade. "Tutors and Pupils: International Organizations, Central European Elites, and Western Models." *Governance* 14, no. 2 (2001): 169–200.

Jervis, Robert. "Timing and Interaction in Politics: A Comment on Pierson." *Studies in American Political Development* 14, no. 1 (2000): 93–100.

John, Michael. "The Napoleonic Legacy and Problems of Restoration in Central Europe: The German Confederation." In David Laven and Lucy Riall, eds., *Napoleon's Legacy: Problems of Government in Restoration Europe.* Oxford: Berg, 2000. 83–96.

Jones, W. Glyn. *Denmark: A Modern History.* London: Croom Helm, 1986.

Jowitt, Ken. *The Leninist Response to National Dependency.* Berkeley: Institute of International Studies Research, University of California, 1978.

———. "Nation-Building as Amalgam of State, Civic, and Ethnicity." Manuscript, University of California, Berkeley, 2001.

Jussila, Osmo. *From Grand Duchy to Modern State: A Political History of Finland since 1809.* London: Hurst, 1999.

Kammer der Reichsräthe. *Verhandlungen der Kammer der Reichsräthe des Königreiches Bayern,* 1870/1871, 24. Landtag. Bayerisches Hauptstaatsarchiv, Munich, Abteilung 2, Neuere Bestände 19./20. Jahrhundert.

Karlsson, Gunnar. *History of Iceland*. Minneapolis: University of Minnesota Press, 2000.

Kaufmann, Erich. *Bismarcks Erbe in der Reichsverfassung*. Berlin: Springer, 1917.

Kern, Robert. *A Historical Dictionary of Modern Spain, 1700–1988*. New York: Greenwood Press, 1990.

Kiesewetter, Hubert. *Industrialisierung und Landwirtschaft. Sachsens Stellung im regionalen Industrialisierungsprozess Deutschlands im 19. Jahrhundert*. Cologne: Böhlau Verlag, 1988.

King, Gary, Robert Keohane, and Sidney Verba. *Designing Social Inquiry: Scientific Inference in Qualitative Research*. Princeton: Princeton University Press, 1994.

Klein, Thomas. "Königreich Hannover." In Kurt Jeserich, Hans Pohl, and Georg-Christoph von Unruh, eds., *Deutsche Verwaltungsgeschichte*. Vol. 2. Stuttgart: Deutsche Verlags-Anstalt, 1983. 678–714.

———. "Hessische Staaten." In Kurt Jeserich, Hans Pohl, and Georg-Christoph von Unruh, eds., *Deutsche Verwaltungsgeschichte*. Vol. 2. Stuttgart: Deutsche Verlags-Anstalt, 1983. 645–77.

Knemeyer, Frank-Ludwig. "Beginn der Reorganisation der Verwaltung in Deutschland." In Kurt Jeserich, Hans Pohl, and Georg-Christoph von Unruh, eds., *Deutsche Verwaltungsgeschichte*. Vol. 2. Stuttgart: Deutsche Verlags-Anstalt, 1983. 122–54.

Kocka, Jürgen. "Germany." In Ira Katznelson and Aristide Zolberg, eds., *Working-Class Formation*. Princeton: Princeton University Press, 1986. 279–351.

Köllmann, Wolfgang, ed. *Quellen zur Bevölkerungs-, Sozial- und Wirtschaftsstatistik, 1815–1875*. Vol. 1. Boppard am Rhein: Harald Boldt Verlag, 1980.

Kossman, E. H. *The Low Countries, 1780–1940*. New York: Oxford University Press, 1978.

Krieger, Joel, ed. *The Oxford Companion to Politics of the World*. 2nd ed. Oxford: Oxford University Press, 2001.

Kroll, Thomas. *Die Revolte des Patriziats: Der Toskanische Adelsliberalismus im Risorgimento*. Tübingen: Max Niemeyer Verlag, 1999.

Langewiesche, Dieter. "Föderativer Nationalismus als Erbe der deutschen Reichsnation: Über Föderalismus und Zentralismus in der deutschen Nationalgeschichte." In Dieter Langewiesche and G. Schmidt, eds., *Föderative Nation: Deutschlandkonzepte von der Reformation bis zum Ersten Weltkrieg*. Munich: Oldenbourg Verlag, 2000. 215–42.

Laven, David. "The Age of Restoration." In John Davis, ed., *Italy in the Nineteenth Century*. Oxford: Oxford University Press, 2000. 51–73.

Laven, David, and Lucy Riall, eds. *Napoleon's Legacy: Problems of Government in Restoration Europe*. Oxford: Berg, 2000.

Lehmbruch, Gerhard. *Parteienwettbewerb im Bundesstaat*. 2nd ed. Opladen: Westdeutscher Verlag, 1998.

———. "Der unitarische Bundesstaat in Deutschland: Pfadabhängigkeit und Wandel." Max-Planck-Institut für Gesellschaftsforschung Discussion Paper No. 02/2, 2002.

Luebbert, Gregory. *Liberalism, Fascism, or Social Democracy*. Oxford: Oxford University Press, 1991.

Levi, Margaret. *Consent, Dissent, and Patriotism.* Cambridge: Cambridge University Press, 1997.

———. *Of Rule and Revenue.* Berkeley and Los Angeles: University of California Press, 1988.

Levy, Jonah. *Tocqueville's Revenge: State, Society, and Economy in Post-Dirigiste France.* Cambridge: Harvard University Press, 1999.

Lieberman, Evan. "Causal Inference in Historical Institutional Analysis: A Specification of Periodization Strategies." *Comparative Political Studies* 34 (2001): 1011–35.

———. "Payment for Privilege? Race and Space in the Politics of Taxation in South Africa and Brazil." Ph.D. diss., Department of Political Science, University of California, Berkeley, 2000.

Lijphart, Arend. "Comparative Politics and the Comparative Method." *American Political Science Review* 65 (1971): 682–93.

———. *Patterns of Democracy.* New Haven: Yale University Press, 1999.

Lipset, Seymour Martin, and Stein Rokkan, eds. *Party System and Voter Alignment.* New York: Free Press, 1967.

Löffler, Bernhard. *Die Bayerische Kammer der Reichsräte 1848–1918.* Munich: Beck'sche Verlagsbuchhandlung, 1996.

Lovett, Clara. *Carlo Cattaneo and the Politics of the Risorgimento, 1820–1860.* The Hague: Martinus Nijhoff, 1972.

Lyttelton, Adrian. "Landlords, Peasants, and the Limits of Liberalism." In John A. Davis, ed., *Gramsci and Italy's Passive Revolution.* New York: Barnes and Noble, 1979. 104–35.

———. "A New Past for the Mezzogiorno?" *Times Literary Supplement*, October 4, 1991.

Mack Smith, Denis. "Advanced the Southern Question." In Charles F. Delzell, ed., *The Unification of Italy, 1859–1861: Cavour, Mazzini, or Garibaldi?* New York: Robert E. Krieger, 1965. 66–69.

———. *Cavour.* London: Weidenfeld and Nicolson, 1985.

———. *Cavour and Garibaldi: A Study in Political Conflict.* Cambridge: Cambridge University Press, 1954.

———. *A History of Sicily after 1713.* London: Chatto and Windus, 1968.

———. *Italy: A Modern History.* Ann Arbor: University of Michigan Press, 1969.

———. *Mazzini.* New Haven: Yale University Press, 1994.

———. *Victor Emanuel, Cavour and the Risorgimento.* London: Oxford University Press, 1971.

———, ed. *The Making of Modern Italy, 1796–1870.* New York: Harper and Row, 1968.

Mahoney, James, and Dietrich Rueschemeyer. "Comparative Historical Analysis: Achievements and Agendas." In James Mahoney and Dietrich Rueschemeyer, eds., *Comparative Historical Analysis in the Social Sciences.* Cambridge: Cambridge University Press, 2003. 3–40.

Maier, Charles. "Consigning the Twentieth Century to History: Alternative Narratives for the Modern Era." *American Historical Review* 105 (2000): 807–31.

———. "Transformations of Territoriality, 1600–2000." Manuscript, Harvard University, September 12, 2002.

Maissen, Thomas. "The 1848 Conflicts and Their Significance in Swiss Historiography." In Michael Butler, Malcolm Pender, and Joy Charnley, eds., *The Making of Modern Switzerland, 1848–1998.* London: Macmillan, 2000. 3–34.

Mann, Michael. *The Sources of Social Power.* Vol. 2. Cambridge: Cambridge University Press, 1993.

March, James, and Johan Olsen. *Rediscovering Institutions: The Organizational Basis of Politics.* New York: Free Press, 1989.

Marriott, J.A.R. *The Makers of Modern Italy.* Oxford: Clarendon Press, 1931.

Mazzuca, Sebastian. "Southern Cone Leviathan." Manuscript, University of California, Berkeley, 2002.

McKay, David. *Federalism and the European Union.* Oxford: Oxford University Press, 1999.

———. "William Riker on Federalism: Sometimes Wrong but More Right Than Anyone Else." Paper presented to the William Riker Conference on Constitutions, Voting and Democracy, Washington University, December 7–8, 2001.

Mendels, Franklin F. "Proto-industrialization: The First Phase of the Industrialization Process." *Journal of Economic History* 32 (1972): 241–61.

Michaelis, Herbert, ed. *Die auswärtige Politik Preussens, 1858–1871.* Vol. 8. Oldenburg: Verlag Gerhard Stalling, 1934.

Migdal, Joel. *Strong Societies and Weak States: State-Society Relations and State Capabilities in the Third World.* Princeton: Princeton University Press, 1988.

Mill, John Stuart. "Two Methods of Comparison." In Amatai Etzioni and Frederic L. DuBow, eds., *Comparative Perspectives: Theories and Methods.* Boston: Little, Brown, 1970. 205–13.

Milner, Helen. *Resisting Protectionism: Global Industries and the Politics of International Trade.* Princeton: Princeton University Press, 1988.

Mintzel, Alf. "Specificities of Bavarian Political Culture." In Dirk Berg-Schlosser and Ralf Rytlewski, eds., *Political Culture in Germany.* London: Macmillan, 1993. 105.

Mitchell, B. R. *International Historical Statistics: Europe, 1750–1993.* London: Macmillan, 1998.

Moore, Barrington. *Injustice: The Social Bases of Obedience and Revolt.* White Plains, N.Y.: M. E. Sharpe, 1978.

———. *Social Origins of Dictatorship and Democracy: Lord and Peasant in the Making of the Modern World.* Boston: Beacon Press, 1966.

Mori, Giorgio. "Industrie senza industrializzione: La penisola italiana dalla fine della dominazione francese all'unita nazionale: 1815–1861." *Studi Storici* 30 (1989): 603–35.

Mussgnug, Reinhard. "Die rechtlichen und pragmatischen Beziehungen zwischen Regierung, Parlament, und Verwaltung." In Kurt Jeserich, Hans Pohl, and Georg-Christoph von Unruh, eds., *Deutsche Verwaltungsgeschichte.* Vol. 2. Stuttgart: Deutsche-Verlags Anstalt, 1983. 95–121.

Nipperdey, Thomas. *Deutsche Geschichte, 1866–1918.* Munich: C. H. Beck Verlag, 1992.

———. *Germany from Napoleon to Bismarck, 1800–1866.* Princeton: Princeton University Press, 1996.

Norddeutsche Allgemeine Zeitung. February 24, 1867, in Bayerische Gesandschaft Berlin, no. 1036. Bayerisches Hauptstaatsarchiv, Munich, Abteilung 1 and 2.

Nordstrom, Byron. *The History of Sweden.* Minneapolis: University of Minnesota Press, 2002.

———. *Scandinavia since 1500.* Minneapolis: University of Minnesota Press, 2000.

Oeter, Stefan. *Integration und Subsidiarität im deutschen Bundesstaatsrecht: Untersuchungen zu Bundesstaatstheorie unter dem Grundgesetz.* Tübingen: Mohr Siebeck, 1998.

Oncken, Hermann, ed. *Die Rheinpolitik Kaiser Napoleons III. Von 1863 Bis 1870 und der Ursprung des Krieges von 1870/1871.* Stuttgart: Deutsche Verlags-Anstalt, 1926.

Ordeshook, Peter. "Federal Institutional Design: A Theory of Self-Sustainable Federal Government." Manuscript, California Institute of Technology, 2001.

Parlamento Sub-Alpino. *Atti Parlamentari,* Acts of the 1st–7th Legislatures, 1848–61.

Patriarca, Silvana. *Numbers and Nationhood: Writing Statistics in Nineteenth-Century Italy.* Cambridge: Cambridge University Press, 1996.

Petrusewicz, Marta. *Latifundium: Moral Economy and Material Life in a European Periphery.* Ann Arbor: University of Michigan Press, 1996.

Pichler, Rupert. *Die Wirtschaft Lombardei als Teil Österreichs.* Berlin: Duncker und Humblot, 1996.

Pierson, Paul. "Increasing Returns, Path Dependence, and the Study of Politics." *American Political Science Review* 94 (2000): 251–67.

———. "Not Just What, but *When*: Issues of Timing and Sequence in Political Processes." *Studies in American Political Development* 14, no. 1 (2000): 73–93.

———. *Politics in Time: History, Institutions, and Social Analysis.* Princeton: Princeton University Press, 2004.

Plumb, J. H. *England in the 18th Century.* Middlesex: Penguin, 1950.

Polanyi, Karl. *The Great Transformation.* New York: Farrar and Rinehart, 1944.

Pollard, Sidney. *Peaceful Conquest: The Industrialization of Europe, 1760–1970.* Oxford: Oxford University Press, 1981.

Price, Arnold. *The Evolution of the Zollverein: A Study of the Ideas and Institutions Leading to German Economic Unification between 1815 and 1833.* New York: Octagon, 1973.

Przeworski, Adam, and Henry Teune. *The Logic of Comparative Social Inquiry.* New York: Wiley Interscience, 1970.

Putnam, Robert. "Diplomacy and Domestic Politics: The Logic of Two-Level Games." *International Organization* 42 (1988): 427–60.

———. *Making Democracy Work: Civic Traditions in Modern Italy.* Princeton: Princeton University Press, 1993.

Ragin, Charles. *The Comparative Method: Moving beyond Qualitative and Quantitative Strategies.* Berkeley and Los Angeles: University of California Press, 1987.

Rall, Hans. "Die politische Entwicklung von 1848 bis zur Reichsgründung 1871." In Max Spindler, ed., *Handbuch der Bayerischen Geschichte, 1800–1870,* Vol. 4. Munich: C. H. Beck'sche Verlagsbuchhandlung, 1974. 224–82.

Randeraad, Nico. *Autorita in cerca di autonomia I prefetti nell'Italia liberale.* Rome: Ministero per i beni culturali e ambientali ufficio per i beni archivistici, 1993.

Ranelagh, John. *A Short History of Ireland.* 2nd ed. Cambridge: Cambridge University Press, 1994.

Rauh, Manfred. *Föderalismus und Parlamentarismus im Wilhelmischen Reich.* Düsseldorf: Droste Verlag, 1973.

Rector, Chad. "Federations in International Politics." Ph.D. diss., Department of Political Science, University of California, San Diego, May 2003.

————. "Political Confederations: The Limits of International Organizations and the 1901 Choice for Australia." Paper presented to the American Political Science Association Convention, September 2002.

Reichstag des Norddeutschen Bundes. *Verhandlunden des Reichstages des Norddeutschen Bundes,* 1867–1870. Vols. 1–19, Bayerische Staatsbibliothek, Munich. http://mdz.bib-bvb.de/digbib/reichstag.

Riall, Lucy. "Elite Resistance to State Formation: The Case of Italy." In Mary Fulbrook, ed., *National Histories and European History.* Boulder, Colo.: Westview Press, 1993. 46–68.

————. *The Italian Risorgimento: State, Society, and National Unification.* London: Routledge, 1994.

————. *Sicily and the Unification of Italy: Liberal Policy and Local Power, 1850–1866.* Oxford: Clarendon Press, 1998.

Riker, William. *Federalism: Origins, Operation, Significance.* New York: Little, Brown, 1964.

————. "Implications from the Disequilibrium of Majority Rule for the Study of Institutions." *American Political Science Review* 74 (1980): 432–46.

Robinson, R.A.H. *Contemporary Portugal: A History.* London: Unwin, 1979.

Rodden, Jonathan. "The Dilemma of Fiscal Federalism: Grants and Fiscal Performance around the World." *American Journal of Political Science* 46 (2002): 670–87.

————. "Reviving Leviathan: Fiscal Federalism and the Growth of Government." *International Organization* 57 (2003): 695–729.

Rodden, Jonathan, and Erik Wibbels. "Beyond the Fiction of Federalism: Macroeconomic Management in Multitiered Systems." *World Politics* 54 (2002): 494–531.

Roegiers, J., and N.C.F. van Sas. "Revolution in the North and the South, 1780–1830." In J.C.H. Blom and E. Lamberts, eds., *History of the Low Countries.* New York: Berghahn, 1999. 269–310.

Rogosch, Detlef. *Hamburg im Deutschen Bund 1859–1866: Zur Politik eines Kleinstaates in einer mitteleuropaischen Föderativordnung.* Hamburg: R. Kramer, 1990.

Röhl, John. "Staatsstreichplan oder Staatsstreichbereitschaft? Bismarcks Politik in der Entlassungskrise." *Historische Zeitschrift,* December 1966, 610–24.

Romanelli, Raffaele. *Il comando impossibile: Stato e società nell'Italia liberale.* Bologna: Il Mulino, 1988.

———. "Political Debate, Social History, and the Italian 'Borghesia': Changing Perspectives in Historical Research." *Journal of Modern History* 63 (1991): 717–39.

———, ed. *Storia dello stato italiano dall'Unita a oggi.* Bologna: Il Mulino, 1995.

Romeo, Rosario. *Cavour e il suo tempo.* 3rd ed. Rome: Laterza, 1984.

———. *Risorgimento e capitalismo.* Bari: Laterza, 1959.

———. *Il Risorgimento in Sicilia.* Bari: Gius. Laterza, 1950.

Ruggie, John. "Territoriality and Beyond: Problematizing Modernity in International Relations." *International Organization* 471 (1993): 139–74.

Sabetti, Filippo. "The Liberal Idea in Nineteenth-Century Italy." Paper presented to the Annual Meeting of the American Political Science Association, August 2001.

———. *The Search for Good Government: Understanding the Paradox of Italian Democracy.* Montreal: McGill-Queen's University Press, 2000.

Sachsen-Coburg-Gotha, Ernst II, Herzog von. *Aus meinem Leben und aus meiner Zeit.* Vol. 3. Berlin: Verlag von Wilhelm Herz, 1889.

Salomone, William. *Italy in the Giolittian Era: Italian Democracy in the Making, 1900–1914.* Philadelphia: University of Pennsylvania Press, 1960.

Santore, John. *Modern Naples: A Documentary History, 1799–1999.* New York: Italica Press, 2001.

Sartori, Giovanni. "Concept Misformation in Comparative Research." *American Political Science Review* 64 (1970): 1033–53.

Schambeck, Herbert. *Föderalismus und Parlamentarismus in Österreich.* Vienna: Verlag der Österreichischen Staatsdruckerei, 1992.

Schickler, Eric. "Institutional Change in the House of Representatives, 1867–1998: A Test of Partisan and Ideological Power Balance Models." *American Political Science Review* 94 (2000): 269–88.

Schneider, Jane, and Peter Schneider. *Culture and Political Economy in Western Sicily.* New York: Academic Press, 1976.

Schremmer, D. E. "Taxation and Public Finance: Britain, France, and Germany." In Peter Mathias and Sidney Pollard, eds., *Cambridge Economic History of Europe.* Vol. 8, *The Industrial Economies: The Development of Social Policies.* Cambridge: Cambridge University Press, 1989. 315–548.

Schwarz, Peter Klaus. *Nationale und Soziale Bewegung in Oldenburg im Jahrzehnt von der Reichsgründung.* Oldenburg: Heinz Holzberg Verlag, 1979.

Schwarzwälder, Herbert. *Geschichte der Freien Hansestadt Bremen.* Vol. 2. Bremen: Verlag Friedrich Röver, 1976.

Scirocco, Alfonso. *L'Italia del Risorgimento.* Bologna: Il Mulino, 1990.

Scott, Samuel, and Barry Rothaus, eds. *Historical Dictionary of the French Revolution, 1789–1799.* Westport, Conn.: Greenwood Press, 1985.

Sheehan, James. *German History, 1770–1866.* Oxford: Clarendon Press, 1989.

Shefter, Martin. *Political Parties and the State: The American Historical Experience.* Princeton: Princeton University Press, 1994.

Siemann, Wolfram. *Vom Staatenbund zum Nationalstaat: Deutschland 1806–1871.* Munich: Beck, 1995.

Singer, J. David, and Melvin Small. *National Material Capabilities Data, 1816–1985.* Computer file. Ann Arbor: Inter-university Consortium for Political and Social Research, 1993.

Skocpol, Theda. "How Americans Became Civic." In Theda Skocpol and Morris P. Fiorina, eds., *Civic Engagement in American Democracy.* Washington, D.C.: Brookings Institution Press and the Russell Sage Foundation, 1999. 27–80.

Skocpol, Theda, and Margaret Somers. "The Uses of History in Macrosocial Inquiry." *Comparative Studies in Society and History* 22, no. 2 (1980): 174–97.

Snyder, Richard. "Scaling Down: The Subnational Comparative Method." *Studies in Comparative International Development* 36, no. 1 (2001): 93–110.

Spagnoletti, Angelantonio. *Storia del Regno delle Due Sicilie.* Bologna: Il Mulino, 1997.

Speck, W. A. *A Concise History of Britain, 1707–1975.* Cambridge: Cambridge University Press, 1993.

Sperber, Jonathan. *Rhineland Radicals: The Democratic Movement and the Revolution of 1848–1849.* Princeton: Princeton University Press, 1991.

Stehlin, Stewart, *Bismarck and the Guelph Problem, 1866–1890.* The Hague: Martinus Nijhoff, 1973.

Stenographischer Bericht. *Verhandlungen der Bayerischen Kammer der Abgeordneten.*

Stepan, Alfred. "Toward a New Comparative Politics of Federalism, Multinationalism, and Democracy: Beyond Rikerian Federalism." In *Arguing Comparing Politics.* Oxford: Oxford University Press, 2001. 315–61.

Stjernquist, Nils. "The Creation of the 1809 Constitution." In Steven Koblik, ed., *Sweden's Development from Poverty to Affluence, 1750–1970.* Minneapolis: University Minnesota Press, 1975.

Stolleis, Michael. *Public Law in Germany, 1800–1914.* New York: Berghahn, 2001.

Tarrow, Sidney. *Between Center and Periphery: Grassroots Politicians in Italy and France.* New Haven: Yale University Press, 1977.

———. "National Integration, National Disintegration, and Contention: A Paired Comparison of Unlike Cases." In Doug McAdam, Sidney Tarrow, and Charles Tilly, eds., *Dynamics of Contention.* Cambridge: Cambridge University Press, 2001. 176–204.

Taylor, A.J.P. *The Struggle for Mastery in Europe, 1848–1918.* Oxford: Oxford University Press, 1971.

Thelen, Kathleen. "How Institutions Evolve: Insights from Comparative Historical Analysis." In James Mahoney and Dietrich Rueschemeyer, eds., *Comparative Historical Analysis in the Social Sciences.* Cambridge: Cambridge University Press, 2003. 208–40.

———. "Timing and Temporality in the Analysis of Institutional Evolution and Change." *Studies in American Political Development* 14 (spring 2000): 101–8.

Tilly, Charles. "Reflections on the History of European State-Making." In Charles Tilly, ed., *The Formation of National States in Western Europe.* Princeton: Princeton University Press, 1975. 3–83.

Tilly, Charles, Louise Tilly, and Richard Tilly. *The Rebellious Century, 1830–1930.* Cambridge: Harvard University Press, 1975.

Tilly, Richard. "The Political Economy of Public Finance and the Industrialization of Prussia, 1815–1866." *Journal of Economic History* 26 (1966): 484–97.

Treichel, Eckhardt. "Restaurationssystem und Verwaltungsmodernisierung." In Hans-Peter Ullmann and Clemens Zimmermann, eds., *Restaurationssystem und Reformpolitik: Süddeutschland und Preussen im Vergleich*. Munich: R. Doldenbourg Verlag, 1996. 65–84.

Treitschke, Heinrich. *Cavour: Der Wegbereiter des neuen Italiens*. Leipzig: Wilhelm Langeweische-Brandt, 1942.

———. *Historische und Politische Aufsätze*. Leipzig: Verlag von Hirzel, 1867.

———. *History of Germany in the Nineteenth Century*. Trans. Eden Paul and Cedar Paul. London: Jarrold and Sons, 1918.

Trevelyan, George Macaulay. *Garibaldi and the Making of Italy*. London: Longmans, Green, 1914.

Triepel, Heinrich. "Zur Vorgeschichte der Norddeutschen Bundesverfassung." In Heinrich Triepel, ed., *Festschrift Otto Gierke zum Siebzigsten Geburtstag*. Weimar: Harmann Böhlaus Nachfolger, 1911. 589–630.

Ullmann, Hans-Peter. *Staatsschulden und Reformpolitik. Die Entstehung moderner öffentlicher Schulden in Bayern und Baden, 1780–1820*. Vol. 2. Göttingen: Vandenhöck und Ruprecht, 1986.

Ullmann, Hans-Peter, and Clems Zimmermann, eds. *Restaurationssytem und Reformpolitik: Süddeutschland und Preussen im Vergleich*. Munich: Oldenbourg Verlag, 1996.

Ullner, Rudolf. "Die Idee des Föderalismus in Jahrzehnt der deutschen Einigungskriege." *Historischen Studien* 393 (1965): 5–164.

Umbach, Maiken. *Federalism and Enlightenment in Germany, 1740–1806*. London: Hambledon Press, 2000.

Vitense, Otto. *Geschichte von Mecklenburg*. Gotha: Friedrich Andreas Perthes, 1920.

von Barton, Irmgard. *Die preussische Gesandtschaft in München als Instrument der Reichspolitik in Bayern von den Anfängen der Reichsgründung bis zu Bismarcks Entlassung*. Munich: Neue Schriftenreihe des Stadtsarchivs München, 1967.

von Hohenlohe, Alexander. *Aus meinem Leben*. Frankfurt am Main: Societäts Druckerei, 1925.

von Unruh, Georg-Christoph. "Preussen: Die Veränderungen der Preussischen Staatsverfassung durch Sozial- und Verwaltungsreformen." In Kurt Jeserich, Hans Pohl, and Georg-Christoph von Unruh, eds., *Deutsche Verwaltungsgeschichte*. Vol. 2. Stuttgart: Deutsche-Verlags Anstalt, 1983. 435–69.

Walker, Mack. *German Home Towns: Community, State, and General Estate, 1648–1871*. Ithaca: Cornell University Press, 1971.

Watts, Ronald L. "Federalism, Federal Political Systems, and Federations." *Annual Review of Political Science* 1 (1998): 117–37.

Wawro, Geoffrey. *The Austro-Prussian War: Austria's War with Prussia and Italy in 1866*. Cambridge: Cambridge University Press, 1997.

Weber, Eugen. *Peasants into Frenchmen: The Modernization of Rural France, 1870–1914*. Stanford: Stanford University Press, 1976.

Weber, Max. *Economy and Society*. Ed. Guenther Roth and Claus Wittich. Trans. Ephraim Fischoff et al. Vol. 3. New York: Bedminster Press, 1968.

Wehler, Hans-Ulrich. *Deutsche Gesellschaftsgeschicht: Von der Deutschen Doppelrevolution bis zum Beginn des Ersten Weltkrieges.* Vol. 3. Munich: C. H. Beck'sche, 1995.

Wehner, Norbert. *Die deutschen Mittelstaaten auf dem Frankfurter Fürstentag, 1863.* Frankfurt am Main: Peter Lang, 1993.

Weingast, Barry. "The Economic Role of Political Institutions: Market-Preserving Federalism and Economic Development." *Journal of Law, Economics, and Organization* 11, no. 1 (1995): 1–31.

Wellenreuther, Hermann, ed. *German and American Constitutional Thought.* New York: Berg, 2000.

Wheare, K. C. *Federal Government.* New York: Oxford University Press, 1964.

Wheeler, Douglas. *Historical Dictionary of Portugal.* London: Scarecrow Press, 1993.

Whyte, A. J. *The Political Life and Letters of Cavour, 1848–1861.* London: Oxford University Press, 1930.

Winik, Jay. *April 1865: The Month That Saved America.* New York: HarperCollins, 2001.

Witt, Peter-Christian. *Die Finanzpolitik des Deutschen Reiches von 1903 bis 1913.* Lübeck: Matthiesen, 1970.

Woolf, Stuart. *A History of Italy, 1700–1860.* London: Methuen, 1979.

———. *The Italian Risorgimento.* New York: Barnes and Noble, 1969.

———. *Napoleon's Integration of Europe.* New York: Routledge, 1991.

Zamagni, Vera. *The Economic History of Italy, 1860–1990.* Oxford: Clarendon Press, 1993.

Zangheri, Renato. *La propieta terriera e le origini del Risorgimento nel Bolognese.* Bologna: Zanichelli, 1961.

Ziblatt, Daniel. "The Federal-Unitary Divide." Harvard University Center for European Studies Working Paper, 2005.

Ziblatt, Daniel, "Rethinking the Origins of Federalism: Puzzle, Theory, and Evidence from Nineteenth Century Europe" *World Politics* 57 (October 2004), 70–98.

图书在版编目(CIP)数据

　构建国家 ：意大利、德国的形成与联邦制之谜 /
(美)丹尼尔·齐布拉特著 ；陈立夫译. -- 上海 ：格致
出版社 ：上海人民出版社，2024. -- (格致社会科学).
ISBN 978-7-5432-3593-9

　Ⅰ. D754.6；D751.6

　中国国家版本馆 CIP 数据核字第 2024P9K314 号

责任编辑　刘　茹　顾　悦
封面设计　路　静

格致社会科学

构建国家:意大利、德国的形成与联邦制之谜

[美]丹尼尔·齐布拉特　著

陈立夫　译

出　　版　格致出版社
　　　　　上海人民出版社
　　　　　(201101　上海市闵行区号景路 159 弄 C 座)
发　　行　上海人民出版社发行中心
印　　刷　上海商务联西印刷有限公司
开　　本　720×1000　1/16
印　　张　15.5
插　　页　2
字　　数　236,000
版　　次　2024 年 9 月第 1 版
印　　次　2024 年 9 月第 1 次印刷
ISBN 978 - 7 - 5432 - 3593 - 9/D·195
定　　价　72.00 元

上海市版权局著作权合同登记号:图字 09-2023-0228

经济学方法论：经济解释的哲学基础（第二版）

[英]马克·布劳格　著

苏丽文　译

比较政治中的议题与方法（第四版）

[英]托德·兰德曼　埃德齐娅·卡瓦略　著

汪卫华　译

个体性与纠缠：社会生活的道德与物质基础

[美]赫伯特·金迪斯　著

朱超威　杨东东　等译

政治学、社会学与社会理论——经典理论与当代思潮的碰撞

[英]安东尼·吉登斯　著

何雪松　赵方杜　译

历史视域中的人民主权

[英]理查德·伯克　昆廷·斯金纳　主编

张爽　译